江苏省小学教师自学考试小学教育专业专升本教材

现代教育技术

主　编　高荣林
编　者　高荣林　沈书生
　　　　郑　健　张晓峰

苏州大学出版社

图书在版编目(CIP)数据

现代教育技术/高荣林主编. —苏州:苏州大学出版社,2000.4(2022.6 重印)

江苏省小学教师自学考试小学教育专业专升本教材
ISBN 978-7-81037-647-1

Ⅰ. 现… Ⅱ. 高… Ⅲ. 教育技术学-高等教育-自学考试—教材 Ⅳ. G40-057

中国版本图书馆 CIP 数据核字(2000)第 17645 号

现代教育技术

高荣林　主编

责任编辑　朱坤泉

苏州大学出版社出版发行
(地址:苏州市十梓街 1 号　邮编:215006)
丹阳兴华印务有限公司印装
(地址:丹阳市胡桥镇　邮编:212313)

开本 787mm×1 092mm　1/16　印张 15.75　字数 380 千
2000 年 4 月第 1 版　　2022 年 6 月第 13 次印刷
ISBN 978-7-81037-647-1　　定价:45.00 元

苏州大学版图书若有印装错误,本社负责调换
苏州大学出版社营销部　电话:0512-67481020
苏州大学出版社网址　http://www.sudapress.com

江苏省小学教师自学考试小学教育专业
专升本教材编写委员会成员名单

主 任 委 员 周德藩
副主任委员 朱小蔓　杨九俊　笪佐领　鞠　勤
　　　　　　刘明远
委　　　员（以姓氏笔画为序）
　　　　　　丁家永　王星琦　王晓柳　叶维寅
　　　　　　李学农　李星云　陈敬朴　周兴和
　　　　　　林德宏　胡金平　姚烺强　高小康
　　　　　　高荣林　唐厚元　耿曙生

前　言

　　江苏省教育委员会决定自 2000 年起举办小学教师小学教育专业专升本自学考试，以南京师范大学为主考单位。

　　本科小学教育专业自学考试，既是我国自学考试的一种全新形式，也是江苏省 21 世纪推进小学教师继续教育，提升学历，以适应江苏省教育现代化需要的重要举措。

　　南京师范大学于 1998 年率先在全国创办本科小学教育专业并招生，为我省小学教师小学教育专业专升本自学考试奠定了基础。江苏省自 1993 年起组织并实施专科小学教育专业自学考试，迄今已有数万考生顺利通过考试，进一步提高了我省小学教师队伍的素质。1999 年，江苏省教育委员会组织专家进行了小学教师小学教育专业专升本自学考试方法与课程计划的论证，制定了《江苏省小学教师自学考试小学教育专业专升本课程考试计划》，同时组织了一批专家根据课程计划编写教材。为保证教材的质量，江苏省教育委员会两次组织教材编写会议进行研讨，明确了教材编写的指导思想和编写原则，并拟订了教材编写计划，正式下发了《关于组织编写小学教师自学考试小学教育专业专升本课程教材的通知》。

　　这套教材的基本特点为：(1) 突出 21 世纪小学素质教育的要求，旨在培养小学教师的现代素质教育素养。(2) 基础性与应用性相结合。基础性为自考教师可持续发展提供条件，应用性为直接指导小学教师的实践服务。(3) 自考课程与课外学习相结合。以往自学考试的一个主要缺点是"应试"的倾向，不能实现学历与素质同步提高的目标，本套教材则注重小学教师能力的提高。

　　本科小学教育专业自学考试作为全新的事业，需要不断发展和完善，希望广大自学考试辅导教师和自学考试者在教材的使用与学习中，提出宝贵意见，为这一事业的发展作出贡献。

江苏省小学教师自学考试办公室
2000 年 2 月 24 日

目 录

● 第一章
教育技术发展简史

1.1 西方视听教育与媒体技术的发展 ………… (1)
   1.1.1 视听教育 ……………………………… (1)
   1.1.2 关于视听教育理论的研究 …………… (2)
   1.1.3 媒体技术的迅速发展 ………………… (5)
1.2 我国电化教育的发展历程 ………………… (5)
   1.2.1 中国电化教育的萌芽和早期发展
     ……………………………………………… (5)
   1.2.2 中国电化教育的第一次兴起和衰落
     ……………………………………………… (6)
   1.2.3 中国电化教育的再次兴起和遭受挫折
     ……………………………………………… (7)
   1.2.4 中国电化教育事业的大发展 ………… (8)
1.3 教育现代化与学校教育技术现代化建设
    的任务 ………………………………………… (9)
   1.3.1 现代教育的基本特征 ………………… (10)
   1.3.2 学校教育技术现代化建设的主要任务
     ……………………………………………… (10)

● 第二章
教育技术与教育技术学
的概念和含义

2.1 我国关于电化教育的定义 ………………… (12)
   2.1.1 电化教育的基本含义 ………………… (12)
   2.1.2 电化教育发展中的主要成就 ………… (12)
2.2 教育技术的定义 …………………………… (14)
   2.2.1 教育技术的定义 ……………………… (14)
   2.2.2 教育技术的内涵 ……………………… (15)
2.3 教育技术学的研究内容及发展趋势
    ……………………………………………… (17)
   2.3.1 教育技术学的主要研究内容 ………… (17)
   2.3.2 教育技术的发展趋势 ………………… (18)

● 第三章
常规教育媒体技术

3.1 光学媒体的种类及其原理 ………………… (20)
   3.1.1 摄影技术基础 ………………………… (20)
   3.1.2 幻灯投影设备 ………………………… (23)
   3.1.3 多媒体投影机与视频演示仪 ………… (28)
   3.1.4 放映银幕 ……………………………… (32)

3.2 光学媒体教材的设计制作与教学应用
　　……………………………………………………………… (33)
　　3.2.1 幻灯投影教材的编制过程 ………… (33)
　　3.2.2 投影教材的设计制作 ……………… (34)
　　3.2.3 幻灯投影媒体的教学应用 ………… (36)
3.3 电声媒体的分类与基本原理 ……………… (38)
　　3.3.1 电声媒体的分类 …………………… (38)
　　3.3.2 电声器件与设备原理 ……………… (40)
　　3.3.3 常用教育电声系统 ………………… (52)
3.4 电声教材的设计与制作 …………………… (53)
　　3.4.1 电声教材的特点和分类 …………… (53)
　　3.4.2 录音教材的设计与制作 …………… (53)
3.5 电视媒体系统 ……………………………… (54)
　　3.5.1 电视机、录像机与影碟机 ………… (54)
　　3.5.2 电视摄像机和编辑系统 …………… (59)
　　3.5.3 电视教材概述 ……………………… (62)
3.6 电视教材的设计原理与制作方法
　　……………………………………………………………… (64)
　　3.6.1 电视教材的设计原理 ……………… (64)
　　3.6.2 电视教材的制作 …………………… (67)

● 第四章 计算机辅助教学基础

4.1 CAI 系统 …………………………………… (73)
　　4.1.1 CAI 硬件 …………………………… (73)
　　4.1.2 CAI 软件 …………………………… (73)
4.2 CAI 课件的分类、设计与制作 …………… (74)
　　4.2.1 CAI 课件的分类 …………………… (74)
　　4.2.2 CAI 课件设计与制作的一般方法 … (76)
4.3 CAI 课件的应用案例与分析 ……………… (78)
　　4.3.1 案例一：宋词《清平乐　晏殊》……… (79)
　　4.3.2 案例二:《笔顺》……………………… (80)
　　4.3.3 案例三:《教学软件包》……………… (82)
4.4 CAI 课件的评价 …………………………… (84)

● 第五章 常用 CAI 课件开发工具

5.1 Power Point 及其在 CAI 课件开发中的应用
　　……………………………………………………………… (88)
　　5.1.1 PowerPoint 的基本特点 …………… (88)
　　5.1.2 PowerPoint97 主界面及其基本操作
　　……………………………………………………………… (89)

5.1.3　PowerPoint97 的图形绘制和艺术字处理
　　　　　…………………………………………（95）
　　　5.1.4　PowerPoint97 中的动画制作技巧 ……（98）
　　　5.1.5　PowerPoint97 中的超级链接与交互设计
　　　　　…………………………………………（100）
　　　5.1.6　PowerPoint97 课件的页面切换与放映方
　　　　　式设计 …………………………………（103）
　5.2　《几何画板》简介 ……………………………（105）
　　　5.2.1　《几何画板》的特性与课件案例
　　　　　…………………………………………（105）
　　　5.2.2　《几何画板》主界面及主要功能
　　　　　…………………………………………（108）
　　　5.2.3　《几何画板》简单课件制作案例
　　　　　…………………………………………（109）
　5.3　Authorware 初步 ……………………………（111）
　　　5.3.1　Authorware 5.1 快速入门…………（112）
　　　5.3.2　动画、视频和声音的集成 …………（120）
　　　5.3.3　交互图标的使用 ……………………（123）
　5.4　多媒体素材的采集 …………………………（126）
　　　5.4.1　静态图像的数字化 …………………（126）
　　　5.4.2　声音的采集 …………………………（131）
　　　5.4.3　波形音频编辑软件简介 ……………（135）
　　　5.4.4　视频的数字化 ………………………（135）

第六章　网络与网络教学基础

　6.1　网络技术概述 ………………………………（137）
　　　6.1.1　计算机网络的产生与发展 …………（137）
　　　6.1.2　计算机网络的分类 …………………（138）
　　　6.1.3　计算机网络的结构 …………………（139）
　　　6.1.4　局域网 ………………………………（141）
　6.2　校园网的建设 ………………………………（142）
　　　6.2.1　校园网的组建 ………………………（142）
　　　6.2.2　校园网中的应用 ……………………（144）
　6.3　现代远程教学概述 …………………………（146）
　　　6.3.1　远程教学系统 ………………………（146）
　　　6.3.2　远程教学的开展 ……………………（147）
　6.4　因特网概述与基本操作 ……………………（148）
　　　6.4.1　因特网简介 …………………………（148）
　　　6.4.2　因特网上的服务 ……………………（153）
　　　6.4.3　上网"冲浪" …………………………（156）

　　　　　　　　　　　6.4.4　电子邮件 …………………………… (172)
　　　　　　　　　　　6.4.5　网络安全 …………………………… (184)

● **第七章**　　　　7.1　教学设计概述 ………………………………… (190)
教学设计　　　　　7.1.1　教学设计的概念 …………………… (190)
　　　　　　　　　　　7.1.2　教学设计与传统教学计划的比较
　　　　　　　　　　　　　　………………………………………… (192)
　　　　　　　　　　　7.1.3　教学设计的理论基础 ……………… (193)
　　　　　　　　　　7.2　教学设计的前期分析 ……………………… (198)
　　　　　　　　　　　7.2.1　需要分析 …………………………… (198)
　　　　　　　　　　　7.2.2　内容分析 …………………………… (199)
　　　　　　　　　　　7.2.3　对象分析 …………………………… (200)
　　　　　　　　　　　7.2.4　环境分析 …………………………… (202)
　　　　　　　　　　7.3　设计 ………………………………………… (204)
　　　　　　　　　　　7.3.1　目标分解 …………………………… (204)
　　　　　　　　　　　7.3.2　确定设计的结构 …………………… (205)
　　　　　　　　　　　7.3.3　教学策略的确定 …………………… (205)
　　　　　　　　　　7.4　教学的结构形式 …………………………… (207)
　　　　　　　　　　　7.4.1　教学组织形式 ……………………… (207)
　　　　　　　　　　　7.4.2　教学结构流程图 …………………… (208)
　　　　　　　　　　7.5　教学评价 …………………………………… (211)
　　　　　　　　　　　7.5.1　教学评价的类型 …………………… (211)
　　　　　　　　　　　7.5.2　教学评价的方法 …………………… (212)

● **第八章**　　　　　8.1　多媒体教室的设计 ………………………… (215)
现代化教学环境建设　8.1.1　中小型简易电化教室的设计 ……… (215)
　　　　　　　　　　　8.2.2　大中型简易电化教室的设计 ……… (216)
　　　　　　　　　　　8.3.3　多功能电化教室的设计 …………… (216)
　　　　　　　　　　8.2　语言学习系统的特点与功能 ……………… (218)
　　　　　　　　　　　8.2.1　语言学习系统的基本特点 ………… (218)
　　　　　　　　　　　8.2.2　AAC型语言学习系统的功能 ……… (218)
　　　　　　　　　　8.3　演播室与录音室设计 ……………………… (220)
　　　　　　　　　　　8.3.1　演播室的设计 ……………………… (220)
　　　　　　　　　　　8.3.2　演播控制室的设计 ………………… (221)
　　　　　　　　　　　8.3.3　录音室的设计 ……………………… (222)
　　　　　　　　　　8.4　电子阅览室 ………………………………… (223)
　　　　　　　　　　　8.4.1　电子阅览室的设计 ………………… (223)
　　　　　　　　　　　8.4.2　电子阅览室的管理 ………………… (226)
　　　　　　　　　　8.5　校园电视台设计 …………………………… (227)

  8.5.1 教育电视制作系统设计 …………… (227)
  8.5.2 教育电视播放系统设计 …………… (230)
  8.5.3 卫星电视教育系统设计 …………… (233)

● 附：《现代教育技术》考试大纲……………………………… (237)
● 后记 …………………………………………………………… (241)

第一章 教育技术发展简史

研究教育技术的发展史,能使我们更准确地了解教育技术作为一门科学、一门学科的历史地位,它在人类教育中的价值,它所研究的对象、内容和研究方法。尤其是在世纪之交的今天,回顾一下教育技术发展的轨迹对指导今后的工作具有深远意义。

1.1 西方视听教育与媒体技术的发展

广义地说,教育技术作为进行教学活动的方法、手段,从存在教育的那一天起就同时存在了。因为,教育从一开始就存在"教什么"、"如何教"和"如何教好"的问题,实际上这就是教育技术。

但是,人们总是习惯地将具有物化技术的教育方式、方法和手段称之为教育技术。因此,一般认为,教育技术形成于 20 世纪初,是第二次产业革命的产物。

1.1.1 视听教育

19 世纪末,化学工业迅速发展,卤化银感光性被发现,从而诞生了照相术。这一重大科技成果,很快在教育领域中应用:以照相、幻灯和无声影片为媒体的教材向学生们提供了极为生动的视觉形象,获得了从未有过的良好教学效果。于是,一场以"视觉教育"为名的教育新媒体拉开了教育技术发展的序幕。

20 世纪初,美国一些学校通过照片、幻灯片、胶卷、图片等制成相关教材,存放在学校博物馆,供教师和学生选购、使用。1908 年,美国某公司出版了名为《视觉教育》一书,这是一本介绍幻灯片和立体照片使用方法的手册。此后,"视觉教育"一词便在教育界广泛传开和采用。也许是视觉教育的效果太好、前景太迷人的缘故,1913 年,大发明家爱迪生竟宣布:不久,学校将废弃课本,人类将可能利用电影来教授知识的每一分支。虽然,在此后的年代里,课本非但未被废弃,反而愈印愈精美;电影也未能教授知识的每一分支,但是,"视觉教育"活动还是在全美蓬蓬勃勃地开展了起来:先后成立了 5 个全国性视觉教育专业组织;出版了 5 种视觉教育专业杂志;20 多个培训机构开设了相关教学课程;明尼苏达大学、南加利福尼亚大学等都开设了"视觉教育"基础课程;1923 年全美教育协会成立了"视觉教学部";1928 年在美国出版了关于视觉教育的第一本教科书《学校中的视觉教育》。这些都表明,"视觉教育"在美国已成为全国性的活动,已发展成为一种学说,成为教育技术史上的一个发展阶段。

20 世纪 20 年代,随着无线电技术和声光技术的日趋成熟,无线电广播和有声电影迅速在教育领域应用和推广。从此,"视觉教育"开始向"视听教育"演进。

1920 年,英国马可尼公司的剑佛电台开创教育节目;同年,美国匹兹堡的 KDKA 无线电广播电台建成,并开展广播教学实验;1930 年哥伦比亚建立美国广播学校;1935 年波士顿成立世界广播大学,开办语言、文学、经济、天文、音乐等课程,并逐步发展到采用 20 多种语言分别向30多个国家广播……应该说,这些在人类教育史中具有重要意义。因为这种教育方式不仅超出了校园,而且跨出了国门,开创了远距离教育的先河,为教育的大众化、社会化开辟了一条有效途径。

在大力发展广播教育的同时,美国韦斯顿公司于1924年试制成功有声电影,引起了人们极大的兴趣和热情。此后不久,电影即被用于教育实验,无论在小学、中学还是大学都取得了令人鼓舞的成果。

视听技术不仅在学校教育中取得成功,而且在此后的战争中发挥了更巨大的威力。二次大战爆发后,出于军事需要,美国政府成立了相应的视听培训组织,并投入巨资,仅影片投资就达10亿美元,先后购买电影机5万余台,生产军事影片450余部。仅仅6个月,就将千百万的非军事人员训练成了各兵种作战部队和军事工业的技术工人。战后,德军总参谋长不无遗憾地说:"我们精确地计算了一切,但没有计算到美国人的训练速度,我们最大的错误就在于低估了他们迅速掌握电影教育的速度。"这虽说言之过甚,但视听教育在教育技术发展进程中的地位由此可见一斑。

1.1.2 关于视听教育理论的研究

任何应用技术的深入发展都会提出理论研究的要求,理论研究的深入进行又将指导应用研究向着更深层次发展。20世纪30～50年代,在美国广泛兴起的视听教育运动之所以取得巨大成功,除媒体自身的优势外,随之进行的视听教育理论研究起了重要的推动作用。美国教育家戴尔、何邦、欧宪等都提出了关于视听教育的理论。其中,戴尔在1946年出版的专

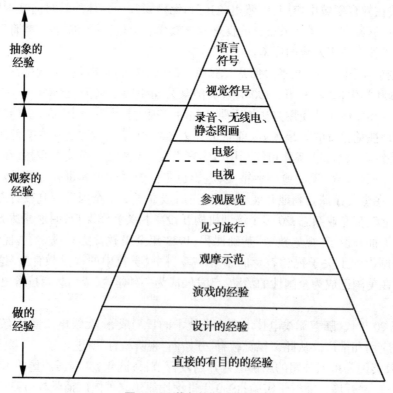

图 1-1-1 戴尔的"经验之塔"

著《视听教学法》最为著名,也最具代表性。戴尔在该书中将人类关于学习的经验形象化地用一塔形结构表现,戴尔在《视听教学法》中提出的关于视听教育的理论也因此被称为"经验之塔"。此外,何邦在其《课程的视觉化》一书中,提出了视听媒体的分类和功能的见解;欧宪则提出了类似戴尔"经验之塔"的关于学习经验的金字塔结构。

戴尔的"经验之塔"将人类学习的经验分成三大类十个层次(图1-1-1)。其中,三大类自下至上依次为:做的经验、观察的经验、抽象的经验。在每一大类中又可细分为若干层次。

由于戴尔"经验之塔"在理论上的重要性,下面较为详细地进行介绍。

一、戴尔"经验之塔"的内容

塔的底层"做的经验"中自下至上依次分为:直接的有目的的经验,设计的经验,演戏的经验等三个层次。

"直接的有目的的经验"是指学习者亲自、直接与真实的事物进行接触,包括看、听、尝、摸、嗅,从而获得对被研究事物的完整体验,取得与该事物直接相关的信息。例如,在研究"红茶与绿茶的区别"时,最好的方法就是拿一包红茶,再拿一包绿茶,先看一看两者叶片有什么区别(形状、颜色),再分别泡出两杯茶来,仔细地看一看茶色、嗅一嗅气味、品一品口感有什么区别。这种直接的有目的的经验往往是最生动、最深刻的体验,因而记忆也是最持久的。

"设计的经验"是指学习者对被研究的真实事物的"仿真"学习,虽然并不直接接触真实的事物,但在这种间接的"接触"中,所获取的关于该事物的信息往往更清晰,更接近事物的本质。从这个意义上说,在"做的经验"中,"设计的经验"比"直接的有目的的经验"要高一个层次。例如,我们在学习"城市的规划"这一内容时,总是对照着城市模型进行的,不同的城市规划做出不同的城市模型,对着不同的城市模型来研究不同的城市规划无疑是最好的方法。因为这种仿真的设计模型与真实的城市相比,摒弃了许多与"规划"无关或次要的因素,强化了"规划"中的要点,所以更容易达到学习和教育的目的。

"演戏的经验"同样是间接参与的学习。许多事,我们是无法直接去实践的。因此,当我们需要理解跨越时空、跨越角色的人物或事物时,常通过"演戏"来实现。例如在学习莎士比亚的戏剧作品时,就让学生们分别扮演剧中的各个人物,通过装扮、对话、表演,从而加深对剧中人物及对莎氏作品的理解。又如,让一个尚未成家的女学生在某一剧中扮演一位母亲的角色,从而获得对母性的体验、感悟。这些效果是其他的学习方法难以达到的。

"做的经验"中,"设计的经验"比"直接的有目的的经验"更有意义,"演戏的经验"比"设计的经验"更具理性。因此,它们的层次一个比一个高。

"经验之塔"的中间为"观察的经验"。"观察的经验"自下至上依次分为:观摩示范,见习旅行,参观展览,电影与电视,录音、无线电与静态图画等五个层次。

"观摩示范"是学校教育中最常用的教学方法。观察教师做物理、化学的演示实验、体育项目的分解动作、书法美术作品的创作过程等等,都能让学生获得和积累观察的经验。观摩示范的经验可以(有时是必须)导致"直接地去做",从而获得"做的经验"。如学习乒乓球的"拉弧圈"动作,运动员都是反复观看教练的动作,然后自己再反复练习而学会的,可见"观摩示范"的重要。

"见习旅行"是指在课堂外、学校外的观察活动。通过对工厂、农村、工程现场、大自然等实地见习旅行,获得书本上无法获得的直接感受,加深对相关知识的理解;进一步陶冶学习者的性情,提高学习的目的性和兴趣。从这个意义上说,"见习旅行"不仅是学习经验的一个重要层次,而且是深受学习者欢迎的一种学习模式。

"参观展览"通常是指在室内进行的观察活动。供给参观的内容有图片、文字材料、实物、模型、样品等,它们按照一定的主题进行组合、陈列,可给参观者以教育。一般情况下,展品是不可触摸的,但也有一些展览可供参观者参与,可让参观者利用展品进行规定范围内的演示、操作,目的是为了加深参观者对展品的认识,达到深化教育的目的。

"电影与电视"这一层次,在戴尔发表"经验之塔"的40年代具有非常重要的意义,因为这在当时是最现代化的教育媒体。电影与电视不仅可间接地将真实的实物呈现在电影银幕和电视机上,而且可通过拍摄技巧将即使在真实现场也无法看到的事物呈现出来;可将很长时间的过程在很短时间内表现出来;可将瞬间发生的事件缓慢播放或定格下来。电视比电影更具有即时性,观众从电视机上看到的不仅是记录下的事实,而且可以是正在发生的事实。从这个意义上说,我们也可通过电视的直播获得直接的经验。

"录音、无线电与静态图画"也属于"观察的经验"的范围。"录音"指声音的记录与重放;这里的"无线电"指声音的无线发射与接收,当时主要指收音机;"静态图画"指具有教育教学价值的图片(包括立体图片)。和电影电视相比,这一层次所涉及的媒体,其声音与图像是分离的。因此,盲人或聋哑人均可从这一层次获得经验。

纵观"经验之塔"的第二大类"观察的经验",从最底层次的"观摩示范"到最高层次的"录音、无线电与静态图画",离开"做的经验"愈来愈远,相比之下愈来愈接近抽象,愈来愈理性化。即便是在同一层次的"电影与电视"里,"经验之塔"也是将"电影"放置在"电视"之上的。这是因为,电视比电影更具适时性、纪实性、真实性;相反,电影通常更具艺术性、典型性,因此也就更具理性。

"经验之塔"的顶端为"抽象的经验"。"抽象的经验"自下至上依次分为:视觉符号和语言符号两个层次。

"视觉符号"指可视化的符号,如地图、示意图、各种图表等。它们都用各种符号来表示实际的存在。譬如,地图中,实心的黑色三角形表示"山";黑白相间的双线纹表示"铁路";细红色直线表示"航空线";小圆圈、同心圆圈分别表示"城市"或"乡镇"等。又譬如,在交通管理的路标中,大圆中间有一横杆,表示"禁止通行";大圆中有一右拐箭头,则表示可以向右拐弯,等等。

"语言符号"位于"经验之塔"的最顶层。语言符号又包括"口头语言"符号和"书面语言"符号,前者即是通常意义上的语言,后者指文字。任何人都具有语言能力,但只有经过训练的人才具有文字能力。因此,语言是第一位的,文字是第二位的。文字应排列在比语言更高的位置。无论是语言还是文字,都没有了真实事物的形态,都只是表示真实事物的抽象化了的符号。

二、戴尔"经验之塔"的学术意义

戴尔的"经验之塔"将经验分成三大类、十个层次,最底层的"直接的有目的的经验"是最直接、最具体的经验;最顶层的"语言符号"是最抽象的经验。从下到上,经验愈来愈抽象。这是戴尔"经验之塔"的基本规律。在《视听教学法》中,戴尔在总结了经验的塔形结构的同时指出教育应从具体的经验入手,然后逐步上升为理论。如果没有具体经验的支撑,一味地死记硬背理论法则,则是失败的教育;但是,教育也不能满足于具体的经验,经验不上升为普遍化、概念化、理念化的法则,就将成为孤立的、静止的、意义不大的东西。

尤为重要的是,戴尔特别强调了塔的中部"电影与电视"及"录音、无线电与静态图画"这两个层次。戴尔认为,"在将现实的感觉事物一般化的时候,起到有力媒介作用的就是半具体化、半抽象化的视听教材","由视听方法所开展的学习经验,既容易转向抽象概念化,也容易转向具体实际化"。戴尔还认为,学校教育中应该运用多种媒体,使教学更为具体、直观,从而去获得更好的抽象。戴尔的这些观点,不仅奠定了视听教育的理论基础,而且为此后媒体教育的兴起作了良好的理论铺垫。

戴尔"经验之塔"关于教育中具体与抽象、实践与理论的关系,以及媒体在教育教学过程中的价值的表述,对我们今天开展教育技术活动仍然具有指导意义。

1.1.3 媒体技术的迅速发展

西方教育技术史中,继视听教育之后,还曾经历了一段"程序教学"的发展阶段,时间为20世纪50~70年代。纵观这一段历程,在教育技术发展中意义不很大,对我国的影响也很小。因此,关于程序教学的具体内容就不介绍了。

幻灯、无线电、电影等媒体介入教育后,在良好的教学效果的鼓舞下,语言实验室、电视、卫星通信、电子计算机,直至现在的多媒体技术、网络技术与远程教育等现代媒体技术,先后涌入教育领域,其意义绝不可低估。有人将此称为"第四次教育革命"(第一次教育革命是专职教师的出现;第二次教育革命是文字的出现;第三次教育革命是印刷术的出现)。

关于媒体技术的相关内容,将在后面的有关章节中介绍。

1.2 我国电化教育的发展历程

电化教育在我国形成和发展是我国教育史中一个极为重要的历史阶段。我们应该研究这一段历史,缅怀我国电教界先辈为我国电化教育发展所作出的不可磨灭的贡献。重新审视我国电化教育发展的轨迹,特别是研究新中国建立以后以及改革开放以来我国教育技术的发展历程,可以更好地总结我国教育技术的发展规律,加速推进我国教育技术现代化进程和整个教育事业的发展。

1.2.1 中国电化教育的萌芽和早期发展

中国电化教育的萌芽可追溯到20世纪20年代西方推行视觉教育的时期。

1917年,陶行之先生从美国学成回国后,极力推行"千字课"平民教育运动。为了"要使全国人都受教育",陶行之先生首次在嘉兴的教学中采用了幻灯以提高教学效率。陶行之先生在1923年发表的《平民教育运动与国运》一文中有生动的回忆:幻灯把字画放大,映于室壁,同时室中熄灯,使全体学生注意集中,然后使大家对壁,看画述故事,见字读字音,目认形,耳听音,耳入而口出,使口、耳、眼三部都有练习,所以就能写、能认、能读,并且很能引起他们的兴趣,学生写字认字,比纯用教科书已快得多。

1922年,金陵大学农学院从美国林业部购买了幻灯机、无声电影片(配以留声机或口头讲解),宣传科学种棉知识。

尤其值得一提的是,1925年,在中国共产党领导下,中国共产主义青年团第三次全国代表大会召开。在大会通过的《青年运动的决议案》中指出,今后的青年工人运动在教育方面要开展识字运动、夜学,设法介绍青年工人入夜校,设立阅报室,通过科学讲演、幻灯讲演,使之认识政治问题与阶级斗争;在农民的教育方面,也要开展识字运动,设立夜校,提倡义塾,设法介绍青年农民入学校,设立阅书报室,联络进步教师,科学讲演,介绍时事,相机宣传,反对旧礼教……决议案多处提到了利用幻灯开展宣传教育。

1928~1934年,金陵大学先后借用、购买、翻译和制作了大量无声科教影片,其中仅翻译影片就达60多部。

1932年,中国教育电影协会成立。协会积极倡导"电影教育化,教育电影化",并多次召开年会,研讨电影教育,这对推动当时电化教育起了非常积极的作用。

1934年起,陶行之先生又进一步将无线电和科学电影用于"千字课"教学,并明确提出要实现电化教育,要使电影、无线电广播节目成为活动教科书。此间,陶行之还建议设立中央科学电影制作局,以巨资研究、制造科学影片、发电机、放映机,免费分发全国各县乡村市镇;设立中央无线电收音机制造局,以巨资研究、制造无线电收音机,免费分发全国各县乡村市镇教育场所使用,并在适当地点,分区建立大播音台,介绍、传播现代知识。

随着我国电化教育的早期发展,"电化教育"这一名词也就自然而然出现了。究竟是谁最早发明或提出这一名词的,有几种说法:一种说法是1936年就有人将美国的"视听教育"中的"四种利器(幻灯、电影、播音、电视)"翻译成"电化教育";有人说,1935年镇江民众教育馆就将他们的电影放映厅称为"电化教育放映场",所以应该是镇江民众教育馆首先提出了"电化教育"这一名词;还有人说在此之前,当时的教育部社会教育司司长就提出了"电化教育"这一名词。但从文献资料情况来看,1934年陶行之先生已在其文章中使用了"电化教育"一词,只是当时教育界并未注意。"电化教育"一词的正式使用和得到公认是1936年,当时的教育部举办了"电化教育人员训练班",学员们结业后便将"电化教育"这一名称带到了全国各地,"电化教育"一词就从此开始普遍使用了。

1.2.2 中国电化教育的第一次兴起和衰落

1930~1949年,我国的电化教育经历了第一次兴衰。从30年代到40年代初,我国与电化教育相关的各种组织相继建立;高等学校电化教育开展,电化教育课程和专业相继开设;电化教育音像教材大量制作;相关书刊陆续出版,相关研讨活动经常开展。这些,标志着我国电化教育发展的第一次兴起。

这期间,比较重要的史实有:

1936年,教育部成立电影教育委员会;1937年,教育部成立播音教育委员会;1940年,上述两委员会合并成立电化教育委员会;在此前后,全国部分省、市也成立了电化教育组织。

1936年9月,江苏省立教育学院电影播音教育专修科创立;1937年,大夏大学教育学院教育系开设电影课程;1938年,金陵大学理学院创办电影播音专修科;1940年,国立社会教育学院设立电化教育专修科。表1-1-1为金陵大学理学院电影播音专修科的课程设置,它有助于我们认识当时的电化教育发展状况。

表 1-1-1　金陵大学理学院电影播音专修科课程设置、任课教师和学分

课程名称	任课教师	学分	课程名称	任课教师	学分
影音教育	段天育　杨大伟	3	摄影科学	孙明经	4
摄影初步	孙明经　区永祥	2	摄影	张建文	2
教育电影	贾伟廉	2	播音技术	陈沅	2
教学影片	吕锦瑷	1	实用无线电	倪尚达	4
静片摄制	董远观　姜赠璜	3	录音概要	魏荣爵　雷永球	2
放映技术	曹守恭　区永祥	3	感光乳剂	吕锦瑷	3
影音文献	吕锦瑷	2	声学	倪尚达	3
电影鉴赏	吕锦瑷	1	美术	杨建侯　朱敬初	2
电影摄制	孙明经　罗静予	3	机械制图	曹守恭　区永祥	2
摄影化学	吕锦瑷	3	剧本创作	瞿白音　区永祥	2

另外,早在1932年,就成立了中国教育电影协会这一电教学术组织,为推动此后的教育电影及电教事业发展起了较大作用。

然而,自从1937年日本发动大规模侵华战争后,情况就开始发生了变化,原来电化教育开展得较好的沿海地区学校,如金陵大学、江苏省立教育学院等内迁四川、广西等地,一批电化教育工作人员也来到了云南、四川、贵州、广西、湖南等省,从而使沿海地区的电化教育工作停顿了下来。这虽然从客观上促进了内地电化教育的开展,但从全国来看,电化教育从此陷入困境,全国电源供应不足,交通中断,电影、无线电、播音器材无法采购,教学影片、幻灯片、唱片等更是严重缺乏。当时的教育部虽也颁布了一些有关电化教育的文件和法规,但因多种原因,实际上成为一纸空文。上海《申报》1946年刊出了一位电教工作者的《电化教育的设施》一文,文中写道:"根本问题,是在各级教育行政机关并没重视这项教育!没有切实认识客观的需要,没有完全明了它的伟大的功能,所以把它放在一切教育事业的最末后。电化教育的不能发展,可以说不是器材、经费和人才的没办法,而是因为它被放在最末后的地位,没有机会抬起头来。"

尽管如此,工作在电教第一线的广大教师,仍然以发展我国电教事业为己任,克服各种困难,兢兢业业地工作着。一位电教工作者在《一个理想的电化教育专修科生》一文中写道:"要想从事电化教育事业,他首先要明了自身责任重大。同时,这种事业是清高的、艰苦的,他不能半途而退却。电教大门上贴着:'要安适享受休入此门,想升官发财另走别路',门里贴着'人生以服务为目的,工作从检讨求进步'。"

1.2.3　中国电化教育的再次兴起和遭受挫折

1949年,中华人民共和国宣告成立,中国的电化教育事业从此再度兴起。首先,在文化部所属的科普局下设电化教育处,由10多名电化教育专家组成。在该处之下又建立了电教工具制造所(1951年改名为中国幻灯公司),从而使新中国的电化教育事业从组织到设备生产都得到了保证。

新中国刚刚成立,百废待兴,虽然工作千头万绪,但电化教育首先受到重视,且成绩斐然。1950~1965年间我国电化教育的重大事件和重要活动有:

1950年,文化部建立电教处,同年召开北方五省二市幻灯工作会议,举办3 000多人参加的电影放映培训班。

1950年冬,东北人民政府成立电化教育所(1953年由中央卫生部接管),此后三年中共拍摄了18部卫生教育教学影片及数十部卫生教育教学幻灯片。

1950~1958年,各省市电化教育逐步恢复和发展,省、市(区)电教馆纷纷成立。

高等学校电化教育持续发展。北京师范大学从1947年起就开设电教课程,新中国成立后一直未中断。1951年,辅仁大学教育系开设电教课。1950~1954年,北京外国语学院和上海外国语学院大规模开展电化教育教学活动。其他高校如西北大学、上海第一医学院、西安交通大学、南京大学、北京大学等,或设置电教机构,或购置电教设备,或开设电教课程,或制作电教教材等,都积极开展了电化教育教学活动。

电影、幻灯、录音教材的大量制作和运用不仅为电化教育的推广,而且为电化教育经验的总结起了极大的作用。在实践的基础上,北京等地电教工作者认为,运用电影、幻灯、录音等教学手段的意义有:(1) 具有直观性,生动形象,能使抽象的理论感性化,有利于解决教学难点;(2) 能帮助学生扩大眼界、扩大知识面;(3) 有利于视觉与听觉的结合,能锻炼思维,可克服死记硬背的现象,减轻学生负担;(4) 可利用电化教育形象生动、感染力强的特点,加强对学生的思想政治教育。在实践中,人们还认识到,要灵活运用电化教具,既要考虑到学科的特点,又要考虑到地区的特点;电化教具不能代替挂图、模型,也不能代替参观、访问、实验、实习等活动,更不能代替讲授;办电教的过程中还应该贯彻自力更生和勤俭节约的精神。这些经验,至今仍有指导意义。

广播教育和广播电视大学蓬勃发展。解放后,我国广播教育蓬勃发展,其规模和成效举世公认。1949年,北京和上海人民广播电台开办俄语广播讲座和俄语广播学校;1953~1954年,上海人民广播电台和上海市教育局为未能升学的小学生、初中生、高中生及社会青年、家庭妇女举办了各种文化补习和自学辅导讲座,课程涉及语文、代数、几何、历史、政治时事、植物、生产知识等等,深受广大青年欢迎,至1957年参加学习的达数万人,1957年还成立了"上海市自学广播学校"。1958年后,天津、唐山、秦皇岛、哈尔滨等市和江苏、山西等省也先后开办广播函授大学、广播师范学校。1960年起,上海、北京、沈阳、哈尔滨相继举办电视大学。

正当我国电化教育事业蓬勃开展的时候,1966年开始的长达十年之久的"文化大革命"使我国整个教育事业受到重创,电化教育也同样遭到严重摧残。1966年起,全国各省、市电教馆纷纷被撤销,电教人员纷纷被下放,电教器材纷纷被瓜分,各类电教学校纷纷停办。1970年,在周恩来、邓小平的关心、支持下,我国教育事业有所恢复,电化教育也有所复苏,上海、北京、四川、黑龙江、河南等省、市也都在电化教育方面开展了一些工作。但由于当时极"左"思潮占统治地位,中国教育事业包括电化教育事业也不可能得到大的发展。这是解放后中国电教事业发展遭受严重挫折的时期。

1.2.4 中国电化教育事业的大发展

1976年粉碎"四人帮"后,尤其是1978年党的十一届三中全会召开以来,我国教育事业迎来了又一个春天,电化教育也由此获得前所未有的空前的大发展:

首先,党中央、全国人大、国务院和各省、市政府主管部门都十分重视电化教育工作,这为此后我国电教事业的重新起步和蓬勃发展提供了有力的领导、组织保障。

1977年8月1日,邓小平在听取教育部工作汇报时,同意建立中央电化教育馆。

1978年2月6日,邓小平批准教育部和中央广播事业局《关于筹办电视大学的请示报告》;同年4月,邓小平在全国教育工作会议上讲话,指出要制订加快发展电视、广播等现代化手段的措施,因为这是多快好省发展教育事业的重要途径,必须引起充分的重视。

1978年2月,中央电教馆成立;同年3月召开全国电化教育汇报会、展览会规划讨论会。

1979~1982年,为配合党中央拨乱反正、解决历史遗留问题和调整受到"文化大革命"严重扰乱的各种关系,我国电化教育主管部门提出了"逐步推行电化教育"的方针,并提出"大力普及幻灯,积极推广唱片、录音、电影,重点试验闭路电视和录像,组织研究计算机辅助教学和卫星教学"的具体思路,对当时我国电化教育发展起到了积极的作用。

1983年10月,教育部召开全国第一次电化教育工作会议,会议提出了我国电化教育的工作方针和电化教育工作的若干任务。会议提出"到1990年,高等学校和中等专业学校要分批做到普遍地建立电化教育机构,开展经常性的电化教育"。

1985年,《中共中央关于教育体制改革的决定》颁布,"决定"提出,在新的技术革命条件下,一系列新的科学技术成果的产生,新的科学技术领域的开辟,以及新的信息传递手段和新的认识工具的出现对教育产生了重大的影响,发达国家在这方面的经验尤其值得注意。"决定"还对教育技术现代化的意义作了重要的理论阐述。

1985年,国家教委成立,时任国务院副总理的李鹏兼任国家教委主任。李鹏提出专门给一个卫星转发器和一套频道用于教育节目,并保证24小时播出。1986年9月,"中国教育电视"正式开播。

1987年,国家教委召开第二次全国电化教育工作会议。这是一次非常重要的会议,对我国电化教育的总结、发展、改革、组织建设都有很大意义。

1983年和1987年的全国两次电化教育工作会议推动了我国电化教育的专业建设,全国师范院校电化教育专业如雨后春笋般地建立起来:1978年我国仅在杭州大学、浙江师范学院和福建师范学院的物理系开办了电教专业(专科),1983年华南师范大学和华东师范大学首先开始电化教育本科专业;1984年东北师范大学,1985年陕西师范大学、西南师范大学、华中师范大学,1986年南京师范大学、云南师范大学等都开办了电化教育本科专业。到1990年,全国开设电教本科专业的有18所学校,在校生3 000多人,毕业生1 300多人。

自从全国高师电化教育专业普遍招生以后,可以说,我国电化教育事业发展到了一个新的、较高层次的阶段。组织建设、队伍建设、媒体建设、课程建设、学术研究、学术刊物发行等诸多方面都有很大发展。尤其是近几年,开办电教专科、本科班的学校数和招生数都在大幅度增长,相当多的学校还建立了教育技术硕士点,北京师范大学、华东师范大学和华南师范大学还建立了教育技术博士点。

1.3 教育现代化与学校教育技术现代化建设的任务

在世纪之交、知识经济初见端倪的今天,教育现代化的步伐迅速加快。作为教育现代化建设的物质基础和条件支撑,教育技术的现代化正面临着新的发展机遇,也面临着极为严峻的挑战。

1.3.1 现代教育的基本特征

与现代科技及现代经济相适应的现代教育,相对于以学校为中心和以教师为中心的传统教育相比,具有众多的特征。

首先是教育的大众化(或称为教育的民主化,即人人都有接受高等教育的权利)。按照国际惯例,适龄人口的百分之十五接受过高等教育的国家即可称之为教育大众化的国家。由于我国人口众多,教育基础较差,经济发展不平衡,要想达到这一目标大约还需十年左右的时间。而沿海经济发达地区,可望在二三年内达到上述教育大众化目标。

第二,教育的终身化。过去,讲"活到老,学到老"主要是指一种精神,一种境界。而生活在知识急剧发展(有人称之为"知识爆炸")的现代社会的人们,讲教育的终身化,则是为了提高自己,更好地适应工作,也是为了生存的需要。

第三,教育的职业化。职业化教育即职业的技能化教育。传统教育较多地强调基础教育,尤其是基础理论教育,忽视了与未来职业相关的技能教育。现代社会的高科技几乎已渗透到社会所有职业,因此职业化教育也明显地从初级教育、中级教育发展到高级教育甚至研究生教育这一层次。

第四,教育的个性化。它包括两方面含义:一是具有高科技特征的现代社会劳动需要社会成员具有创造性才能;二是作为社会成员的人的个体客观上存在认知能力和才能结构的差异,因此,需要社会成员合理地发挥自身的才能结构优势,更好地满足社会对创造性人才的需求。所以,个性化实质上就是创造性和创新性,个性化教育也就是素质教育和创新性教育。

第五,教育的国际化。这已是一个很明显的特征,尤其是以 Internet 网为代表的现代网络系统的出现和高速发展,已使整个地球变成了一个没有距离的教育环境。国家与国家之间、学校与学校之间、个人与学校之间、甚至个人与个人之间,都可以通过网络(包括卫星网络和计算机网络)进行学习,实行资源共享、相互交流、相互承认。

现代教育的上述若干特征也可归纳为:教育对象的全民化、终身化;教育内容的职业化、个性化;教育模式的多元化、开放化、国际化;教育方法的多媒化、网络化、信息化。

1.3.2 学校教育技术现代化建设的主要任务

小平同志"教育要面向现代化,面向世界,面向未来"的指示,高瞻远瞩地指出了我国教育改革和发展的方向,同时也为教育现代化工程建设规定了具体内容。

在进入又一个千年的今天,我国学校教育现代化正面临着艰巨而繁重的建设任务。其中,教学改革的主要目标大致可归纳为:教学观念的现代化;教学内容的现代化;教学模式和教学手段的现代化;教学管理的现代化。

由于各省市、各地区经济发展不平衡,教育发展也有很大的差距。经济发达地区的学校大力开展教育技术现代化建设,已经取得了很大成绩。即使是一些经济欠发达、甚至相当落后的地区,不少学校也能因地制宜、因条件制宜地开展教育技术的现代化建设活动,并取得了不小的成绩。因此,我们在讨论学校教育技术现代化建设任务时,首先要解决的问题,或者说首先要解决的任务是:转变思想、转变观念,确立现代教育的意识,确立教育技术发展在教育改革中处于突破口地位的思想。

从我国国情出发,根据主管部门及众多专家的意见,可将当前学校教育技术现代化建设的主要任务概括如下。

第一,加强学校硬环境的现代化建设,包括课堂环境的现代化建设(如组合媒体教室、计算机多媒体教室、AATV 型教室、网络化教室、专门化教室等等);实验环境的现代化建设;图书馆、阅览室、校园电视台等信息系统的现代化建设;以校园网为中心的管理系统的现代化建设;校园网介入专门网、区域网的建设;远程教育教学系统(借助卫星网络或地面计算机网络或两者组合的网络)的建设等。

第二,加强教育教学软件的建设,包括现代化教材体系的建立;音像媒体教材的进一步开发;计算机多媒体课件(包括网络运行课件)的开发;积极进行组织化、规模化、系列化开发;提倡专业课教师亲自动手开发具有个性和实效的计算机多媒体课件和其他音像课件。

第三,加强现代教育技术人才的培训和培养。人才培养的内容包括:现代教育思想与理论的学习;现代教育技术硬件的操作、维护;教育、教学课件的设计、开发;教学设计;现代教育技术管理等。

第四,加强开展与现代教育技术相关的教学科研活动,包括现代化课程体系、教材、教学理论、教学模式、教学方法、教学评估体系以及教学管理理论与方法的研究。

在教育技术现代化建设的过程中,应实事求是,克服和防止重建轻用、重用轻研、重点轻面、重形式轻实效以及重计算机多媒体轻音像媒体等倾向。

【复习思考题】
1. 何为视听教育?视听教育在西方教育技术发展史中有何地位?
2. 何为戴尔经验之塔?教育媒体在戴尔经验之塔中有何重要意义?
3. 分析电化教育在中国几度兴衰的原因。
4. 现代教育有哪些基本特征?为什么会形成这些特征?
5. 当前学校现代化建设的基本任务有哪些?

第二章 教育技术与教育技术学的概念和含义

为了能够更好地推行教育技术,促进我国的教育教学改革,首先,我们必须了解教育技术到底包括哪些方面的含义。不同国家对教育技术的理解与界定是有差异的,我们应该充分把握这些差异,取长补短,使我国的教育早日走上现代化之路。

2.1 我国关于电化教育的定义

教育技术在我国的发展历史可以追溯到19世纪末、20世纪初。我国教育工作者在研究和发展教育技术的过程中,独创了一个具有中国特色的专有名词——电化教育。电化教育在我国的发展历程,我们已在第一章中较为详细地作了介绍。

2.1.1 电化教育的基本含义

1985年高等教育出版社出版的由南国农主编的《电化教育学》一书在阐述电化教育的定义时是这样说的:"运用现代教育媒体,并与传统教育媒体恰当结合,传递教育信息,以实现教育最优化就是电化教育。"萧树滋的描述是:"电化教育就是根据教育理论,运用现代化的教育媒体,有目的地传递教育信息,充分发挥人的多种感官的参与,以实现最优化的教育活动。"

这两个定义虽然存在一些差别,但总的说来还是趋向于统一的,我们可以把它们看成是一类。这一类定义一般被认为是关于电化教育的比较权威的解释,在1985年以来的10年左右的时间内,不少高校的电教专业在介绍电化教育的定义时往往从两者当中选一个来介绍。

在高等教育出版社1998年8月出版的《电化教育学》(第二版)中,对电化教育的解释是:"电化教育,就是在现代教育思想、理论的指导下,主要运用现代教育技术进行教育活动,以实现教育过程的最优化。"

这一定义是在人们交叉使用电化教育和教育技术的概念后出现的。按照这一描述,电化教育、教育技术、现代教育技术的关系可以用图2-1-1表示,我们称之为'98电化教育定义派生的关系表。

2.1.2 电化教育发展中的主要成就

自从1978年以来,在政府部门的大力推动下,资金相对到位,各级学校达成了共识,尤其是获得了广大教师的拥护,中国的电化教育取得了长足的发展。20年来,中国在电化教育事业的发展中取得了举世瞩目的辉煌成就,归结起来主要有以下几个方面。

一、国家成立了专门的电教管理机构

1978年2月,国家教育部成立了电化教育局。同年8月,又筹建了中央电教馆。全国各省、市、自治区的教育行政部门也成立了相应的电教管理机构,地、市、县及有关高等院校、广大中小学也成立了专门的电教组织。1994年初,国家教委成立了电化教育委员会,使我国的电教事业有了一个具有权威性的、统一的领导管理机构。

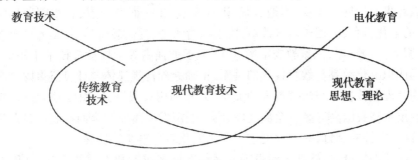

图2-1　'98电化教育定义派生的关系表

二、全国30多所高等院校创办了多层次、多形式的电化教育专业

电化教育重新起步之后,为了适应全国教育工作者从事电教工作的需要,我国先后举办了各种类型的培训班。从1984年起,我国又先后在30多所高等院校创办了不同层次的电化教育专业,包括专科层次、本科层次、硕士研究生层次与博士研究生层次。在专业的设置上,形成了多种方向,如电化教育基础理论方向、教育电视方向、计算机与多媒体技术教育应用方向、远程教育方向等。可以说,这种明显带有中国特色的电教专业的创办对推动我国的电教事业的发展所产生的价值是不可低估的。

三、电化教育"三深入"的研究与发展

我国电化教育重新起步之后,政府就十分重视它的推广与应用工作。在电化教育的应用中,重点强调深入学科、深入课堂、深入教学的"三深入",并开展了一系列的电化教育实验。譬如由中央电教馆组织的全国31个省、市的82所学校参加的全国教育科学"八五"规划、国家教委重点课题——"电化教育促进中小学教学优化"课题实验经过五年的研究,初步形成了中小学开展电化教学的若干模式,研制了一批电教教材和音像资料,初步构建了中小学进行课堂电化教学的理论与方法体系,提高了实验学校的教学质量与教学效率,促进了中小学的教学改革与电化教育"三深入"的发展。除了中小学之外,我国的高等学校也在开展有组织、有计划的电化教育课程试验,如广东省自1990年起已经组织进行了四批课程电化教育实验,参加试验的学校达40多所,涉及70多门课程的40多位教师。又如由南京师范大学教务处牵头的世行贷款课题——"加强课程建设,促进多媒体综合教学"由全校20多个院系共同参与完成,有力地促进了全校的电化教育工作的进一步深入。

四、远程教学的大力发展

1979年2月,我国创办了中央广播电视大学。1986年7月,国家教委建立了中国教育电视台,目前,国家教育电视台已经有了四套节目播出,全国建有卫星电视地面接收站一万多个,各级教育电视台1 200多座,放像点66 000多个,形成了世界上最大的教育电视传输网。我国的卫星教育电视从其发展规模、覆盖面、发展速度等方面看,是世界上其他国家所难相比的。目前,我国在远程计算机教育网的发展上也已经取得了重大的突破,预计不久的将来,计算机网络的普及与推广必将使我国的远程教学跃上一个更高的台阶。

五、国家制订了电教工作的大政方针

在电化教育发展过程中的每一阶段,有关机构都会明确其具体的大政方针。1987年,国家教委在全国电化教育工作会议上指出:我国的电化教育要在党的教育方针指引下,从实际出发,适应教育事业发展的需要,因地制宜,讲求实效,积极而有重点、有步骤地加快发展具有中国特色的电化教育,为促进教育改革,发展教育事业,提高教育质量,培养社会主义现代化建设人才服务。1997年,国家教委电教办在《关于加强高等学校教育技术工作的意见》中指出:要正确认识电化教育与教育技术的关系,正确处理常规媒体与计算机多媒体等新媒体的关系,正确处理硬件投入与软件投入的关系,充分利用有限资源,积极探索新技术手段的应用,使教育技术在我国高等教育全面适应社会、经济发展需要和全面提高质量过程中发挥重要作用。这些方针的制订,有力地促进了我国电化教育事业的发展。

除此之外,在硬件的投入、软件的建设等方面都有许多成就和有益的经验,这里不再一一阐述了。

2.2 教育技术的定义

2.2.1 教育技术的定义

教育技术从产生到今天,较有影响的定义有:

一、1963年的定义

1963年,由美国定义与术语委员会给教育技术下了第一个定义:"视听传播是教育理论和实践的一个分支,它主要研究对控制学习过程的信息进行设计和使用。"此时,教育技术与视听传播被人们等同起来看待。

二、1970年的定义

1970年,美国教学技术委员会在向国会递交的报告中提出:"教育技术可以按两种方式加以定义。从人们较为熟悉的意义上说,教育技术是指产生传播革命的媒体,这些媒体可以与教师、课本和黑板等一起为教学目的服务……组成教育技术的部分包括电视、电影、投影器、计算机以及其他一些硬件和相应的软件。第二种定义不太为人们熟悉,它超出了任何特定的媒体或设备,它是按照具体的目标,根据对人类学习和传播的研究,以及利用人力与非人力资源的结合以促进更有效的教学的一种系统的设计、实施和评价学与教的全部过程的系统方法。"对于第二个定义,该委员会指出,广泛地接受和使用这个宽广的定义是未来的事。

三、1972年的定义

70年代,人们不再把教育技术与视听设备等同起来看待,美国教育传播与技术协会(AECT)通过一年多的论证,提出"教育技术是这样的一个领域,它通过对所有学习资源的系统鉴别、开发、组织和利用,并通过对这些过程的管理来促进人类的学习,它包括教学系统的开发、现有资源的鉴别、学习资源的传送、有关内容的管理以及实施的人员……"

四、1977年的定义

1977年,美国AECT又提出了一个更加广泛的定义:"教育技术是一个复杂的、综合的过程,这个过程涉及人员、程序、思想、设备和组织等各个方面,其目的在于分析遍及人类学习的所有方面的问题,并对解决问题的方法进行设计、实施、评价和管理。在教育技术中,解决问题的方法的表现形式是所有为了促进学习而设计、选择和使用的学习资源,学习资源包括信息、人员、材料、设备、技巧和环境。对问题进行分析并对解决问题的方法进行设计、实施和评价的过程称为教育开发职能,它包括研究与理论、设计、制作、评价与选择、供应、使用与推广等方面;对其中某项或多项职能进行指导或协调的过程称为教育管理职能,它包括组织管理与人事管理等方面。"

五、1994年的定义

1994年,美国AECT发表了由西尔斯(Seels)与里奇(Richey)合写的专著《教学技术:领域的定义和范畴》,该书认为:"教学技术是对学习过程和学习资源进行设计、开发、利用、管理和评价的理论与实践。"这是迄今为止国际上关于教育技术的最具权威的定义,这一定义正为越来越多的教育技术工作者所接受。

1994年的定义中将教育技术改成了教学技术,其主要原因是:第一,许多教育工作者认为"教学"一词更适合描述技术的功能;第二,"教育技术"一词通常暗指一个学校或教育环境,而对于大多数人而言,"教学"这一术语不仅包括中小学环境,而且包括了培训。再者,"教育"一词涉及面太宽,而"教学"却更好地解决了教与学的问题。由此我们可以看出,人们在研究教育技术的时候,已经更加强调其在教学中的应用研究,既包含了对理论的研究探讨,也包含了实践的内容。当然,也不是所有国家都主张用"教学技术"这个说法,英国和加拿大就主张用"教育技术"一词,我国也已正式采用了"教育技术"一词。

2.2.2 教育技术的内涵

教育技术从产生至今,它的内涵已经发生了深刻的变化。就现阶段的理解来看,教育技术的内涵主要包含以下几个方面。

一、教育技术实践和研究的主要对象是"学习过程"和"学习资源"

在传统的教育形式中,教师的任务被确定为"传道、授业、解惑"。因此,教师往往只注重书本知识的传授,以教学工作的完成与否作为衡量教学工作质量的标准。实际上,关系教学质量的因素是多方面的,它不仅需要考虑教师的教,而且需要考虑学生的学。

教学工作的完成主要应该落实在教师身上。换句话说,教师是教学过程的主体,他通过对教学资源的合理安排与组织来完成对教学信息的传递,其工作过程应当充分考虑学生的心理特点及其认知规律,帮助和促进学生完成对知识的构建。学习过程则主要落实在学生身上。也就是说,学生是学习过程的主体。他们在教师的指导下,通过对学习资源的运用,从而主动接受刺激,积极参与并积极思维,不断地将新的知识同化到他自己原有的认知结构中,从而完成对新的知识的建构。

教师的教学,如果不考虑学生的接受特点,轻视对学习者的特征分析,就很难选择合适的教学资源,学生也不能得到有效的学习资源,于是整个教与学的有效性就难以得到保证。

二、研究教育技术的核心是系统方法与整体化观念

从1994年的定义中我们可以看出,它在研究教育技术的核心问题上,既注重对系统方法的运用,又强调了整体化的观念。

教育系统是指为了达到一定的教育目的,实现一定的教育、教学功能而形成的教育组织形式。系统方法,是指将所研究的问题放在一个系统中加以考虑,运用系统思想,按照系统

特性来处理教育技术的有关问题,揭示教育技术的有关规律和特征,从而获得解决问题的最佳策略方案。

系统方法的产生和发展,揭示了客观物质世界的本质和规律,为现代教育技术的发展和研究提供了新的思路和新的方法。人们通过对系统的整体化研究,从而在整体上谋求和把握解决问题的方法。

对教育技术的研究主要有五个领域,即设计、开发、使用、管理与评价。这五个领域可以看成是整个研究工作的五个构成要素,每一个要素都可以当作一个系统来研究,在研究中又必须把握五个要素之间的相互联系,强调对其整体性的研究。

三、教育技术工作的研究包括理论和实践两个方面

现代教育技术包括现代教育思想、教育观念、教育方法、教育教学技能与技巧、教学设计等方面的内容。对教育技术工作的研究,应当注重现代教育理论及其应用推广两个方面,从高科技与教育改革的结合部,研究探索现代化教育的新路,传播信息时代的教育意识与教育观念,加快教育技术对世界前沿科技成果的跟踪研究。

应该通过理论与实践两个方面的研究,探索和构建新型的教学模式与教学环境,建立现代化的教材体系,进而形成一整套的现代化教学理论体系,从而全面促进和指导现代教育技术的推广与应用。

四、优化学习资源是优化学习过程的必要条件

教育技术的定义中突出强调了教育技术实践与研究的主要对象是学习资源与学习过程,在这两者当中,学习过程更为重要。而要优化学习过程,其必要条件是优化学习资源。

在教与学的活动中,学生能够与之发生有意义的联系的有关信息、人员、教材、设备、技术与环境等共同构成了学习资源。其中,由教师控制的、用来帮助和促进学生学习的有关信息、人员、教材、设备、技术和环境等一般被称为教学资源。

从这一界定我们不难看出,就资源的基本内涵来看,学习资源与教学资源是一致的,但是两者又不完全相同。首先,两种资源的使用主体不一样,学习资源的使用主体是学习者,而教学资源的使用主体是教师。其次,两种资源的范围也不完全一样,学习资源的范围比教学资源的范围更加广泛。换言之,凡是可以作为教学资源的,都可以被用作学习资源供学生使用;而有的学习资源却不一定能作为教学资源来使用。其相互关系,我们可以用图 2-2-1 来表示。

学习资源的范围十分广泛,如何充分发挥其对学习过程的促进作用,应当成为教育技术工作者关心的问题。只有对学习资源进行科学而富有成效的设计、开发、使用、管理与评价,才能优化学习者的学习过程。因此,教师的工作应当从以知识讲解为中心向以指导学生如何合理地利用学习资源优化学习过程为中心转变。

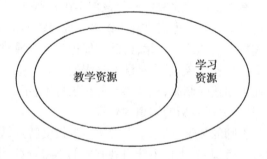

图 2-2-1　学习资源与教学资源的关系

2.3 教育技术学的研究内容及发展趋势

2.3.1 教育技术学的主要研究内容

从19世纪末开始,随着科学技术领域的迅猛发展,以及它对教育领域的渗透,一批教育工作者在实践和研究的基础上提出了一系列的教学理论。到20世纪中叶,视听教学理论、程序教学理论与系统科学理论等理论相互结合,有机融会,从而逐渐形成了一门独立的综合性的新兴学科——教育技术学。

人们常常用"信息化"来概括当今社会的基本特征。随着以信息技术为代表的现代科学技术的迅速发展及其在教育领域中的广泛应用,人类从事教育活动的手段、方法有了根本性的改观,进而也对教育活动本身产生了诸多影响。

教育技术学正是在当今的先进的科学思想和现代信息技术的推动下,通过广大教育工作者的长期实践和探索,在积累了大量丰富经验的基础上形成和发展起来的一门学科。它从属于教育学科,又超越了教育学科本身。为了进一步体现它的现代化特征,目前一些学者又在它的前面加上了"现代"二字,冠其名为"现代教育技术"。一些专家在分析研究AECT1994年定义的基础上提出:"所谓现代教育技术,是指运用现代教育理论和现代信息技术,通过对教与学的过程和教学资源的设计、开发、利用、管理和评价,以实现教学优化的理论和实践。"这一表述显然还不尽完善,但它也反映了一些基本共识。

其一,现代教育技术必须以先进的教育思想和教育理论为指导,同时它又反过来丰富和发展了现代化的教育理论。

其二,现代教育技术必须以信息技术为主要依托,也只有以信息技术为手段,才能真正发挥其教育优势。教育过程实质上是信息的产生、选择、存储、传输、转换、分配的过程,而信息技术正是指用于上述一系列过程的各种先进技术,包括电子技术、多媒体技术、计算机网络、网上通讯、远程通讯等。把这些技术引入学校的教育过程后,可以大大提高信息处理即教学的效率。在当前这个知识迅速增长的社会里,教学效率显得尤其重要。可以说,没有高的教学效率就不可能有高的教学质量。

其三,现代教育技术是以教与学的过程和资源为研究与工作的对象,并以优化教与学的过程和教与学的资源为目标的。因此,现代教育技术既要重视"教",更要重视"学"的"过程"和"资源"的研究与开发。在教育目标的确定上,既要满足社会的要求,也要特别重视学生个人的需求,鼓励学生向多样化发展;在教育内容的选择上,应从学生和社会的共同需要出发,进行合理的组织与安排;在教育方法的运用上,应更多地提倡合作化学习和个别化学习的有机结合,培养学生的认知技能、动作技能和态度情感技能等;在教育的形式上,可以结合多种教学理论,并采取非常灵活的方法,能够与人们的工作、生活很好地协调起来,教育的终身化已越来越为人们所认同。

其四,现代教育技术是以系统科学方法作为方法论基础的。现代教育技术的工作内容包括对教与学过程和资源的设计、开发、应用、评价和管理。它的研究范围包括现代教育的一系列理论、现代教学思想观念、现代教学方法、现代教学资源、现代教学设计等诸多方面,与每一门类的学科都有着千丝万缕的联系。现代教育技术将使学校进一步开放,全社会的教育资源都有可能得到更加合理的配置。随着计算机技术的不断发展,其家庭化趋势正日渐明显,家庭化的趋势和计算机网络化的趋势相互推进,加速了学校的社会化进程。在现代教育技术的影响和推动下,学校与社会之间、学校与学校之间的界线会变得模糊,受教育者将有权根据自己的需要自由地选择学校、专业和教师,国家投入教育的人力、物力、财力亦将根据诸多因素的变化进行合理重组与分配,教学资源将能发挥其最大的教育效益。

2.3.2 教育技术的发展趋势

分析国内教育形势,并对照国外的一些比较成功的经验,可以看出,在现阶段和今后的一个相当长的时间内,教育技术研究趋势主要反映在以下方面。

一、加强现代教育技术的理论研究

没有理论的支撑,教育技术的发展就会限于被动,而且也很难形成强大的生命力。在教学研究中,应当随时积累经验,丰富和完善教育技术的理论,使其站稳教育的制高点和突破口。

二、加强教育技术在学科教育中的应用研究

发展教育技术不应当仅限于一些零散的教学软件的制作和几次媒体的使用。应针对各学科的特点,开发和设计软件,使其达到一定标准,并充分考虑教学目标、对象特点等因素,完善教学设计方法。当然这些工作需要在一定的调查和实验研究的基础上方能顺利进行。

三、广播电视和卫星电视教育的研究

虽然印刷媒体仍是大多数远距离教育体系中的主要交流渠道,但其他媒体的引入扩大了学生与中心交流的可传性。面对面辅导,电话辅导或师生间更为复杂的交流方法,补充和促进了教学过程,电报、电话或微机网络则可拓宽学生之间的交流环境。我国教育工作者在开展广播电视和卫星电视教育的长期实践中积累了很多宝贵的经验,应当继续保持和发展这些教育形式,在提高信号传输质量和软件制作水平的同时,注意卫星电视网络的建设和管理,及时找出问题及解决问题的方法。健全的组织结构与对最佳媒体及其使用方式的选择几乎是同等重要的,对于管理不同信息,帮助学生消除障碍及学习过程的孤立感以及维持后勤与行政工作的效率等,都需要建立完备的结构。

四、多媒体组合教学的研究

不同的教学媒体具有不同的教学功效。在教学过程中,我们的任务不仅仅在于选择媒体,还应当加强对媒体的教学性能的分析和研究,根据教学需要和媒体的特点选择合适的多种教学媒体进行教学活动。以媒体的价格高低和先进程度来确定其使用价值是不符合教育原则的,也是不科学的。

五、多媒体技术的研究

这里所说的多媒体技术主要是计算机技术,它不仅具有计算机的存储记忆、高速运算、逻辑判断、自动运行等功能,更可以把符号、语言、文字、声音、图形、动画和视频图像等多种媒体信息集于一体,采用图形交互界面、窗口交互操作、触摸屏技术等,使人机交互能力大大提高,并且可以和通信卫星、光缆传输系统等现代化通信手段相结合,构成全方位、多渠道交互式的信息系统。多媒体技术与任何其他的技术一样,它的发展也要遵循从低到高、从简到繁、从幼稚到成熟的规律。例如,多媒体系统必须在综合信息传输网和大型多媒体数据库的技术的支持下,才能发挥其最大功效,更好地适应我国教育技术发展的实际需要。

六、计算机辅助教育研究

在计算机辅助教学中,应利用辅导、模拟、练习等多种形式,注意软件的人工智能化研究,并充分发挥计算机的交互性特点;在计算机管理教学中,不仅使计算机成为一种管理工具,还应注意网络建设等问题。加强信息资源存储还原技术和软件制作方面的研究,提高多媒体系统的易操作性,以及随着有线电视电话等通信设备的加入,有效提高所有媒体融为一体以实现更高的学习效率等,都将是今后的研究方向。

七、网络化教学的研究

网络化趋势正在日渐成为教育技术发展的主流,它使得教育的内涵正在不断发生改变,学校已经不再是"象牙塔",它甚至已经超越了国界,教育内容也已经变得无所不包,你想学的几乎都可以在这里找到。

1. 虚拟现实和人工智能的研究

教育技术工作者一直在关注着,能否有一天,计算机可以像正常人一样,不仅能思维,而且还具备一定的感情。你可以和它对话,交流思想,也可以向它提出各种各样的问题,它都能给你回答。也许它应当在你的控制下工作,但它却具备比一般人更加强大的记忆力和逻辑运算能力,它的惊人的运算速度使得人们能够更快地吸取所需信息。

2. 教学设计研究

现代社会发展到信息时代,社会需求日益发展,教育观念也随之有很大的变化和更新,于是教学设计在满足信息社会对教学效率、效果等急切的需求中应运而生。教学设计以优化教学效果为目的,以学习理论、教学理论和传播学为理论基础。而当其作为教学工作中的最基本环节时,人们则需不断更新概念,包括教学系统观念、教学信息观念、教学反馈观念、以学生为主的观念和教学整体优化的观念等。

一门学科的成熟,不仅在于它对社会生产的指导作用,更在于其自身的完善。我国的教育技术研究一定要在新的形势下,转变观念,抓住机遇,迎接挑战,要充分考虑我国实际情况,合理配置电教系统的人力资源和物力、财力资源,逐渐实现由集中教学向个别化教学的转变,建立和完善教育科学研究的工作体制,通过引进和合作研究多媒体计算机技术,发展我国广播电视卫星教育和学校电化教育,推进计算机辅助教学系统的应用和推广,优化教学过程,从而有效地提高教育质量和效率。

【复习思考题】

1. 电化教育、教育技术、现代教育技术几个概念有何关系?
2. 有人说,"电化教育和教育技术主要是指现代化的技术方法和手段",你认为这种说法对吗?为什么?
3. 教育技术的AECT定义中,提出教育技术的研究对象是"学习过程"和"学习资源",而未强调"教学过程",你是怎样认识这一点的?
4. "教育技术学"与"教育技术"概念有何不同?
5. 当代教育技术的发展趋势如何?

第三章 常规教育媒体技术

所谓教育媒体,是指在教学活动中用来帮助传递信息的载体。一般地说,教育媒体包括硬件、软件和潜件三个方面。根据教育媒体应用中所体现的对现代科技成果的要求的不同,人们有时又把它分为传统教育媒体和现代教育媒体两种。传统教育媒体主要是指应用板书、教学挂图等来实施教育活动的技术;现代教育媒体则主要是指借助于现代科技的研究成果来帮助实现教育传播活动的技术,包括光学媒体教学技术、电声媒体教学技术、电视媒体教学技术、计算机媒体教学技术、网络教学技术等。其中,光学媒体、电声媒体和电视媒体通常又被人们称为常规教育媒体。本章主要介绍常规媒体的基本类型、工作原理、教材制作方法及其在教学中的应用。

3.1 光学媒体的种类及其原理

光学媒体主要是指借助于光学成像原理来传递静态信息的一类教学媒体。它的硬件主要有幻灯机、投影器、视频展示平台、多媒体投影机等;它的软件形式主要有幻灯片、投影片、实物资料等。光学媒体应用中的潜件主要包括色彩学原理、构图原理、文字理论内容的图形化设计原理、光学媒体教学原则等方面。

3.1.1 摄影技术基础

在进行光学媒体教学软件的制作过程中,常常离不开使用照相机。

一、照相机

1. 照相机的种类

照相机的种类繁多,根据所使用的感光片类型,可分为110型、120型、135型和座机等。使用最普遍的相机是135相机。根据取景方式的不同,135相机又分为旁轴平视取景式和单镜头反光式(即单反相机)两种。在光学媒体教学中经常使用的照相机一般为135单反相机,它使用两边有齿孔的35毫米宽的135胶片,拍摄的画面尺寸为24毫米×36毫米,一般每卷可拍摄36张。

具有自动装片、自动卷片、自动对焦、自动曝光、自动闪光、自动倒片等功能的"傻瓜相机",适合于家庭生活、旅游风光摄影,但不适合用来拍摄幻灯片。

2. 照相机的结构和功能

照相机的基本结构主要有镜头、光圈、快门、机身、取景器、调焦装置、卷片与计数装置等部分。这里对它们的功能简单介绍如下。

(1) 镜头

照相机的镜头一般由多片透镜组成,并经镀膜处理,用以消除色差、像差,提高镜头透光能力,增强影像的清晰度和反差。它的作用是使外界被拍摄的景物能够在平面上形成清晰的像。

镜头上的 F××字样表明了镜头的焦距。根据镜头的作用的不同及焦距数值的不同，相机镜头可分为标准镜头、长焦(望远)镜头、短焦(广角)镜头、变焦镜头(视角可变化)和近摄镜头等。对于 135 相机，标准镜头灯光焦距为 50 毫米，广角镜焦距为 35 毫米以下，长焦镜焦距一般在 100 毫米以上。

(2) 光圈

光圈是由金属薄片制成的可调节光孔大小的机构，一般安装在透镜组的中间。光圈的孔径可通过镜头外的光圈调节环调节，其大小用光圈系数(简称 f 系数)来表示。光圈系数标在光圈调节环上，通常有 2,2.8,4,5.6,8,11,16,22 等数值，它是镜头焦距和光孔直径的比值。光圈系数越大，则表示光孔直径越小，光通量越少。

光圈的主要作用是通过放大与缩小光圈来控制曝光量，此外光圈还具有调节像差和控制景深的作用。光圈大小的改变是连续的，拍摄时光圈可调在两挡之间。

(3) 快门

快门是控制光线在感光胶片上照射时间长短的机件，是照相机曝光的定时装置，一般用"快门速度"来描述。

常见的快门速度标记有 A,B,1,2,4,8,15,30,60,125,250,500,1000 等。其中数字表示实际快门开启时间的倒数秒，很显然，所标数值越大，快门开启时间越短。B 挡快门是供长时间曝光用的，即按下快门时，快门打开；松开快门时，快门关闭。A 挡是自动快门挡，仅出现在有光圈先决式自动曝光功能的相机上。

旁式取景相机一般采用镜间快门(中心快门)，它位于镜头的透镜组中间，开闭时声音小，震动轻，进行闪光摄影时，每一档均与闪光灯同步。单镜头反光相机使用焦平面快门(帘幕快门或钢片快门)，它位于感光片之前，紧靠焦平面，开闭时声音及震动较大。它的最高闪光同步速度在速度盘上有特殊标记，很容易识别。例如，用红色的数字或用"X"来表示。

(4) 调焦和取景

相机调焦装置的作用是使被摄景物在感光胶片上形成清晰的像。取景装置用来观察和确定拍摄范围，以便对景物进行取舍和画面布局，调焦和取景通常在一个窗口内观察。调焦方法分为手动调焦和自动调焦两大类，手动调焦有多种不同的指示形式。

照相机中还有一些其他部件，如卷片、计数装置和机身等。卷片装置是用来传送感光片的，只要扳动卷片扳手，就能把装在相机内的胶卷卷过一张，并同时上紧快门弦。胶片计数窗能显示已拍摄的张数。机身是照相机的暗箱，其他部件都安装在机身上。

3. 景深

景深是指被摄景物在感光片上形成清晰的影像时景物的纵深范围。影响景深的因素主要有三个：光圈、镜头焦距和调焦距离。其规律是：在影响景深的其他两个因素确定的情况下，光圈与景深成反比，光圈越大，景深越小；镜头焦距与景深成反比，镜头焦距越长，景深越小；拍摄距离与景深成正比，拍摄距离越远，景深越大。实际拍摄时要合理地控制景深。

4. 照相机的使用与维护

照相机是精密的光学仪器，使用和维护要特别当心。使用照相机之前应详细地阅读使用说明书，了解它的性能和使用方法，按正确的操作程序来操作。操作时，力量不宜过大、过猛，尤其在遇到阻力时，不要强扳硬按，以免损坏机件。拍摄时，持机要平稳，防止震动；对焦要准确，防止主体模糊；快门速度和光圈的配合要准确；注意合理用光和构图。

使用和携带相机时严禁摔、碰、挤、压、震。还要注意防潮，长期不用时，宜将镜头或整机放在有干燥剂的密闭容器内(如饼干筒或专用干燥箱)，以免镜头发霉。要保持相机内外清洁，特别是镜头，当镜头表面有灰尘时，应用吹气球把灰尘吹掉或用镜头扫扫去，镜头脏了可用镜头纸或脱脂棉蘸上镜头清洁剂轻轻擦拭干净，不能用普通的布或纸来擦拭，也不能用手指触摸镜片。当灰尘、污迹并非很多时，不宜经常清除，以免擦坏或划伤镜头表面的镀膜层。要避免有害气体对相机的侵蚀。若相机较长时间不用，应使快门处于松弛状态，并将光圈开到最大，调焦于"∞"处保存。

二、感光胶片

1. 感光片的种类

照相机的感光片种类较多，在拍摄制作幻灯片的过程中，主要使用135感光片。常用的感光片有：

(1) 黑白感光片

黑白感光片通常又有两大类：一类是黑白负片，也称全色片，它对人眼所见的七种色素都能感受，但对于绿光不甚敏感。全色片的冲洗应在全黑环境下或在淡绿色灯光下进行，定影后可见白光。全色片感光度高，宽容度大，感色性能好，显影层次丰富，在摄影中应用广泛，适于拍摄风光、人物、新闻等照片。另一类是黑白正片，又称色盲片，也称黑白电影正片。色盲片是制作幻灯片的常用感光片。

(2) 彩色感光片

常用的彩色感光片有彩色负片、彩色正片和彩色反转片三类。彩色负片经拍摄和冲洗后成为底片，底片的颜色与被拍摄景物相反(互补色)。彩色正片即彩色拷贝片，也叫彩色电影正片，用于把底片拷贝成彩色幻灯片或彩色电影片，它感光度低，不宜直接用于拍摄；彩色反转片通过拍摄和反转冲洗后，得到与被摄物颜色相同的正像，可作为幻灯片直接放映。

另外，彩色片按平衡色温来分，有日光型和灯光型两种。

日光型彩色片的平衡色温为5 400K～5 600K，适合在太阳光下或闪光灯下拍摄。

灯光型彩色片的平衡色温是3 200K～3 400K，适合在钨丝灯下拍摄。

2. 感光片的性能

感光片的性能将决定摄影影像的质量。胶片的性能常用感光度、反差、宽容度、解像力、灰雾度等几项指标来衡量。

感光度指胶片对光线的敏感程度。各国感光度标度不尽相同，我国采用GB制，如GB18°，GB21°，GB24°，GB27°等。每增加三个数值，其感光速度增加一倍，所需曝光量减少一半。德国的DIN制与我国GB制变化规律相同。美国的ASA制，如ASA100，ASA200，ASA400等则是数字增加一倍，感光度增加一倍。国际标准ISO制是把ASA制和DIN制统一起来，如ISO100/21°。不同制的感光度可以换算，GB21°＝ASA100，其余以此类推。如表3-1-1所示。

表3-1-1 感光度对照表

GB(DIN)	12°	15°	18°	21°	24°	27°
ASA	12	25	50	100	200	400
ISO	12/12°	25/15°	50/18°	100/21°	200/24°	400/27°

三、摄影曝光

曝光指感光材料受光作用的过程。要在感光材料上获得高质量的影像,曝光量必须符合感光材料成像的要求。曝光量的大小由光的照度和曝光时间共同决定,在照相机上通常是依靠光圈、快门共同配合来调节。外界光线强,可以缩小光圈,也可以提高快门速度或者同时调节;外界光线弱,可以放大光圈,也可放慢快门速度或者同时调节。当然,调节光圈和快门速度还要根据景深或被摄体是否运动等因素综合考虑。

在拍摄过程中,进行正确的曝光是很重要的。在室外自然光下拍摄时,初学者可以依赖感光片包装盒上的曝光参考表确定曝光量,在掌握摄影技术后,仍可作为确定室外拍摄曝光的参考。在室内自然光下拍摄时,由于室内光线变化比室外更加复杂,它除了受室外自然光影响外,还受门窗多少、大小、朝向及室内墙壁、天花板和地板的色调、被摄体与门窗的距离,以及窗外有无遮挡物等多种因素制约。人眼具有很大的适应性,往往在室内拍摄时会对光线估计不足而导致曝光不准确。在室内自然光下拍摄时可通过试拍积累经验。

四、翻拍技术

在运用照相机进行教学幻灯片的制作过程中,除拍摄实物外,还要经常把书本上的插图、照片、表格、文字资料等拍摄下来,这一过程就是翻拍。翻拍可用专用翻拍照相机,也可使用普通相机。由于教学用的幻灯片一般使用135型幻灯片,翻拍用相机应选用135单镜头反光照相机,它通过同轴取景可以减少视差,能更换镜头,可加用近摄附件。

五、黑白感光胶片的冲洗

感光片曝光后产生看不见的潜影,如果要还原影像,必须进行暗房冲洗。正常的冲洗过程包括显影和定影。显影是使已感光的卤化银还原成黑色的银,形成黑白影像,再经过定影把未感光、未显影的卤化银除去,经水冲洗后便成为底片。冲洗一般有罐洗和盆洗两种方法。冲洗的基本步骤如下。

第一,准备好显影、定影、停显等药液,如罐中冲洗,则需先装好胶片。第二,先用水润湿未冲洗的感光片。第三,显影。显影液配方种类很多,对于黑白电影正片,需要用D-19显影;而对于全色负片,则用D-76显影。第四,停显(或水洗)。显影结束后,将显影液倒出,立即注入停显液,使胶片上的碱性显影液与停显液里的酸性物质中和,停止显影,或者进行水洗,用清水去除残留在胶卷上的显影液,以防底片显影过度或将显影液带入定影液,导致定影液提前失效。第五,定影。停显后,随即将感光片放入定影液,使底片上未显影的卤化银溶解掉,温度在20℃左右时,定影时间约需5分钟;第六,水洗。胶片定影后,再用流水冲洗5分钟~10分钟,使胶片上残留的定影液被彻底清洗掉,确保底片能长期保存,不变颜色。第七,晾干。将底片从水中取出,挂在无尘、通风、干燥的室内晾干。

3.1.2 幻灯投影设备

一、幻灯机

幻灯机是放映小型投影材料的一种光学投影设备。在教学中应用的幻灯机放映规格主要为24毫米×36毫米,且其图像为静止画面。幻灯机使用的软件主要是以摄影法制作的幻灯片,它的解像力很高,画面形象逼真。幻灯机的种类很多,亮度变化很大,有的在白日室内放映时甚至已经不需窗帘。当然,为了获得满意的放映效果,最好要采取适当的遮光措施。

1. 幻灯机的构造原理

幻灯机主要由光学结构部分、机械传动部分及电路控制部分等组成。

幻灯机的光学结构(如图3-1-1所示)包括:光源(为幻灯片提供光照,确保图像能够通过镜头放大成像在银幕上);反光镜(将光源向后发射的光线反射回去以加强银幕上的亮度,对于球面型反光镜,光源应放置在其球心位置附近;对于深椭圆型反光镜,光源应放置在其第一焦点位置);聚光镜(由两片凸透镜组成,会聚光源所发出的光线,照亮幻灯片,并且把通过幻灯片的光线聚集到放映镜头上。组成聚光镜的两片平凸透镜之间留有一定的间隙,并放置一块隔热玻璃,其作用是隔离光源传来的热量,防止幻灯片受高温烘烤而变形);放映镜头(将幻灯片的画面放大,使其在银幕上形成放大的清晰的倒像。由透镜成像规律可知,幻灯机是把幻灯片放置在镜头一倍焦距和二倍焦距之间,并且使镜头可在一定范围内移动,以便调节。当幻灯片靠近镜头一倍焦距时,银幕上的影像最大;当移动到靠近二倍焦距时,银幕上的画面影像最小)。

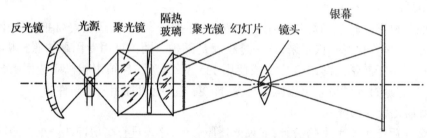

图3-1-1 幻灯机光学结构示意图

幻灯机的机身部分由支撑光学部件部分和维持幻灯机基本工作机能的各个部件组成,它包括底座、外壳、电源变压器、冷却风机等。由于幻灯机所使用的光源功率都较大,工作时辐射的热能较高,因此会使片门温升较高。为防止烤坏幻灯片和聚光镜等光学元件,必须安装散热冷却装置,将幻灯机内的热空气驱出机外,以达到散热降温的目的。

幻灯机的机械传动部分主要由传动机构、换片机构、调焦机构等组成,其部件有电机、齿轮、摩擦轮、蜗轮、蜗杆等。电机是幻灯机的原动力,在换片时,动力传递到片盒,产生前进或后退的运动,再传递到推拉片杆上,使幻灯片产生推进和退出的运动,完成换片动作。调焦则是将换片电机的转动通过蜗轮、蜗杆的转换变成放映镜头筒的前进和后退的直线运动,从而完成调焦的动作。

幻灯机的电气控制部分主要是将操作者换片或调焦的意图以电信号的形式传递给机械部分,其功能随着幻灯机的种类不同而有所区别,其中换片方式一般有有线遥控、无线遥控、定时控制、声控、讯控等;调焦方式有有线遥控、无线遥控、自动对焦等。

2. 幻灯机的种类及特点

根据不同的分类标准,幻灯机可分为多种类型。例如,按所放映的幻灯片规格或驱动方式等可分为单片式幻灯机、卷片式幻灯机及显微式幻灯机;按幻灯机功能分有简易幻灯机、自动幻灯机、多功能声画同步幻灯机;按放映镜头分有单镜头幻灯机、多镜头幻灯机等。

(1) 单片驱动式幻灯机

单片式幻灯机包括直盒式或圆盘式两种,它放映的幻灯片是一张张的单片,每片都夹入纸质或塑料片夹中。135幻灯机放映的幻灯片外框规格为50毫米×50毫米,这种幻灯机的优点是使用时可根据需要灵活选用幻灯片,随意调换放映次序,幻灯片不易损坏;缺点是容易遗漏,幻灯片易倒置等。

(2) 卷片式幻灯机

卷片式幻灯机又有两种:一种同前面的单片驱动式在放映时一样,都要通过反射幕才能看到图像;一种是自带透射幕,直接在幻灯机上观察。它们使用的幻灯片是边缘带有齿孔的长条片。常用的为35毫米电影片,画面规格为24毫米×36毫米(双幅)及18毫米×24毫米(单幅)两种。一般每条幻灯片都有一个完整的内容,画面不易颠倒和遗漏,且容易保存。该幻灯机的缺点是使用时不能灵活编排,齿孔易损坏等。

(3) 显微式幻灯机

显微式幻灯机一般配有两只镜头,还有一个有机玻璃槽,可放映细微的物体,如生物切片,半透明的小动物、小植物等,还能够演示化学反应实验,也能够放映普通幻灯片。

(4) 圆盘起落式幻灯机

它与第一种幻灯机很相似,但换片方式不一样,放映容量较大,一般达到80幅。

(5) 声画同步幻灯机

声画同步幻灯机将幻灯机、同步器、录音机组成一个整体,画面解说词及同步信号录在磁带上,放映时可随解说词自动换片,达到声画同步的效果。

对于上述各类幻灯机,大多数都具有自动调焦和换片功能,有的可以遥控,也可以手动控制,应用十分方便。

3. 幻灯机的使用与维护

使用幻灯机之前,首先应当熟悉设备,了解机器的性能、特点以及正确的操作方法,检查幻灯机的安全性能,确定幻灯机安放位置的高低、方向以及离银幕的距离是否合适。再把事先确认完好的幻灯片(片夹无开裂、弯曲,幻灯片无霉变、污损),按照放映的先后顺序装入片盒。装片时,视线应顺着幻灯机光线的投射方向,找到幻灯片的正像面,然后将其在竖直方向倒转180°插入片盒。开机时应先打开电源开关,让冷却风机首先工作,灯丝处于预热状态,过一会再打开灯泡开关,可延长灯泡使用寿命。开机后若发现风机不转,应停止使用。关机时应先关光源,稍停一下再关风机。

自动幻灯机一般电动调焦范围不大,所以放映时应首先用手动调焦将第一张幻灯片调清楚,以后换片时可用电动调焦进行微调,或打开自动对焦开关,让其自动对焦。幻灯机仰角一般不可大于10°,否则易出现卡片故障。当仰角达到10°以上仍不能使画面达到银幕中心时,应当把幻灯机升高。放映中如果电动换片功能失灵(如卡片、不走片),一时不易排除,可手动放映。若幻灯机灯泡的有效寿命中止或灯丝烧断,可将预先准备好的同种规格的灯泡换上。更换时不得用手触摸灯泡,如果不慎触摸了灯泡,应当用脱脂棉蘸乙醇擦净。

幻灯机在使用过程中应经常进行维护。幻灯机内外应经常用小毛刷清除灰尘和污物,决不能用金属硬物随意挑刮和碰撞,以免造成零件表面划痕和损伤。若幻灯机镜头表面有灰尘,只能用吹气球、驼毛刷等吹、刷,不可用布或纸张等擦拭,以免划伤。干擦不掉的硬物,可用镜头纸蘸镜头水擦拭。幻灯机用后应加盖防尘罩。幻灯机工作时,应注意通风冷却,不可将通风孔挡住或堵住,且不要在工作过程中搬动,以防将灯丝震断。试机放映时,应检查运转部分有无异常响声,换片机构是否正常,观看放映效果,排除映前故障。每使用20小时左右,要给机械传动部分注油润滑。存放时应注意防潮,不可重压或倒放,避免零件移位。

长期不用时应每季度通电一次驱潮,防止零件生锈。

二、投影器

投影器的基本原理与幻灯机相似,都属于光学投影媒体,投影器的亮度高,一般白天室内放映(不加遮光),影像也相当清晰。由于投影器台面是敞开平放式的,且片门面积大,放片时不需颠倒,所以不仅可以放映各种投影片,还可以在上面书写当黑板用,也可以在投影器台面上做一些简单的实验或直接演示投影教具。投影器结构简单,操作方便,是目前教学上应用最普遍的一种教学设备。

1. 投影器的结构原理

投影器的型号很多,但基本结构相似,这里以台式投影器为例作简要介绍。台式投影器的基本结构和光学系统如图 3-1-2 所示。

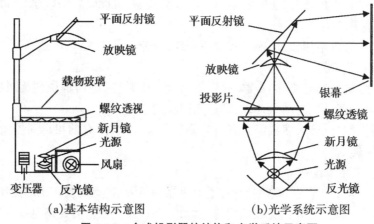

(a)基本结构示意图　　　　　　(b)光学系统示意图

图 3-1-2　台式投影器的结构和光学系统示意图

投影器通常采用溴钨灯或镝灯做光源,前者具有启动快、使用方便的特点,但辐射的热能高,易老化,有效寿命短;后者具有光效高、光色好、温升低、有效寿命长等优点,但它的点燃需要触发装置,触发启动后需 1 分钟～2 分钟才能达到一定的亮度,使用起来不太方便。

投影器的聚光系统包括新月镜和螺纹透镜(又称菲涅尔透镜),主要作用是提高光能的利用率。投影器的成像部分除了物镜还加装了一平面反射镜,它可以改变放映光轴的方向,还可将投影片经放映镜头后的倒立影像变为正立而投射到银幕上,使教师可在投影器台面上正写正放,而且面对学生,给教学带来了极大的方便。为了适应银幕的不同高度,反射镜的倾角是可调的。反射镜要求反射率高,是采用正面镀反射膜的光学玻璃制造的。不用时应将反射镜闭合,防止灰尘污染。

投影器的电路比较简单,主要由输入电路(电压为 220V)和输出电路(电压为 24V 或 12V)、变压器、开关和散热风扇组成。投影器所用光源的功率都很大,散发热量较多,而有机塑料做成的螺纹透镜又不耐高温,所以必须采取有效的散热措施,避免烤坏光学元件。投影器一般采用滚筒式风机散热。

为适应在不同的环境光下放映,目前不少以卤钨灯做光源的投影器光源强弱可以调节,当环境光较强时,开关打至强光处;当光线较暗或晚上放映时,开关打至弱光处,这样既省了电能,延长了灯泡寿命,又避免了因强光的刺激而造成的眼睛疲劳。

一般投影器除了设置一个主灯泡外,还设置一个备用灯泡。当工作灯泡烧坏后,只要扳动灯泡切换开关,即可将备用灯泡转入工作状态,使投影器恢复正常工作,避免了灯泡烧坏时教师的忙乱。另外,为了检修安全,避免强光刺伤人的眼睛,投影器还设置有台盖开启自动断电装置,即打开投影器台盖的同时,电源自动切断。

投影器的机身包括外壳、支臂、支杆等。其调节装置主要有调焦装置(调节成像镜头和投影片之间的相对距离,使影像聚焦清晰)、色带调节装置(新月镜会聚的光线边缘因色差而带上色彩形成色环,如果这个色环在螺纹透镜以内,就会在银幕上出现。色带调节装置将反光碗、灯泡及新月镜组件作为一个整体上下移动,将色带调节到螺纹透镜以外,银幕上就消除了色带)和俯仰及水平调节装置(多数投影器的物镜及反光镜组件可绕垂直轴旋转360°,反光镜可作0°到60°俯仰调节,所以使用起来非常方便)。

2. 投影器的种类及特点

(1) 台式投影器

台式投影器是最常见的,它使用透明的投影片或教具,性能稳定,结构简单,使用方便,适合于固定教室使用,可放映各种透明投影片实物教具,也可直接在上面书写或做实验演示。台式投影器目前已有改进型。它仍采用螺纹透镜作为第二聚光镜,但在新月镜和螺纹透镜之间加一块平面反光镜转折光路,压缩平台的高度,使其成扁平状;物镜、反光镜组件及立柱可取下,放入箱体内或折叠于箱体一侧,便于携带。改进型还克服了重影的缺点。

(2) 反射聚光式投影器

反射聚光式投影器如图3-1-3。其光路示意图中的光源、反光碗、新月镜、物镜及平面反光镜组合装在一个可折叠的支柱上,支柱与底板之间也可折叠。经两次折叠后,可整体放入一个小箱内,十分便于携带。它也是使用透明的投影片或教具。

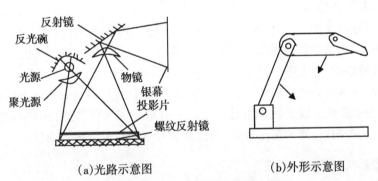

图 3-1-3 便携式投影器光路图

这种投影器的优点是:光线两次经过投影片,使光强增大一倍,投影出来的影像反差大,色彩特别饱和。其缺点是对投影片的平整度要求特别高,稍有不平就会出现重影,且无法通过调焦来消除,所以多张透明片组成的复合片和动片都不适合用此投影器放映。

(3) 实物投影器

实物反射式投影器可直接将普通印刷品、手稿、照片及小型物品、动植物标本等作为投影物直接投影放大,使用简便,画面真实感强。由于实物投影器的成像光束是由物体表面反射出来的漫散光线,所以光效很低,一般要在较暗的室内才能使用。常见的实物投影器,一类用镝灯做光源,实物放在机体的下部,结构原理如图3-1-4所示。另一类采用多只溴钨灯作光源,实物放在机体的上部,如图3-1-5所示。其光源为10只24伏、150瓦溴钨灯从两侧照明,光照均匀稳定,即开即亮。10只灯泡采用串联方式连接,只要其中一只烧坏,其余灯泡也随之熄灭,但每只溴钨灯都有一个与之对应的灯泡烧损指示灯,很容易查找。

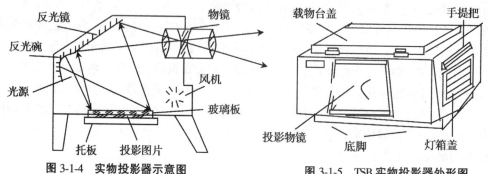

图 3-1-4 实物投影器示意图　　　　图 3-1-5 TSB 实物投影器外形图

3. 投影器的使用与维护

使用投影器时首先要了解投影器的性能和使用方法,并检查安全要求。接通电源后,一般要求先打开反射镜盖,再打开电源开关。开机后,若发现风机不转,应立即停止使用,以免损坏机件。镝灯作光源的投影器,把电源开关置于"ON"位置,按下触发开关"ST"1秒~2秒左右松开,镝灯开始工作后,1分钟左右光色正常。通过调节投影器与银幕的距离和反射镜的仰角来对投影幅度大小及高低作适当的调整。如果光幅边缘有色散现象,可调节色带调节轮直至消除。放上投影片后,转动调焦旋钮,使物镜上下移动至影像清晰。更换灯泡时应注意选用同一规格。更换后,应调对中。其方法是:将新月镜翻转到垂直位置,用眼睛在反光碗上方观察灯丝及其在反光碗中的像是否重合;若不重合,则前后左右移动灯泡直至重合。调好后,将新月镜还原。

对投影器应当做好维护工作,投影器工作时,要保证散热窗口通风流畅。投影器临时不用时,应将反射镜盖下,遮住放映镜头,并盖上镜头盖。短时间不使用,应加防尘罩。长期不使用,则应放入仪器柜内,尽量减少灰尘污染。切勿用手触摸放映镜头及反光镜。光学元件的灰尘污物可用吹气球吹去或用镜头纸轻擦。螺纹透镜积垢较多时,只能拆下用水清洗,不得用酒精等有机溶剂擦洗。投影器不用时应立即关闭光源,不能长时间开着不用。连续放映时间也不宜过长,否则,箱体内温度过高,会烤裂新月镜和使螺纹透镜变形。

3.1.3 多媒体投影机与视频演示仪

随着多媒体计算机技术的蓬勃发展,大屏幕投影技术已经被越来越多地应用到学校教育和各种培训领域。据不完全统计,1996年国内各种类型大屏幕投影机总销量约为3 000台,1997年的总销量约为9 000台,到1998年就已经突破了20 000台,而且,投影机市场还正在以每年超过20%的增长率持续发展。由此也可以看出,大屏幕投影技术将会成为今后教育投影设备的一支非常重要的力量。

大屏幕投影设备按照用途主要可以划分为多媒体(数码)投影机和视频演示仪(展示台)两类。本节将简单介绍一些常见的多媒体投影机和视频演示仪的性能及使用等有关内容。

一、多媒体(数码)投影机

1. 多媒体投影机的种类及特点

投影机技术的发展大致可分为三个阶段,即CRT投影机技术阶段;LCD投影机技术阶段;DLP投影机技术阶段。投影机按照安装方式可以划分为吊装式、便携式、背投式、正投式等,但习惯上人们常按照投影机的成像方式来进行分类,即分为阴极射线管投影机(CRT)、液晶投影机(LCD)和光源处理技术投影机(DLP)等。下面分别作一简单介绍。

(1) CRT投影机

CRT投影机产生于20世纪80年代初期,它是投影机中出现最早、应用最为广泛的一种投影技术。CRT是英文Cathode Ray Tube的缩写,意为阴极射线管。早期进入中国市场的投影机绝大部分是CRT投影机。这种投影机的心脏部分是三个高亮度的电磁聚焦投影管,因此它常常被形象地称为三枪投影机。

CRT投影机的R、G、B三路彩色信号分别由各自的投影管投射到屏幕上,同时还在投影机内部安装了先进的高分辨率光学系统,从而保证了R、G、B三束光信号能够很好地聚焦在一起,形成清晰的彩色图像。作为一种最早成熟的投影技术产品,CRT投影机具有色彩丰富、还原性好、分辨率高、几何失真调节能力强、可以长时间连续工作等特点。因此,它目前在应用领域的机器数量上还占有一定的优势。

由于CRT技术本身分辨率与亮度相互制约,所以它的亮度普遍较低,通常为200ANSI流左右。另外,CRT投影机还具有体积庞大、分量沉重、价格昂贵、使用时对焦会聚调整复杂等致命弱点,因此除了一些特殊需求(如实时监控等)外,教育部门一般很少再购置这类设备。

(2) LCD投影机

LCD是英文Liquid Crystal Display的缩写,意为液晶显示。作为新兴一族的液晶投影机出现在20世纪80年代后期,它携带方便,操作简单。LCD技术是利用液晶的光电效应,通过电路控制液晶单元的透光率和反射率,从而产生不同灰度层次以及多达1 670百万种色彩的亮丽图像。

LCD投影机根据技术的复杂程度不同,可以分为液晶投影机、有源矩阵液晶投影机和液晶\光阀投影机等。

液晶投影机——液晶投影机利用机内的液晶显示屏显示图像,使用高亮度金属卤化物作为光源,将图像通过镜头放大并投影到屏幕上。液晶投影机的主要部件是液晶显示板。液晶显示板是一种半永久性部件,几乎可以长期使用。目前的液晶投影机主要有单板式和三板式之分。三板式价格略高,但它的亮度和图像都有较好的特性。随着投影技术的不断发展,单板式投影机可能会有更好的前景。

有源矩阵液晶投影机——有源矩阵液晶投影机是目前市场上的热门产品。它的工作机理是将显示器的液晶排列成矩形方阵,在每个像素上安放一支薄膜晶体管(TFT)开关装置,来控制像素线路的接通与断开,从而提高了图像的亮度。同时,由于采用了三片TFT装置,图像的色彩饱和度和对比度也相应地得到了大幅度的增强。

液晶\光阀投影机——液晶\光阀投影机是在原TFT矩阵液晶投影机的基础上,采用了更加复杂的工艺技术。它的亮度、对比度、色彩饱和度等比上述两种液晶投影机更胜一筹。这种投影机目前才刚刚进入中国市场,如EIKI、AMPRO、PROIMA等优秀产品正在陆续亮相。但由于价格十分昂贵,因此在国内的拥有量不大。

随着技术发展的不断成熟,LCD投影机目前已经发展成为投影机领域的主导产品,它体积小,重量轻,便于携带,分辨率和亮度高,色彩丰富,操作简单,只是它们的价格一般较高,不过，随着技术的不断发展，LCD 投影机的价格会不断下降，今后将有越来越多的教育部门购置使用这种多媒体投影设备。

(3) DLP 投影机

DLP 是英文 Digital Light Processor 的缩写，意为数字光源处理器。DLP 投影机是最新发展起来的一种投影机型，它以 DMD(Digital Micromirror Device)数字微反射器作为成像器件。该技术是将光线直接投射到数百万个微小反射镜上，通过电路控制微镜发生角度偏转，从而产生各种色彩鲜艳的图像。它的卓越性能主要表现在整个图像光线分布均匀，像素与像素之间几乎看不见条纹线，RGB 三色信号的重合性好，并且图像十分稳定。

DLP 投影机也有单片模式和三片模式之分。单芯片模式为基本结构，三芯片模式是在单芯片的基础上扩展而成，其亮度提高了 3 倍。由于 DLP 投影机在内部光路处理上光线未经过滤，而是直接发射，因此光线损失极少。如 PROXIMA DP420E 型的单芯片亮度可达 400ANSI 流，扩展成三芯片后，亮度增到 1 200ANSI 流以上。随着光源的增强以及投影镜片性能的提高，DLP 投影机的亮度将会增加到 2 000ANSI 流以上。

目前国外一些投影机厂商都尝试着推出了自己的 DLP 投影机，但由于生产批量极小，因而价格昂贵。由于它能够提供清晰度高、画面均匀、色彩艳丽的高质量图像，因而 DLP 技术可能是未来投影机发展的方向，DLP 投影机很可能会成为未来投影机的主力。

2. 多媒体投影机的性能

(1) 主要技术指标

投影机的主要技术参数包括分辨率、光照度、成像尺寸与镜头焦距等。分辨率是指图像的清晰程度，当输入信号为视频信号时，我们习惯上用水平方向上的电视线数来表示；当输入 RGB 或 VGA 信号时，则用行列像素来表示，投影机的行频越高，则分辨率越好，它显示的图像越清晰。光照度是投影机的一个非常重要的指标，它表示投影机的光源所能发光的强度，以流明为单位。光照度有两种表示：白峰流明数和 ANSI(美国国家标准协会)流明数，通常 CRT 投影机以白峰流明数表示，LCD 投影机以 ANSI 流明数表示。目前市场上销售的 LCD 投影机的亮度一般都能达到 500ANSI 流，有的可以达到 1 000ANSI 流以上。成像尺寸涉及图像亮度、三基色分量的聚焦和图像梯形失真等因素，每台投影机所能形成的最佳图像尺寸均在一定的范围之内，它与屏幕和镜头之间的距离成正比。

(2) 投影机的辅助功能

早期投影机的功能比较单一，主要就是显示图像。随着计算机多媒体的广泛使用，投影机的功能也日益得到发展和完善。现在的投影机常采用模块化图像输入方式，如标准视频输入模块、S 视频输入模块、RGB 信号输入模块、VGA/XGA 信号输入模块等。模块化设计使投影机在选择输入信号的类型和数量上，具有了很大的灵活性。投影机内含立体声功放电路，并附带扬声器。有些便携式投影机还带有传声器输入功能，在小范围内教学或举行会议使用时非常方便。当投影机被吊装使用时，通过红外线遥控操作则非常简便，它不仅可以实现投影机的全部调节功能，而且有些遥控器还可以实现鼠标的功能。投影机通过 RS232 接口与计算机连接，可以实现用计算机来控制投影机的各种功能，同时还可以用一台计算机控制多台投影机。多路信号输入时，可以多画面同时显示，这既有利于教学中的联系和对比，同时也适用于实时监控和视频会议等不同场合。

由于投影机的使用领域越来越广泛，因此它的各种附加功能也越来越多，如含有扬声器、红外教鞭等;更有个别投影机型还安装了磁盘驱动器等,无需电缆与计算机连接,可以直接显示软盘上的数据或图形,这些功能使得投影机的使用更为方便。

二、视频演示仪

视频演示仪是利用摄像镜头输出的视频图像信号来展示立体实物、印刷文稿、投影片、幻灯片等内容的多功能演示设备。视频信号既可以输出到监视器上,也可以通过数码投影机投射到大屏幕上。它不仅可以独立使用,而且也可以与其他外部设备相连接,组成一个完整的演示系统。

1. 视频演示仪的主要功能

视频演示仪具备诸多方便实用的功能,如能在课堂或会议室里,简单方便地将印刷刊物、幻灯片、透明胶片以及立体实物等清晰、逼真地显示出来,能够控制多路视频信号和计算机数字信号的切换等。

视频演示仪一般都具有多路输入和输出接口:遥控 REMOTE(RS232),用于连接计算机;显示器输出 MONITOR OUT,用于连接 AV 监视器;同步锁定 GENLOCK,控制 AV 机器之间的信号同步;视频/音频输入,可转换不同 AV 信号的展示等。

麦克风、录像机、VCD、计算机等多形式的信号输入,使得视频演示仪具备了丰富的控制功能。对于需要存储或以其他形式展示的信息内容,也可以通过演示仪存储到计算机中,用于编制声像教材或以其他输出方式展示。

(1) 与计算机连接

通过数字接口(15芯),可以将动态图像实时输入电脑,并可对图像进行再加工。若使用 RS232 接口,则可以实现全部功能的电脑遥控。使用 Windows 操作平台,主机上的所有功能都可以由计算机来进行控制,并自动记忆各按钮的状态。当需要进行比较复杂的演示说明,或是需要对不同的观众进行反复的演示时,这项功能就特别适用于整个系统的集中控制。

(2) 自动聚焦与变焦

视频演示仪一般采用 CCD 摄像镜头来获取鲜明、清晰的图像效果,它具有方便的自动聚焦功能,当操作者更换显示内容时,不需要频繁地调整焦距。

视频演示仪的摄像头一般都具有变焦功能。当需要对某一部分或重点环节进行强调说明时,可以通过使用电动变焦镜头进行简单的放大调整,从而展示出需要突出介绍的部分。另外,有些视频演示仪还附有显微摄像功能,从而也就更加方便展示微小的物体或者图片等。

(3) 幻灯片正负像转换

对于透明胶片、幻灯片、影像负片等视频演示仪都可以正常演示。只要调节一下正负像开关,负片也能像正片一样获得良好的投影效果。这可以为使用者免去制作幻灯片的诸多麻烦,同时还节省了制作费用。

(4) 面板控制展示操作

视频演示仪的功能操作一般集中在前面板上,通过面板操作即可控制整个演示活动。有些演示仪具有前后两个操作控制面板,所以当演示时,既可以面向观众讲解,也可以看着屏幕讲解,而操作则非常方便。控制面板上一般包括光板照明调节、视音频播放切换、镜头变焦调节、正负像反转调节等。

(5) 画面静帧存储

有一些视频演示仪具有画面静帧存储功能,当更换投影内容时,可以帧存储的方式记忆一帧图像内容,使投影画面自然地过渡到下一个场景。这样就不会投射出更换物体的过程,因此可以防止观众在演示过程中分散注意力。

(6) 其他功能

视频演示仪一般具有红外遥控功能、镜像功能、自动/手动白平衡调整、自动/手动光圈调节以及全平面的光板灯箱设计、避免图像抖动的减震设计等功能;有些演示仪还附有液晶监视器,便于讲解人实时动态监视。另外,有些演示仪还设计了书托架和幻灯片夹具等,从而使得演示更为方便。

2. 视频演示仪的应用领域

数字视频演示仪操作比较方便,使用者无需进行特别的培训和练习,就能较为容易地掌握它的操作使用方法。这种演示设备应用领域广泛,如集中教学、会议报告、电视会议等均可使用。

在课堂教学中,通过显示器或大屏幕投影设备,教师可以利用它演示图片、资料、实物、幻灯、投影等教学内容,同时可以方便地面向学生进行讲解说明。

在进行会议报告时,利用视频演示仪可以通过大屏幕投影演示报告内容,将许多实物或文字图形资料真实地展示在全体与会者面前,从而能够更加清晰、生动地完成会议演讲报告。

在进行电视会议时,运用视频演示仪可以远距离传送对方所需要的各种资料信号,提供更为丰富的内容信息,给人以更强的会议真实感。

视频演示仪可以将多路信号集中控制管理,通过合适的数字接口,可以采集所需的各种图像信号并存入电脑,然后通过电脑加工,编制出图文更加优美的视听教材。

3.1.4 放映银幕

图像要借助于放映银幕来再现,不同性能的银幕对放映出的图像质量影响很大。教室的条件不同,对银幕的要求也不相同。在幻灯投影教学中,要想取得良好的放映效果,必须了解银幕的种类性能和特点。

银幕的种类很多,按银幕的显示方式分,有反射式银幕和透射式银幕;按银幕式样分,有板框式、软片式和卷筒式;按银幕材料分,有玻璃微珠幕、布基白塑幕、高级塑料透射幕、白布幕与木板幕;按银幕表面光学特性分,有漫散反射幕、方向性漫散反射幕、方向性漫散透射幕。

不同的银幕具有不同的性能和特点。白布幕:用粗白布制成,属于漫散反射幕,它的亮度系数较低,但价格便宜,使用方便。木板幕:用三合板或五合板制成,上面刷白漆。布基白塑幕:这种银幕用布作底,采用高反射系数的塑料制成,幕面上的光流能均匀地分散到各个方向,因此在幕前不同角度观看影像时亮度变化不大,属漫散反射幕。由于这种幕光线反射柔和,视觉不宜疲劳,而且使用寿命较长,价格又低于玻璃珠幕,因此适合于比较宽敞的放映场所。玻璃微珠幕:这种银幕是在纤维织物的表面涂上一层洁白胶漆,再在漆上均匀地喷上一层透明的小玻璃珠,经干燥后而成。其亮度系数为2~4之间,一般为3.5左右;散射角约为50°左右,玻珠直径越大,散射角越小,亮度系数则越大。它适用于中等宽度或较为狭长的教室,而且不会引起色彩失真。但使用玻珠幕不能折叠,不能用手指或尖硬物触碰幕面,否则容易在幕上留下污痕或裂纹。幕面不慎沾上灰尘时,可用吹气毛刷轻轻吹拭,不宜用水擦洗。金属幕:金属银幕有两种,一种是用铝板经处理后制成;另一种是在布基上涂一层含有增塑剂的白色聚氯乙烯,再喷涂一层含铝粉的清漆,干燥后在专门的机器中加热到200℃,并压出光栅网格。这种银幕光效高,均匀性好,属于方向性漫散反射银幕。透射幕:透射银幕一般为方向性漫散银幕,其特点为亮度系数高,散射角小,抗杂光干扰能力强。常用的透射银幕有毛玻璃银幕和塑料银幕。透射银幕是在没有遮光条件的教室内使用的,为了减少照射在银幕上的外来光的干扰,在银幕前后均加有遮光罩。它的最大特点是将幻灯机放在银幕后方,而学生则在银幕前方观看。画面亮度完全取决于银幕背面透过来的光量,它必须具有很大的透射系数。

3.2 光学媒体教材的设计制作与教学应用

3.2.1 幻灯投影教材的编制过程

运用幻灯投影媒体进行教学,除了需要具备幻灯机、投影仪、银幕等硬件设备外,还需要有充足的、紧密配合课程内容的、适合教师使用的幻灯、投影教材。要得到这些教材,可以购买一部分,也可以根据教学需要自己制作。幻灯投影教材的编制过程如下:

一、确定选题

教学目标是选题的重要依据,设计幻灯投影教学软件的目的就是为了使学习者更好更快地掌握教学目标提出的要求。教学内容是教学目标的具体体现,所确定的选题应是教学中的重点和难点问题。教学对象的具体情况(例如年龄特征、知识水平、文化背景、生理特征),也是应当考虑的因素。另外,还要注意所表现的内容要适合于用幻灯、投影手段来表现,并要有制作的可能性。就幻灯投影软件而言,我们应尽可能把文字或其他抽象符号所表述的抽象性经验变成形象性经验,把复杂的问题简单化,使之符合学生的认知规律。

二、编写稿本

制作幻灯投影片应先把需要制作的教学内容编写成分画面稿本,编写稿本时应注意主题明确,抓住要点,且应注意科学性、思想性、教育性与艺术性的统一,既要真实,又要生动,有感染力,通过深入浅出、形象具体的描述增强教学感染力。另外,在幻灯投影教材中,要通过画面表达主要内容,说明文字要通俗易懂。编写幻灯、投影教材稿本时,除写出画面解说词外,还需写出配合幻灯、投影画面的教学方法及使用方法说明。

三、创作构思

在完成了稿本之后,还要从教学实践中广泛搜集素材。只有掌握了大量素材,才能为创作构思提供依据,才能把教学的重点、难点和关键部分准确表示出来。创作构思是直观形象地描述稿本中要表达的教材主题的过程。

四、制作完成

创作构思之后,应根据文字稿本和要表现的内容,选择适当的制作方法进行制作。完成以后,有的还要根据需要配上解说和音乐。

在实际制作过程中,不一定要照搬上述程序进行编制,可根据具体情况编制制作程序。

3.2.2 投影教材的设计制作

幻灯片的制作主要有翻拍法、拷贝法、调色法和反转冲洗法,考虑到目前中小学教学中一般已经很少由教师自己制作幻灯片,加之本章在介绍照相机的时候已有涉及,这里对此不作太多的介绍。本节主要介绍投影教材的制作。

一、投影片的类型

根据制作方法的不同及表现内容的方式的不同,投影片可以有多种不同的分类,如挂图片(需要表达的内容如文字、图形、符号等,都无遗漏地制作在同一张胶片上,投影出去像一张大型教学挂图)、复合型片(有增减式和替换式两种,将复杂或难懂的问题根据其构成和学生的认识规律简化为几个层次,分别绘制在几张投影片上,再复合在一起组成完整的投影片)、覆盖片(通过遮挡光线分步呈现教学内容的投影片)、抽动片(通过抽拉来表现一定的动态效果)、转动片(利用转动的原理表现动态效果)、橡筋片(利用橡筋的弹性形变来表现教学内容的变化关系)、多片组合联动片(运用多种动作产生的原理来表现较复杂的内容的投影片)、光学线条波纹片(借助于光的干涉等原理来表现动态变化过程的投影片)和光学偏振动感片(利用光的偏振原理来表现动态效果的投影片)等等。

另外,一些小型物体可直接在投影器上演示,一些生化和物理实验也可直接在投影器载物台上演示。还可利用塑料或有机玻璃制作小型投影教具直接投影演示。

二、常用投影教材的制作方法

在教学实践过程中,可以采用以下方法制作投影片。

1. 彩绘法

彩绘法就是通过手工方法在透明片基上直接绘制供教学用的图文等内容。彩绘之前首先要选择片基材料,然后再着色绘制。不同的片基有不同的特点和性能。常用的透明材料有涤纶片(又称聚酯薄膜,厚度为 0.03 毫米~0.05 毫米,其特点是透明度高、耐高温、不吸潮、不霉变及放映不卷曲,但对普通墨水和水彩颜料吸附不牢,必须用油性彩笔、不干结笔或记号笔来绘制)、明胶片(在涤纶片上均匀涂敷一层明胶而成,厚度为 0.01 毫米~0.1 毫米,其特点是在涂胶面可直接用墨水、透明水彩绘画着色,且不易消失、易保存,但耐温性差,放映时受热易变形、卷曲,受潮易发霉变色,使用时要辨明药膜面)和玻璃纸(可直接用墨水和水溶性彩色颜料绘制,价格低廉,但遇水易起皱,使用、存放时必须防潮,不适于大面积着色,多用于制作文字、线条、图表类投影片)等。

2. 静电复印法

静电复印法是利用静电复印机将书刊上的图文直接复印到透明片上。这种方法的特点是操作简便,自动化程度高,制作周期短,可充分利用书刊中的规范图文,还可以对原件任意放大、缩小,从而节省大量的绘图制作时间。

复印用的胶片要求透明度好、耐高温、平整、厚度合适,一般选用 0.03mm~0.05mm 的聚酯薄膜较为合适。由于聚脂薄膜片基比较光滑,互相之间易粘连在一起,所以宜采用手动送片复印以保证复印质量。

如果复印原件的字、图、画太大或太小,可在复印时进行放大或缩小。如放大一次或缩小一次仍达不到要求,可先将图文复印放大或缩小到复印纸上,然后再复印放大或复印缩小到胶片上。复印时,必须用白纸对原件中图表四周不需要的内容进行遮挡,以确保投影片简洁清晰；或用复印纸复印一次底图，把四周多余的部分用剪刀剪掉，然后再复印到胶片上。

3. 照相放大法

先用摄影的方法得到底片，然后用放大机将底片影像放大到感光胶片上，使其曝光，再经显影处理得到黑白或彩色投影片。感光胶片可以用银盐感光胶片，如印刷胶片、大幅面的彩色正片等，也可以用非银盐感光胶片，如微泡片、重氮片、自由基片等。与银盐感光胶片相比，非银盐感光胶片具有亮室操作、工艺简便、所用仪器少等特点，但感光度低，需紫外光曝光。

4. 投影片的打印制作技术

投影片的打印制作方法，是利用计算机来设计、加工、处理投影片画面，再通过各类打印设备打印制作投影片的一种方法。运用这种方法制作效率高，制作的投影片质量高，图文规范美观，艺术性强。由于既可利用各种各样的软件直接生成图文，又可通过扫描或数码相机等方式将图文输入计算机，因此图文得来比较方便，便于广大教师直接参与设计与制作。一般可以用激光打印机打印投影片。激光打印机可将所设计好的图文直接打印为黑白投影片，操作极为简便，只要将涤纶胶片像普通纸一样送入打印机即可印出投影片；运用彩色喷墨打印机可以打印出高质量的彩色投影片；热升华打印机的打印头所提供的染料可产生数千种色彩，所得图像非常精致，色彩过渡平滑自然，可以打印出画质更高的投影片。

前几年，人们还常常使用烫印等技术制作投影片，这种技术现在应用得已相对少一些，这里不作详细介绍。

三、特殊效果投影教材的设计与制作

1. 复合式投影片的制作

复合式投影片是两张以上的投影片相互重叠，完成一个具体的教学内容。根据教学需要，复合式投影片有增减式复合片、替换式复合片两种。增减式复合片使用时可用逐步增加的方式实现由简到繁的讲解，也可以采用递减方式，实现由繁到简的讲解，如美术课中绘画过程的讲解就可用这种方式。替换式复合片使用时有一个共同的部分，可替换的部分则是通过与共同部分的重新组合以表达新的内容，如讲解地理中矿产资源的分布、化学实验中不同的收集气体方式等。

制作复合式投影片，首先应根据画面内容，绘出底稿。然后根据每一张解决问题的内容，确定张数（叠合张数不宜太多，以免影响放映效果），把完整的底图分解为数张分图，再将它们分别绘制到透明片基上。组装时，先将第一张用透明胶纸固定在片框上作为基片，将其他分图依次序分别贴在片框一边，以便翻动。粘贴时要注意各张复合片要对准同一画面各部分的轮廓，对位准确。画幅较大的复合投影片可以不用投影片框，各张由上至下叠加对准位置后用订书钉钉起来即可，如图3-2-1所示。

2. 抽动片的设计制作

抽动片一般由一张固定底片和数张抽拉活动片组成。底片固定于片框上，抽动片沿着限定的方向抽动。由于抽动过程中画面各部分之间的距离及相对位置发生变化，从而达到动态活动演示的效果，既可以演示移、跑、飞、射，又可以演示隐现、分解、组合等效果。

制作抽动片前要根据内容的要求，确定抽拉片片数和长度，设计好动片抽动方向、位置和抽动距离。动片的宽度宜宽于基图，以防抽动时片边产生干扰重影。抽动片必须用合适的导轨对动片定位。

抽动片的长度=定片长+移动距离+限位宽×2+定位宽×2。

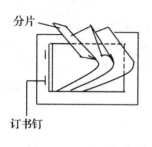 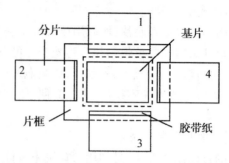

图 3-2-1　复合片组装示意图

3．转动片的设计制作

转动式投影片由固定的基片和围绕固定轴旋转的动片复合而成,可表现昼夜变化、齿轮转动及指针偏转、杠杆式移动等。制作转动式投影片的关键是根据画面内容确定合适的旋转点位置,将动片铆合在基片或片框上。铆合可选用0.5毫米~1毫米的空心铆钉或按扣,也可以将粗尼龙线穿过旋转点后用电烙铁烫制固定。

4．光学线条波纹片

光学线条波纹片又称莫尔条纹动感片,是利用两张透明片上所绘制的不同密度、不同角度的一系列线条,在相互叠加和错动过程中产生具有波纹动感效果的条纹。线条动感片可以形象地模拟出各种气体、液体及电流流动,齿轮、叶轮的转动,水波、声波、电波的波动现象;还可以模拟工艺流程,人和动物的消化系统、血液循环系统以及植物光合作用系统等,效果好,操作方便。

光学线条波纹片的动片为平行等间距的直线条纹,定片由不同密度和倾斜角度的线条组成。在设计时,一般规定动片自左向右运动,动感速度的快慢决定于动片的运动速度和定片线条的倾斜程度。当动片在定片上由左至右拉动时,线条动感片的运动规律如表3-2-1所示。

表 3-2-1　线条动感片的运动规律

（动片为标准密度直线片,自左向右运动）

定片线条密度	定片线条倾斜方向	波纹运动方向
相同	右	上
相同	左	下
相同	不倾斜	不产生波
密	右	左上
密	不倾斜	左
密	左	左下
疏	右	右上
疏	不倾斜	右
疏	左	右下

3.2.3　幻灯投影媒体的教学应用

在教学中运用幻灯、投影,能为学生准确理解概念提供感性材料,使学生从大量感性材料中概括出规律性的东西;便于学生对同类事物进行分析比较,从而了解该事物与其他事物的区别与联系,掌握本质特征;能为技能训练显示正确的操作方法,提供示范;可提供放大的清晰明亮的静止视觉画面,形象直观地再现客观事物及其现象,从而引起学生的学习兴趣,加深其对教师传授的知识的印象。根据不同的内容和对象,教师在课堂上可以灵活掌握放映的时机,并控制时间长短。另外,教师可根据教学需要自行设计与制作。

投影媒体除呈现图像外,还能替代部分挂图,且体积小,重量轻,操作方便,从而增加单位时间的授课容量。还可反复使用,利于学生复习和教师辅导。另外,它还能随时书写文字、符号,简化板书活动。幻灯投影教学突破了单纯用文字语言表达的单一形式,比传统教材更活泼生动,便于调动无意注意,强化记忆。实践证明,幻灯投影应用于教学能有效地提高教学质量和教学效率。

运用幻灯、投影进行教学的主要方法如下:

书写教学法——这是投影教学中最常用最简便的一种方法。它是在胶片上或投影器工作台的保护玻璃上,用彩色书写笔边讲边写。一般情况下,随写随擦的,可用水性彩色书写笔。

图片教学法——利用已设计、制作好的幻灯、投影图片来进行教学,也是最常用的一种方法。教师还可利用幻灯片、投影片提出问题,引导学生在已有知识经验的基础上积极思维,从而获得新知识。还可以在投影片上边讲边画边写(设计成基图片),也可设计成活动投影片。有些教学内容可用单片一次呈现给学生的方法来表现;有些教学内容可采用逐次显示的方法来表现。常用的方法有以下三种:增减法(用复合式投影片进行教学时,以加片或减片的方式按教学要求逐步显示教学信息,引导学生由简到繁、由局部到整体、由表及里地认识事物、掌握知识,有助于学生的智力发展和能力培养);遮盖法(将制作好的投影片用纸遮盖,然后按教学需要一部分一部分地映示,按顺序呈现教学内容);活动法(将某些教学内容制作成活动投影片,如抽拉片、旋转片等,在讲授过程中,以片子的活动来表明原理或验证讲授结果)。

实物投影法——通过投影器将实物、标本、透明教具及实验演示器件放大并显示在屏幕上,扩大演示物的可见度,以使全体学生在同一时间里对演示物的构造、性能或现象、变化过程及其性质等进行直观清晰的了解,还可节省人力、物力、财力和时间。如讲解镝灯的工作原理,可以把镝灯放在投影器上,让学生自己去观察。

作业教学法——教师可以根据教学的需要,设计出各种基图式作业投影片。在课堂或课后,教师选取有代表性的问题投影出来,让学生进行作业练习,与学生一起分析、比较,使全体学生受益。这种方法具体、生动,又节省时间。

引导教学法——备课时,教师将讲稿写在透明胶片上,上课时在投影讲稿的导引下边讲边映示,逐步展开教学。引导教学的讲稿要简明系统,突出重点,教师应当根据教学内容的深度和广度,删繁就简,精选内容,并建立讲授的科学系统,列出大小标题,尽量使用简练语句,精心设计善于说明问题的构图。在教学中应能用特定的色彩标出教材的重点和难点,或有意识地将一些关键内容空出来,留待教学时启发提问。总之,教师备课时要仔细分析教学内容,哪些内容事先写好,哪些边讲边写;哪些图表事先画好,哪些边讲边画,都要从提高教学质量出发,认真进行分析研究。

声画教学法——在幻灯教学中,将画面内容事先配好解说词和音乐,在授课时进行声画同步教学,使学生如临其境,可造成某种特定的气氛,有助于培养情感,启迪思维,发展想像力。常用于语文、外语、历史、政治等学科的教学。

在计划进行幻灯、投影教学时,课前要作好准备,最好事先试映一下,以确保上课时设备使用正常。幻灯、投影媒体放映要从教学内容和教学对象出发,控制好教学的速度和画面呈现节奏,防止信息量过大导致刺激过多,强度过大,引起学习者的疲劳,影响学习效果。在教学中可通过适当方式进行调节,如摆正投影片位置后再开机,避免先开机后调整而分散学生注意力;操作演示时使基片保持固定位置,防止操作中的错动而影响效果;在使用指示棒指点时,应准确稳定,切忌随意晃动,以免学生无所适从或产生错觉;投映图像时应停留四五秒钟,使之在学生的脑子里"定格"——留下清晰的印像后,再进行讲解。使用投影教材,教学节奏加快,因此必须注意给学生以缓冲的时间,让其完成思考及辅画辅记的动作,否则学生会由于思路脱节、漏记漏画而产生心理上的不安,影响听课或给复习带来困难。

幻灯、投影媒体只提供视觉形象,在教学中运用时必须善于与语言相配合才能更好地发挥作用。教师可以先用语言启发提出问题,然后再适时映示图像。图像呈现与语言解说应同步进行,两者结合可加深对事物的认识与理解。先映示图像,然后进行综合小结,逐步深入,从感性提高到理性,借助于语言来概括出教学内容,从而帮助学生把握事物的本质特征与规律。

3.3 电声媒体的分类与基本原理

所谓"电声媒体",是指用于教育领域的电声器件、电声设备系统、电声教材及其载体,又称教育电声系统。教育信息在教育电声系统中进行记录、加工、转换、储存和传输,从而完成该媒体教学的教学目标,这是电声媒体的基本任务。电声系统首先应用于教育领域,可追溯至20世纪30年代美国视听教育时期。经过70年的发展过程,目前已从电学与声学的简单结合发展成电子学、声学与视频技术、数字技术、计算机网络技术、卫星技术以及文学、艺术等相结合的综合技术。和光学媒体技术一样,电声技术被较早地应用于教育,人们已很熟悉,虽然技术本身已今非昔比,但我们仍将其归于常规教育媒体一类。

3.3.1 电声媒体的分类

电声媒体可按不同的分类方法进行分类。按照信息在系统中的存在形态,可分为数字化媒体和模拟化媒体;按照信息的终端显示方式,可分为广播媒体和录音媒体;按电声器件与设备组成的系统功能,可分为扩声系统、放声系统、广播系统、音频节目制作系统以及语言学习系统。

教育电声系统按其功能所作的详细分类及其应用,如表 3-3-1 所示。

表 3-3-1　教育电声系统的分类

教育电声系统		声信息源	主要器件或设备系统	主要应用场合
扩声系统		人声	话筒、调音台、功放、音箱	教室、会场
放声系统		磁带、CD、唱片	录音机、激光唱盘、电唱机	教材播放、听音室
广播系统	有线	人声、声节目制品	话筒、调音台、有线广播系统	教室、会场、公共场所
	无线 音频	人声、声节目制品	话筒、音频功放机、接收机、耳机	教室、语音室、会场
	无线 射频	人声、声节目制品	调频、调幅、立体声、数字广播系统	任何教育场合
音频节目制作系统		人声、磁带、CD、唱片	话筒、调音台及其外围设备、卡座、激光唱盘、电唱机、功放、音箱等	录音室、演播室
语言学习系统		人声、声节目制品	AP、AA、AAC、AV等系统	语音室

一、扩声系统

扩声系统是学校中最常用的一种电声教学系统。会议室、常规媒体电化教室、计算机多媒体教室以及较大型的普通教室等,都需要安装扩声系统。扩声系统最基本的特征是传声器与扬声器共居一室,教师(或报告人)出现在现场。扩声系统中最基本的设备配置有传声器、扩音机(功率放大器)和扬声器(音箱)。好的扩声系统还有扩声调音台,以及其他声源设备。

正因为在扩声系统中,传声器和扬声器共居一室,因此从扬声器发出的声波就必然会经过教室和会场的内壁多次反射而反馈到传声器,如果这种反馈太强的话,室内音质将会明显降低,严重时甚至会引起啸叫(这是许多人都曾经历过的)。有反馈存在是扩声系统的重要特点(常常是缺点),因此对扩声系统的研究,不仅涉及电声器件和电声设备,还必然涉及该房间的建筑声学特性。

二、放声系统

放声系统是指将声音信息从储存该声音信息的载体中还原出来的系统。储存声音信息的载体有录音磁带、电唱机唱片、激光唱机唱片(CD唱片),以及其他音像载体(如录像带、电影拷贝等)。

放声系统中最基本的设备配置有声源(录音机、电唱机、激光唱机等)、功率放大器和扬声器(音箱)。其实,一台磁带单放机也就可以看成是一个放声系统,因为它可以完成从声音信息载体(磁带)还原为声音(单放机喇叭放音)的全过程。

因为放声系统中不含有传声器,因此不会发生来自房间内壁的声反馈而引起啸叫的现象。但是,放声系统在工作时仍然对放声环境的建筑声学结构有较严格的要求。例如,音像制品的生产单位,一般都有听音室,听音室就是一个建筑声学特性非常好的放声环境。

严格地讲,无论是扩声系统还是放声系统,其构成除上述涉及的设备外,都还应该包含作为工作环境的房间。

三、广播系统

广播系统是指将需要播放的音频(声音)节目,通过有线发送或无线发送的方式,从一地传送到另一地,通过扬声器直接播放,或通过收音机接收播放的整个设备系统。

有线广播系统主要用于学校、公共场所、企事业单位广播电台(广播站)和一些农村地区,优点是系统较为简单、工作稳定、运行成本较低。

无线广播系统又可分为音频发射与接收方式、射频发射与接收方式两种不同的系统方式。前者必须在指定的环境里(如事先安装有天线的教室、会场)进行接收,收音机也必须是与之配套的专用机;而后者则可在任何场所进行接收,接收设备就是普通的收音机。无线广播又可分为调频、调幅、立体声以及数字方式广播。无线广播有许多优点,主要有:(1) 接收机无导线牵连,接收者可随时随地进行接收;(2) 接收者可从众多的节目中进行选择接收;(3) 可以接收到非常遥远地区的节目(有线广播网的发送距离要短得多)。

在目前的学校教育中,直接将有线广播和无线广播引入课堂进行教学活动的情况已经很少见了。因此,本教材将不再过多介绍广播系统。

四、音频节目制作系统

教育领域的音频节目制作系统,是指能够用以制作音频教材和其他音频教育制品的设备系统。利用音频节目制作系统制作的最典型的音频教材有:外语教学磁带、普通话教学磁带、音乐教学磁带、教学用音乐、音响素材带等,其他音频教育制品如文艺带、有声幻灯的配音带等。在教育电声系统内,音频节目制品的载体都是录音磁带。

音频节目制作系统的设备构成有简有繁。最简单的音频节目制作系统,就是一个话筒加一台录音机。但通常所指的音频节目制作系统,是指以调音台为中心,辅以众多外围设备而构成的复杂的设备系统。现在,最复杂的音频节目制作系统,是数字化的、配以计算机而被称为音频工作站的系统。

音频工作站在多媒体课件的制作中具有重要价值,有条件的学校可以引进和应用。

五、语言学习系统

学校用的语言学习系统,现在常被称为"语音室",早期常称之为"语言实验室"。"语言学习系统"是国家标准的正式名称。顾名思义,语言学习系统是被用来进行语言学习和语言训练的专用设备系统。

根据系统的功能,语言学习系统又可分为:听音型(AP)、听说型(AA)、听说对比型(AAC)和视听型(AV、AACV)等。随着教育技术新媒体的不断出现,语言学习系统有向计算机化发展的趋向,出现了与监视器(TV)相结合的"AATV"型、与计算机网络系统相结合的"Hiclass 视听网络"型。

3.3.2 电声器件与设备原理

关于电声媒体的原理,所涉及的内容较多,本教材仅简单介绍其中的室内声学的基本原理;扬声器基本工作原理及其与扩音机的配接;传声器的工作原理及其使用方法;录音机的录、放原理;激光唱机的基本原理等五部分。

一、室内声学的基本原理

1. 相关基础知识

(1)声压和声压级 我们知道,声波是纵波。声波在空气里传播的速度约为331.4米/秒(标准大气压、摄氏0℃时)。

声波是以疏密波的形式传播的,这种空气媒质的疏密变化所产生的气压变化就称为声压。声压的单位和气压的单位一样,也是"帕"(1帕 = 1牛/米^2),但 L_p 声压要远比大气压小得多。即使我们在大声喊叫时,其声压也只有大气压的数万分之一。

最灵敏的人耳可听到声压为 2×10^{-5} 帕的声音,而大声喊叫时声音可达 2 帕,两者相差达 100 000 倍。可见直接用帕作单位既不方便,事实上也不符合人耳的感觉特性。为此,人们常用声压级来表示声音的大小:

$$L_p = 20\lg\frac{p}{p_0}$$

单位为分贝(dB)。式中,$p_0 = 2\times 10^{-5}$ 帕,称为参考声压。

例 1 经测量,纺织车间噪声声压为 1.5 帕,求声压级为多少分贝?

解: $L_p = 20\lg\dfrac{p}{p_0} = 20\lg\dfrac{1.5}{2\times 10^{-5}} = 97.5$(分贝)

例 2 已知学校区白天允许的环境噪声声压级为 55 分贝,问其声压为多少帕?

解: $p = p_0 10^{\frac{L_p}{20}} = 2\times 10^{-5}\times 10^{\frac{55}{20}} = 0.0112$(帕)

表 3-3-2 列出了某些声学环境的声压级值。

表 3-3-2 声学环境的声压级值

声环境	声压级(分贝)	声环境	声压级(分贝)
最低可听声(1 000Hz)	0	商店内	65～85
安静的室内	20～40	金工车间	80～95
近距离交谈	55～65	纺织车间	95～105
教师上课(前排)	70～80	耳觉疼痛时	120
演唱	70～110	喷气机喷口 3 米处	140

(2) 室内声场的组成

电声系统不仅是设备系统,还应包括存在着声波的房间建筑环境。因此,对室内声学中某些相关知识的了解是必要的。图 3-3-1 表示室内点声源 S 所辐射的声波先后到达接受点 P 的几种途径:首先到达的是直达声波;紧随其后到达的是第一、第二次反射声波(称为早期反射声或前期反射声);最后到达的是经过多次反射、已经分不清先后、基本是混成一片并持续一段时间的反射声,这些反射声被称为混响声。

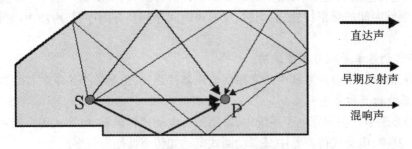

图 3-3-1 室内声场的组成

声波存在的室内空间称为室内声场。室内声场由直达声、早期反射声、混响声等三部分组成,如图 3-3-1 所示。

(3) 界面吸声与混响时间

当声波从室内界面反射时,会有一部分声能量被界面吸声掉,这个被吸声掉的能量与入射时的声能量之比称为吸声系数,常用α表示。显然,全反射时α=0,全吸声时α=1。例如,水泥地面α值约为0.01~0.03,人体表面的α值约为0.2~0.4。

当室内声源停止发声后,由于室内壁的不断吸声,声波的能量将渐渐减小,声压级也将渐渐衰减。室内声学规定:当室内声源停止发声后,声压级衰减60dB所经历的时间称为混响时间,用T_{60}表示。不难理解,室壁吸声愈强(α值愈大),混响时间则愈短;反之,室壁吸声愈小(α值愈小),混响时间则愈长。19世纪末,美国声学家赛宾在研究哈佛大学礼堂的声学改造的过程中,终于发现影响厅堂音质的最重要的因素就是混响时间的长短。

由于房间内壁的吸声系数与声音的频率有关(通常情况下,内壁对高频声的吸声系数要大于对低频声的吸声系数),因此,房间的混响时间长短也与声音的频率有关,这一特性被称为混响时间的频率特性。一般情况下,我们所说的某房间的混响时间是指该房间对500Hz声波的混响时间。

(4) 环境噪声和室内噪声

电化教室、语音室、录音室、演播室等电教用房都应选择噪声干扰较小的环境。为了进一步减小室内噪声,对于诸如录音室、演播室等声学要求特别高的房间,除加强门窗的隔声外,有时在进门处还需设置由两道门组成的"声闸",以加强隔声效果。

有些噪声是来源于室内的。如空调机噪声是最常见、也是最难消除的室内噪声源之一,通常的做法是采用管道消声的方法以减小传入房间的噪声。

电教用房的环境噪声和室内噪声都有规定的标准、规定的测量和计算方法(需要时可查阅有关资料)。

2. 电教用房的声学要求和音质评价

作为电教用房,在建筑声学方面的基本要求有:

(1) 无噪声干扰;
(2) 对于语言用房,应有较高的语言清晰度;
(3) 对于音乐用房,则要求音色优美、丰满和足够的响度;
(4) 整个房间声压分布要均匀;
(5) 没有室内回声、颤声、声聚焦等缺陷。

为了检测是否达到上述要求,常用的评价量和评价方法有:室内噪声水平"NC线数"、最佳混响时间、混响时间的频率特性、混响感、反射声时间序列及方向序列、声场声压分布及指向性。

二、传声器的基本原理与正确使用

传声器俗称话筒,是电声系统中最常用的电声器件之一,也是整个系统的首端器件。

1. 传声器的种类和应用

传声器种类颇多。在教育电声系统中,常用的有电动式传声器、电容式传声器和驻极体电容传声器。其中,电动式传声器中又以动圈式电动式传声器用得最多。

不同种类的传声器各有不同的特性,也就各有不同的应用场合。动圈式电动式传声器,常称为动圈话筒。动圈话筒结构简单、性能稳定、使用方便、中频特性较好(适合语言声),因此常用于教室和会议室。电容传声器的使用条件较为苛刻,抗震、防潮性能都较差,价格也较为昂贵;但声学性能较好,低频和高频特性都优于动圈话筒,因此常用于室内演出。

2. 动圈传声器的结构和工作原理

图 3-3-2 为动圈式传声器的基本结构,各构件名称如图所示。

传声器工作时,声波透过防护网罩(有时网罩上还需套一个海绵防风罩)作用到振膜上,引起振膜振动,振膜的振动又带动动圈振动。这里波纹板的作用是为了将动圈(音圈)稳定在环状磁隙的中间。

当动圈线圈切割磁力线振动时,根据电磁感应原理,音圈的两端将有感应电动势产生。由于音圈是连接在变压器初级的,所以动圈和变压器初级中将有电流产生。从而,变压器次级也将产生变化的电动势。

这里的变压器是一个升压变压器。初级线圈圈数很少,线径较大;而次级线圈的圈数很多,线径也较细。之所以采用这样的变压器,作用有如下两点:

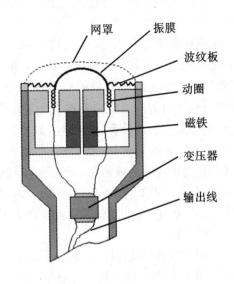

图 3-3-2 动圈式传声器的结构

(1) 因为动圈的圈数很少,动圈振动时产生的感应电动势也就很小,如果就这样输出的话,信号在传输过程中极易受到周围杂散电磁波的干扰。而高压信号传输时,抗干扰能力要强得多。

(2) 一般情况下,动圈的阻抗约为 10Ω,而供传声器接入的放大器或调音台的话筒输入阻抗都要高得多(调音台常为 $1\,000\Omega$),显然不匹配。而通过变压器的次级输出的话,两者阻抗就能够匹配了。

3. 电容传声器与驻极体电容传声器的结构和工作原理

图 3-3-3 为电容传声器基本结构(左)和工作原理图(右),各构件名称如图所示。

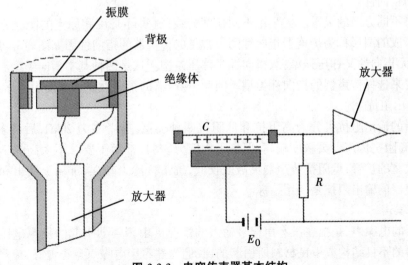

图 3-3-3 电容传声器基本结构

电容传声器的振膜和背极均为金属,两者之间的距离为0.02毫米～0.05毫米,构成一个容量为50pF～200pF的电容。当声波透过网罩作用到振膜时,振膜便随之振动,振膜与背极间的距离亦将随之发生变化。于是,振膜与背极所构成的电容的容量也就发生了变化。图3-3-3的右图中,E_0为极化电压,由于E_0的存在,电容C上将有电荷产生。而电容C的变化,必将导致电容上的电荷量的变化,进而便在由E_0、C和R组成的回路中就产生回路电流。同时,在电阻R上亦将产生变化的电压降。电阻R上的这一变化电压降就是音频信号电压,经图中放大器放大后,便可输入到扩音机(功率放大器)了。

4. 传声器的主要技术特性

我们在选择使用传声器时必须了解不同传声器的性能特点和某些重要指标。为了便于理解和应用,我们不妨将传声器的性能分为两类:一类为质量指标,一类为使用指标。前者反映传声器的内在质量的好坏,后者反映使用的需要。

(1) 灵敏度

在相同声压的声波作用下,传声器的输出电压愈大,表示其灵敏度愈高。它反映传声器的"声-电"转换效率。话剧舞台上空悬挂的演出话筒是进行远距离拾音的,必须有很高的灵敏度。流行歌手所用的手持话筒常贴近嘴巴使用,所以不需要很高的灵敏度。尽管两者都是很好的话筒,但灵敏度相差却很大,可见传声器是一项使用指标。

(2) 频率响应

由于结构的原因,即使在相同的声压条件下,当入射声波的频率不同时,传声器的灵敏度往往也不相同。传声器的灵敏度随声波频率变化而变化的特性,被称为传声器的频率响应。传声器的频率响应常用曲线来表示,称为传声器的频率响应曲线。

理想的情况是,传声器的灵敏度与入射声波的频率无关,或者说对任何声波频率,传声器的灵敏度都相同(此时,频率响应曲线为一直线)。传声器的频率响应特性是传声器的一个非常重要的质量指标。

(3) 指向性

有时,传声器的灵敏度还随入射声波的方向不同而不同。传声器的这种方向特性被称为传声器的指向性。

如果将不同方向的灵敏度大小用不同长度的线条(实际是用和原点的距离)来表示,线条端点所形成的图形称为传声器指向性图。常见的传声器的指向性图如图3-3-4所示。

图中,无指向性又称压强型;双指向性又称压差型。这是两种基本指向类型。我们应根据实际需要来选择传声器的指向性类型。因此,传声器的指向性是一种使用指标。

(4) 输出阻抗

传声器的输出阻抗可分为高阻抗和低阻抗两种类型,前者多为20kΩ,后者多为600Ω。一般说来,高阻抗传声器灵敏度较高,但抗干扰能力较弱,常用于要求不太高的学校广播台以及普通教室的扩音;低阻抗传声器灵敏度较低,抗干扰能力较强,常用于演出和一般扩音场合。传声器的输出阻抗是使用指标。

(5) 电噪声

传声器的电噪声,是指在没有声信号输入的情况下由传声器引起的噪声电压。电噪声是由传声器的不良结构或不良材料所引起的,我们当然希望电噪声愈小愈好,传声器的电噪声是质量指标。

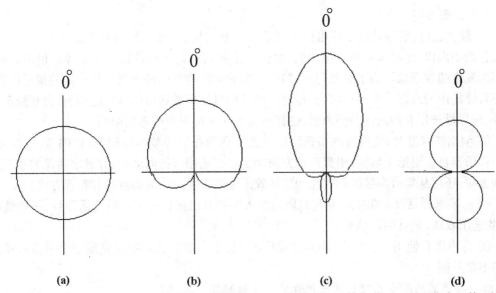

图 3-3-4 传声器的几种常见典型指向性图形

(a) 无指向(全指向性)。各向灵敏度相等,适合环境声录音。

(b) 心形指向。前方灵敏度最高,反方向灵敏度几乎为 0,适合会场、教室使用。

(c) 强指向,正前方指向特强,其他方向指向均较弱。适合远距离扩录,如话剧录音。

(d) 双指向。前、后方灵敏度都为最大,左、右向灵敏度为 0,适合舞台乐队录音。

(6) 非线型失真

传声器的输出电压与其输入声压不成线型比例关系时,我们将这种失真称为非线型失真。非线型失真是传声器的主要失真。通常,应将该项失真限制在 5% 以内。传声器的非线型失真是极为重要的质量指标。

(7) 瞬态特性

传声器的瞬态特性是指其输出电压跟随输入声压变化的能力。当声压变化较为急剧时(如打击乐器演奏时),往往会引起输出电压失真。电容式传声器的瞬态特性要大大优于动圈式传声器。瞬态特性也是传声器的质量指标。

5. 传声器的正确选择和使用

(1) 选用原则

① 根据声源性质。一般情况下,语言声扩录,选用动圈传声器;音乐、演出扩录选用电容传声器。

② 根据声源距离。远距离拾音(如话剧演出、会议、教室扩音)时,用高灵敏度传声器;近距离拾音(如卡拉 OK 演唱)用低灵敏度传声器。

③ 根据声源方向。信息声源来自各个方向(如在观众席录制观众掌声时)时用无指向传声器;定向进行远距离录音(抗干扰)时用指向性或强指向性传声器;会议室和教室常用心形传声器。

④ 根据声源环境。室外扩录音时,一般选用动圈传声器;室内扩录音时,可选用电容传声器。

⑤ 根据整个电声系统的级别。音频系统通常分为普用级、专业级和广播级三种。传声器的选用一定要和整个系统相匹配。

(2) 正确使用

① 教室、会议室等是最常使用传声器进行扩音的场合,要注意的有两点:第一,话筒与人嘴巴的距离以 20 厘米～40 厘米为宜,要保证足够的扩音音量;第二,当扩音音量很大时,也不能发生啸叫现象。为了有效防止啸叫,一方面要注意室内扬声器与传声器的相对位置,绝不可让扬声器对着传声器;其次要控制传声器同时使用的数量(通常通过调音台来控制);此外,应尽量选用有指向性的传声器,这样可大大减少反射声引起的啸叫。

② 演出扩录音时,传声器的布置比较复杂。话筒布置的基本原则有:独唱者、独奏者、低声强乐器首先要给予话筒;根据声源方向确定是否选用有指向话筒,并确定话筒的布置距离和方向;还应从舞台声强的均匀性和整体效果来确定使用话筒的数量和布置方法。

③ 正确选择话筒的阻抗。除与高阻抗输入的扩音机配接时用高阻抗话筒外,一般情况下,均选用 600Ω 的低阻抗话筒。

④ 传声器在使用和保管中,均需注意防潮、防磁、防震。使用中要克服用手敲击话筒试音的不良习惯。

三、扬声器的基本原理及其与扩音机的正确配接

扬声器俗称喇叭,是教育电声系统中又一重要的器件。常将若干个相同或不相同的扬声器组合成音箱,作为整个电声系统的终端器件使用。

1. 电动式扬声器的结构和工作原理

虽然扬声器有很多种类,但教育电声系统中使用的几乎都是电动式扬声器。扬声器的结构和工作原理都和动圈式扬声器极为类似。甚至可以说,动圈传声器与电动扬声器是同一结构的逆向使用过程。图 3-3-5 为电动扬声器的结构原理图。

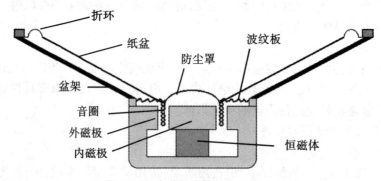

图 3-3-5　电动扬声器的结构原理

图 3-3-5 中,当经过功率放大的音频电流输入到图中音圈时,音圈将受到电磁力的作用而振动(波纹板的作用是使音圈在振动时能稳定在环状磁隙中)。而音圈的振动即可推动纸盆振动(折环的作用可稳定纸盆的盆口,又可改善纸盆的振动特性)而发声,这就是扬声器工作的基本原理。

2. 电动扬声器的主要技术特性

与传声器一样,扬声器的技术指标也可分为质量指标和使用指标。

(1) 功率

扬声器的功率通常是指其额定电功率,即非线性失真不超过 5% 时的最大输入电功率。在进行扬声器与扩音机(功率放大器)配接计算时,必须要知道扬声器的功率。因此,扬声器

的功率作为一项极为重要的使用指标总是直接标注在扬声器上。

(2) 阻抗

扬声器的阻抗(Z)包括音圈的直流阻抗(R)、感抗和音圈振动时产生的动生阻抗三部分之和。Z值和频率相关,我们常将其最小模值称为标称阻抗。一般情况下,Z = (1.05-1.10)R,很接近其直流阻抗。扬声器的标称阻抗Z的系列为:4Ω、8Ω、16Ω、32Ω,现在最常用的是4Ω和8Ω。

在进行扬声器与扩音机(功率放大器)配接计算时,也必须要知道扬声器的阻抗,因此,扬声器的阻抗作为另一项极为重要的使用指标也直接标注在扬声器上。

(3) 灵敏度

扬声器灵敏度是指在相同音频电压作用在音圈时,扬声器纸盆辐射声压的大小。它反映了扬声器的"电-声"转换效率。

(4) 频率响应

扬声器的频率响应是指其灵敏度随频率变化而变化的特性。这对于扬声器来说是极其重要的质量指标,因为扬声器的音圈、纸盆、波纹板、折环等都有很复杂的机械特性,对频响特性影响很大。所以,几乎任何扬声器都不可能有很宽的频响,一只扬声器只有某一频率段频响特性较好,因此在设计音箱时必须对扬声器的频响特性有充分的了解。

(5) 指向性

扬声器的指向特性没有传声器那样重要,一般说来纸盆口径愈大,其指向性就愈弱,而口径很小(2英寸~3英寸)的高音扬声器则有很强的指向性。

(6) 失真

当输入扬声器的音频电信号中 f_1、f_2 频率时,输出的声音中很可能会出现 $2f_1$、$3f_1$、$2f_2$、$3f_2$ 等等频率成分,这叫做非线性失真;或出现 $f_1 + f_2$、$f_1 - f_2$ 等等频率成分,这叫做互调失真。一般扬声器的失真约为 3%~7%。失真对任何电声器件、设备和系统都是至关重要的。

(7) 瞬态特性

扬声器随信号突变的能力称为扬声器瞬态特性或瞬态响应。一般来说,频响特性好的扬声器瞬态特性也较好。瞬态特性对脉冲声源尤有重要意义。

3. 音箱的作用、结构与原理

(1) 音箱的作用

多数扬声器纸盆的正、反两面都是直接暴露的,当扬声器工作时,纸盆的正、反两面都会辐射声波,但两面辐射的声波其相位是相反的,这样,后方的部分声波就会绕射(尤其是低频声波)到纸盆前方与前方的正相位辐射声波相抵销,从而使扬声器的辐射效率及灵敏度大为降低。这一现象称之为"声短路"。

为了克服上述声短路现象,最简单的方法是将扬声器安装在音箱上,这是音箱的第一个、也是最重要的一个作用;音箱还有第二个作用,就是通过音箱结构的合理设计,可以拓宽声音的频率范围,改善声音的音质。

(2) 音箱的结构与原理

图3-3-6是一个典型的三分频音箱。该音箱分别由一个高音、一个中音、一个低音三个扬声器和一个倒相孔组成。其中,高、中、低三个扬声器分别承担由电子分频或功率分频所形成的高、中、低频电流。这样做是为了让三个扬声器各自工作在频率响应最好的那个频

率段。倒相孔(管)的作用是将箱体内的声波引导辐射到音箱的前面来,并与音箱向前辐射的声波相叠加,如果控制好倒相孔的内径和倒相管的长度,就可以使得从倒相孔辐射的低频声波与低音扬声器辐射的低频声波相位相同,从而使整个音箱的低频效率有所提高。

4. 扬声器(音箱)与扩音机(功率放大器)的配接

扩音机(功率放大器)的种类按其输出方式来分,有定阻式、定压式和高保真式三种,它们与扬声器的配接方法都不相同,但又都是经常使用的。

(1)扬声器与定压式扩音机的配接

较大功率的扩音机多数采用定压式输出方式,常用的输出电压有 20V、40V、120V、240V 等。

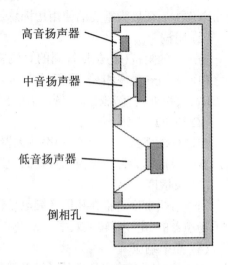

图 3-3-6　典型的三分频音箱

它们与扬声器配接的基本方法是:首先,根据扬声器的功率和阻抗计算出该扬声器所需要的电压;然后,再根据扩音机的输出电压计算出所需要的输出变压器的功率和变压比。当然,扬声器所需的总功率不应超过扩音机的额定输出功率。

例,一功率为 150W、输出端子为 120V 的扩音机,拟配接 40W、8Ω 扬声器两台,试确定配接方法并画图。

解:$U = \sqrt{PZ} = \sqrt{40 \times 8} = 17.9(V)$

所需变压器的变压比为:

120V:17.9 = 6.7:1

配接扬声器总功率为:

$2 \times 40W = 80W$,小于扩音机功率。

配接方法如图 3-3-7 所示。

(2)扬声器与定阻式扩音机的配接

所谓定阻式扩音机是指扩音机的输出阻抗是固定的,常用的输出阻抗系列为 4Ω、8Ω、16Ω、250Ω 等。其中 250Ω 称为高阻输出,主

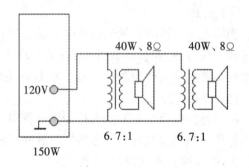

图 3-3-7　配接方法图

要用于远距离配接;其余是低阻输出,用于近距离的配接。

扬声器与定阻式扩音机的配接方法较为复杂,需要满足如下配接条件:① 扬声器的额定总功率大于或等于扩音机额定功率。② 扬声器与扩音机配接时需符合配接公式:$P_0 Z_0 = PZ$。其中,P_0、Z_0 分别为扩音机的功率及阻抗;P、Z 分别为扬声器的额定功率及阻抗。③ 每一扬声器的实得功率小于或等于该扬声器的额定功率。④ 如果扬声器的实得总功率小于扩音机功率的 90%,则需配接假负载,假负载的功率为扩音机额定功率与扬声器实得总功率的差。配接时也应符合配接公式。

例,一功率为 80W 的定阻式扩音机,输出端子为 4Ω、8Ω、16Ω、250Ω。拟配接 20W、16Ω 扬声器 2 只,20W、8Ω 扬声器 2 只。应如何配接(低阻配接)?并画出配接图。

解:① 对于每一只 20W、16Ω 扬声器:

$$Z_0 = \frac{P \times Z}{P_0} = \frac{20 \times 16}{80} = 4(\Omega)$$

② 对于每一只 20W、8Ω 扬声器:

$$Z_0 = \frac{P \times Z}{P_0} = \frac{20 \times 8}{80} = 2(\Omega)$$

找不到 2Ω 端子,试改为将两只电阻串联,并重新计算(此时,$P = 2 \times 20W = 40W$, $Z = 2 \times 8\Omega = 16\Omega$):

$$Z_0 = \frac{P \times Z}{P_0} = \frac{40 \times 16}{80} = 8(\Omega)$$

③ 核对功率:扬声器实得总功率 $= 2 \times 20W + 2 \times 20W = 80W$,与扩音机额定功率相等,因此无需配接假负载。

配接如图 3-3-8 所示。

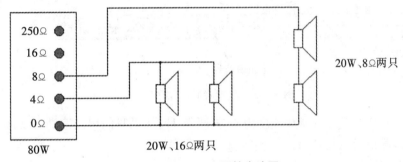

图 3-3-8 配接方法图

需要说明的是,低阻式扩音机的输出端子的"4Ω"、"8Ω"、"16Ω"等都是相对于"0Ω"端子的。至于"8Ω"与"4Ω"之间的阻抗恰不是一般想象的 4Ω,而是:$(\sqrt{8} - \sqrt{4})^2 = 0.69(\Omega)$;同理,"16Ω"与"8Ω"之间的阻抗为:$(\sqrt{16} - \sqrt{8})^2 = 1.37(\Omega)$,这就相当于使扩音机又增加了两组输出端子,有很实际的应用价值。

高阻配接需用到专用配接变阻器,现在已很少使用,就不再介绍了。

(3) 扬声器与高保真(Hi – Fi)式扩音机(功率放大器)的配接

高保真扩音机是指其输出部分为无输出变压器的 OTL、OCL、BTL 电路结构,目前在教育电声系统中已获得极为广泛的应用。高保真扩音机的输出端子通常分为左(L)、右(R)声道,输出形式为一固定的阻抗,如 4Ω、8Ω 等。

这类扩音机与扬声器的配接原则有:① 扩音机的功率为扬声器功率的 2~3 倍(在使用时,扩音机只能工作在半功率状态);② 扩音机的输出阻抗必须小于或等于扬声器的阻抗;③ 为了保证高保真扩音机的高保真效果,扩音机与音箱的连接线阻抗必须尽量小,一般都采用专用的多股音箱线。

四、录音机的基本原理与使用

录音机是教育电声系统中最常用的设备之一。录音机的种类很多,学校使用的录音机大多为普通盒式录音机,而电台、电视台则常用开盘式录音机。录音机的工作原理包括录音原理和放音原理两部分。前者主要阐述"声-电-磁"的转换过程;后者主要阐述"磁-电-声"的转换过程。

1. 录音原理

如图 3-3-9 所示：传声器获得的音频电信号电流，经录音放大器放大后进入磁头线圈，从而引起磁头铁芯中磁通量的变化。这一磁通量的变化将通过磁头缝隙引起磁带中磁粉的磁化（剩磁）。由于磁带中的剩磁强度和频率均和录音电信号的强度和频率相同，从而完成了录音的过程。

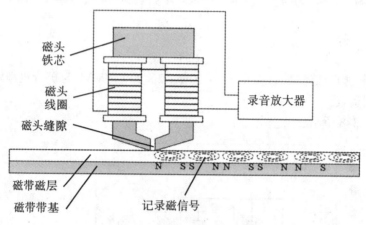

图 3-3-9 录音机的录音原理

常用的盒式录音机磁带的录放速度为 4.76 厘米/秒，如果我们用以记录 5 000 Hz 的音频信号的话，那么，磁记录波长则为：

$$\lambda = \frac{4.76\text{厘米/秒}}{5\,000/\text{秒}} = 0.000\,95\text{厘米} \approx 0.01\text{毫米}$$

换句话说，如果要能够记录下 5 000 Hz 的声信号的话，磁头的缝隙的宽度必须至少小于 0.01 毫米。事实上，普及型的录放机，其磁头缝隙确为 0.01 毫米左右。由此可见，录音机磁头的制作精度是很高的。

2. 放音原理

录音机的放音原理是录音原理的逆过程。放音时，记录了磁信号的磁带通过放音磁头时，磁带中的磁变化将引起磁头铁芯的磁通量变化，而磁头铁芯的磁通量变化又将引起磁头线圈中感生电流的产生。最后，再经放音放大器的放大就可送到扬声器放音了。

3. 抹音原理

已经记录了信号的磁带，如果需要重新录音的话，必须将原来的信号抹掉，然后再录上新的信号。将信号抹掉是靠抹音磁头完成的。抹音磁头有恒磁抹音、直流抹音和交流抹音三种，最常用的是交流抹音。

交流抹音的基本原理是：在抹音磁头的线圈里通以超音频的恒压交流电，在该磁头的缝隙处将产生交变的磁通，而这一磁通在缝隙的正中间位置最强，在缝隙的两边缘位置最弱（接近于 0），当已录有信号的磁带通过抹音磁头的缝隙时，磁带上的原有信号将为抹音磁头提供的超音频强信号所更改（在缝隙中间位置时最强），当磁带逐渐离开缝隙时，这一更改了的超音频信号也逐渐减小为 0，从而达到抹音的目的。

4. 录音机的工作过程

图 3-3-10 为三磁头录音机的工作示意图。图中主导轴为主动轴，它和压带轮共同作用

拖动磁带恒速运动。磁带先通过抹音磁头，将原有信号抹去；再通过录音磁头录上新的信号；为了检验录音效果，录了新信号的磁带再通过放音磁头放音。录音放大器和放音放大器分别对录音信号和放音信号进行放大。超音频振荡器一方面为抹音磁头提供交流电源，同时还为录音磁头提供偏磁电流。

一般的录音机都为两磁头式，即将录音磁头和放音磁头合并为一个磁头，称为录放磁头；录音放大器和放音放大器合并为一个放大器。录音时，抹音磁头和录放磁头（执行录音功能）同时工作（所以录音时要同时按下两个键）；而放音时只有录放磁头在工作（执行放音功能）。

5．录音机的主要技术指标

录音机的技术指标可分为机械指标和电声指标两类。机械指标包括带速误差和抖晃率，电声指标包括频率响应、失真度、信噪比和分离度。前者与录音机的机械结构和精度有关，后者与录音机的电路、磁头、磁带以及电-磁转换性能有关。

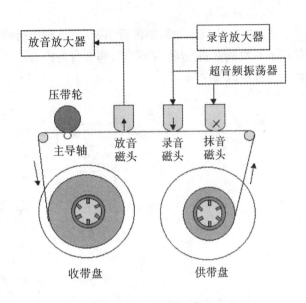

图 3-3-10　三磁头录音机录放示意图

根据上述诸项技术指标，录音机可分为业余级、专业级和广播级，分别适用于个人、实验室和电台、电视台等不同场合。

6．盒式录音磁带

常用的盒式录音机磁带的长度，有46分钟、60分钟、90分钟和120分钟等。因为磁带盒大小一样，所以磁带的长度愈长，势必磁带愈薄、愈易拉伸，而且相邻两层磁带可能容易产生信号的复印现象。因此，选择长时间的录音磁带时应慎重。

按照磁带的磁层材料可将磁带分为氧化铁带、铬带、铁铬带和金属带等数种。其中，氧化铁带又是最常用的，其磁粉为 $\gamma-Fe_2O_3$ 或 Fe_3O_4，氧化铁带又可细分为低噪声带（LN）、低噪声高输出带（LH）、以及 LHS 带，它们分别适合于语言录音、普通音乐录音和较高档音乐录音。铬带的磁粉为 CrO_2，铁铬带的磁粉表层为 CrO_2，里层为 $\gamma-Fe_2O_3$ 或 Fe_3O_4，它们都比普通氧化铁带具有更好的磁特性，对录音机的电性能（偏磁电流）也有不同要求，价格也较昂贵。能够使用铬带、铁铬带的录音机上常设置有"Fe－Cr"磁带选择开关。金属带的磁粉为铁、钴、镍合金，是所有盒式磁带中性能最优越的，甚至可与盘式录音带相媲美。但能够使用金属带的录音机必须配有能够承受强磁场的铁硅铝高级磁头。金属带主要用于高级音乐录音。

对录音磁带的选择，首先必须弄清楚该录音机能够使用什么磁带。有针对性地选用磁带，就会取得好的录音效果。如果是普通的录音机，在使用了它并不适用的高级磁带后，其录音效果反而更差。以为磁带愈好录音效果就愈好，这是许多人的认识误区。

3.3.3 常用教育电声系统

由电声器件和电声设备构成、具有教育教学功能的系统称为教育电声系统。这里介绍几个常用教育电声系统的基本结构和用途。

一、扩声系统

图 3-3-11 中,(a)为简单扩音系统,其结构包括传声器、扩音机和扬声器(音箱)。该系统常用于一般教室和会场。(b)为以调音台为中心的可调控扩声系统,常用于多路话筒输入、音质要求较高的会场。

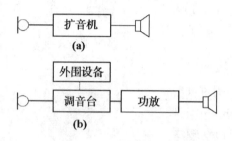

图 3-3-11 扩声系统的结构

二、音频节目制作系统

图 3-3-12 为音频节目制作系统,常用于录音教材制作。图中,语言素材通常需要节目创制人员根据脚本专门组织录制。音乐素材和音响素材的制作,在不违反知识产权的前提下可从现有的各种媒体中转制,有条件时最好能根据脚本需要专门组织制作。

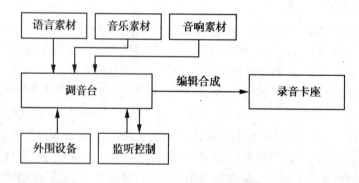

图 3-3-12 音频节目制作系统

三、语言学习系统

语言学习系统常被称为"语音室",两者的意义是一样的,都说明该系统是专门用于语言或语音学习的。语言学习系统一般分为 AP 型、AA 型、AAC 型和 AV 型等。它们的主要区别在于:AP 型又称听音型,该型在讲台上有话筒、若干台录音机和扩音机等,而每个学生的座位上有若干个耳机插孔和一副耳机,学生可通过耳机从不同的插孔收听不同的节目(如课文、单词、精读等)。AA 型又称听说型,与 AP 型相比,教师讲台和学生座位都使用头带式耳机话筒,学生座位上多一个呼叫开关,教师座位上多一个呼叫指示灯。就是说在 AA 系统中,具有学生呼叫功能及与教师对话功能。AAC型又称听说对比型,和AA型相比,学生座位上多了一个双声道录音机。学生可将教师播放的教学内容录制在其中的一个声道上,而将自己的跟读练习或回答问题等录制在另一声道上,这样可通过两者的比较来进行深入地学习。所以,AAC型功能最好,故又称之为"齐备型"。AV型不是一个独立的类型,只要在上述各型语言学习系统中加入可视化设备(如投影仪、幻灯机、录像机、电视机等),即可称为AV型。

AAC型最常使用,其结构框图如图3-3-13所示。

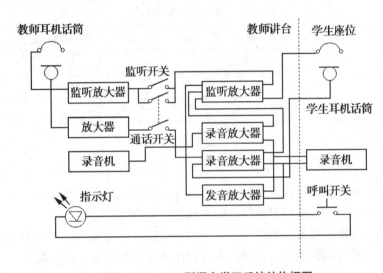

图3-3-13　AAC型语言学习系统结构框图

3.4　电声教材的设计与制作

3.4.1　电声教材的特点和分类

作为教育信息的声音包括语言、音乐和音响等三种形态。电声教材以声音作为教育信息的传播媒介,这是电声教材的主要特点;第二,电声教材的信息载体有录音磁带、普通唱片、激光唱盘(CD)等,它们必须借助相应的电声设备或电声系统而运行;第三,因为电声教材只提供声音信息,因此对学科的适应有一定的局限性,如比较适合语言类学科的教学,而不适合数学类学科的教学。

电声教材从声学技术角度分类属于音频技术范畴。随着教育媒体技术的发展,音频技术正不断应用于光学媒体(投影、幻灯)、电视媒体、计算机媒体、网络媒体等,从而形成组合媒体及多媒体的新媒体类型。

电声教材按教学类型可分为广播教材、录音教材和语言学习系统(语音室)用教材;按信息载体可分为录音磁带教材、普通唱片教材、CD唱片教材、计算机软件(计算机磁盘及光盘)教材等;按教学模式可分为讲解型、示范型、练习型、资料型和程序教学型等。

3.4.2　录音教材的设计与制作

电声教材中最常使用的是录音教材。录音教材主要用于外语、汉语、语文、音乐的课堂教学及普通话训练教学等,还常用于语音室教学。

录音教材应根据学科特点、教学目标、教学方法和教学对象的不同而进行精心设计、精心制作,才能取得满意的效果。其设计与制作过程包括:选题、稿本编写、资料搜集、素材采集与制作,以及后期编辑等。录音教材制作完成后,还需经试用并进行适当修改后方能定稿。

对于含有情景、音乐和音响效果的较为复杂的录音教材,更应进行精心设计。这一类教材的稿本编写类似于电视教材的稿本编写方法。具体写作方法见下表3-4-1:

表 3-4-1　录音教材编写方法

情景序号	情景	人物	对话	音乐	音响效果	时间长度	备注

接下来的工作就是组织制作人员按照上表顺序,利用录音室,一个景别一个景别地进行录音,形成分景别的素材带,最后再进行剪辑和编辑,形成成品带。

对于学校用的规模不很大的教学录音带的制作,也必须在专用的录音室里进行操作。录音制作通常由导控(一般兼录音)、演播、素材制作和合成制作等几类人员组成。上述人员的协同合作是成功的关键。

3.5　电视媒体系统

3.5.1　电视机、录像机与影碟机

一、电视机

电视机是教学中常用的电教设备之一,用于接收电视台播放的教育节目,或呈现录像教材的内容。在电视媒体系统中,按输入信号分,可分为电视接收机、监视器和收监两用机。电视接收机用于接收射频信号(RF);监视器则用于接收视频信号(VIDEO)和音频信号(AUDIO),并能输出这两种信号;收监两用机既能接收射频信号,又能接收视音频信号,使用时一般通过输入选择开关(TV/AV 或 TV/LINE)转换。

1. 电视接收机的结构

电视接收机的工作原理是将接收到的电视信号(射频信号或视、音频信号),经过放大处理,最终还原出图像信号和伴音信号。彩色电视接收机的结构如图 3-5-1 所示。

电源部分——负责给电视机各部分电路提供所需电压。

公共通道——把天线接收到的电视台发送的信号进行频道选择、调谐、检波和放大等一系列处理。

伴音电路——解调出伴音信号,并经放大后推动扬声器发声。

解码电路——把彩色全电视信号还原成三基色信号。

同步扫描电路——从彩色全电视信号中分离出复合同步信号,以保证显像器件能准确完成与发送端一致的行扫描与场扫描,并得到稳定的电视图像。

显像器件——把三基色电视信号还原成彩色图像。

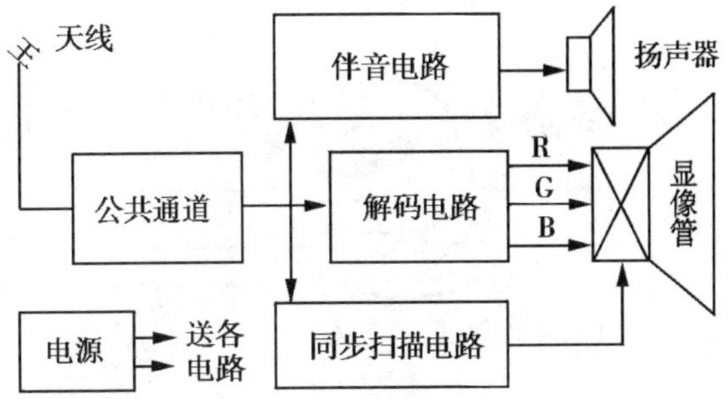

2. 电视接收机的使用

图 3-5-1　彩色电视接收机结构

正确使用电视机是得到良好收视效果的保障。在使用之前应详细阅读使用说明书,严格按说明书规定的方法操作。

电源开关——电视接收机的开关种类很多,有旋转式或推拉式,顺时针方向转或向外拉为开,反之为关。目前彩色电视机多采用自锁按键式,第一次按为开,再按一次则关。

电视频道选择——电视频道选择装置有机械调谐式、电子调谐式和自动调谐式。目前教学使用的电视机基本为全频道(波段 L:1～5CH,H:6～12CH,U:13～68CH),还有一些电视机有增补频道(Z:1～37CH)。节目预选器上标的1、2等数字并不是电视频道数字,而是预选节目的序号。每一个数字所对应的预选键都可根据自己的需要,调出任意一个频道并储存下来,观看时只需按下相应的预选键即可。

有的电视机设有自动搜台功能,按下此键,电视机进入自动搜台,每搜到一个频道便自动存储。看节目时,只要按动遥控器上的节目序号或选台键,即可看到存储的节目。

・对比度与亮度调节——调节对比度和亮度,可以控制图像黑白层次和明暗,提高显示图像的质量。用电视台播出测试卡的六个灰度等级作标准去调试最方便。调节时可反复调节对比度(CONTRAST)与亮度(BRIGHT)钮,使最黑部分不发亮,最亮部分不刺眼,图像层次丰富,细节清楚。

彩色饱和度调节——色饱和度(COLOR)用于调节彩色的深浅层次,常以人脸的肤色作基准,要求调得适中,最好能接近事物的真实色彩。色度要与对比度、亮度配合调节。

音量调节——音量(VOLUME)大小的调节要根据观看人数和环境杂音而定。

二、录像机

录像机是用于录制电视节目和播放录像教材等的重要电视媒体,它的工作原理是能把景物的图像和声音信号同时记录在磁带上,又能从磁带上把景物信号重放出来。

录像机的分类方式较多。按记录方式,可分为模拟录像机和数字录像机,其中又可分为复合信号和分量信号录像机;按使用范围,可分为广播级、业务级和家用级;按磁带宽度,可分为1英寸、3/4英寸、1/2英寸及8毫米等。另外还可按磁头数目、扫描方式等来分类。教学中运用的录像机类别和档次也各不相同,教学播放一般用家用的1/2英寸系列。

1. 录像机的原理与结构

普通录像机大多采用旋转双磁头或四磁头螺旋扫描方式。两个视频磁头间隔180°,装在旋转磁鼓上,磁带以某一角度环绕着磁鼓运动,当磁鼓旋转时,两个视频磁头交替接触磁带,螺旋扫描出一条条倾斜于磁带边缘一定角度的磁迹,每一条磁迹记录一场视频信号,如图 3-5-2、图 3-5-3 所示。

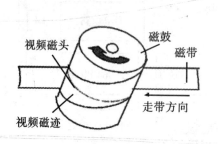 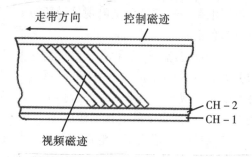

图 3-5-2　录像扫描示意　　　　　图 3-5-3　录像记录磁迹

录像机的基本结构包括七大部分,如图 3-5-4 所示。

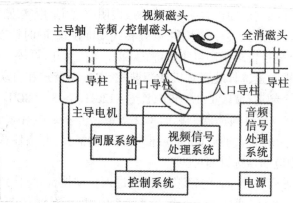

图 3-5-4　录像机的基本结构

磁头系统——包括视频磁头鼓组件和音频/控制磁头组件,前者用于视频信号记录和重放,后者用于音频信号和控制信号的记录与重放。

磁带传送系统——包括穿/退带机构和走带机构,帮助磁带穿/退带和正常走带。

视频信号处理系统——包括记录通道和重放通道,前者将输入的视频信号变换成记录信号送至磁头,后者将磁头拾取的记录信号还原成视频信号后输出。

音频信号处理系统——完成记录和重放过程中音频信号的处理。

伺服系统——对磁头、磁带运行进行误差检测、反馈并加以校正。通过伺服系统的控制,在记录时保证磁头在磁带上记录标准磁迹,在重放时保证磁头对磁带上的磁迹作准确的跟踪扫描,以获得最佳图像质量。

控制系统——控制系统是整机的控制中心,负责执行功能键的操作指令,完成录像机工作状态转换,实施自动保护,并保证录像机正常工作。

电源系统——为录像机内的各种电路、电机提供所需的工作电压。

2．录像机的使用

将录像机与电视机或其他录像机连接,便构成了一个实用的录像系统。根据不同的使用目的,采用不同的连接方式。

(1) 放像的线路连接

录像机作放像机使用时,一般有两种输出信号形式:射频信号或视、音频信号。在单台电视接收机上放像时,将射频电缆从录像机的射频输出(RF OUT)连接到电视接收机的天线输入插孔,如图 3-5-5 所示。

图 3-5-5　与电视接收机连接放像

跟监视器连接时,放像机应选择视频输出(VIDEO OUT)和音频输出(AUDIO OUT)接口,监视器选择相应的输入接口(VIDEO IN 和 AUDIO IN),如图 3-5-6 所示。

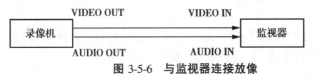

图 3-5-6　与监视器连接放像

新型的电视机一般都有 AV 输出、输入端子,有些还有 S(Y/C)输出端子,因此它同时可以当监视器使用,AV 连接的效果比射频连接好。

(2) 录像的线路连接

利用录像机录像时,把需要记录的图像与声音信号连接到录像机的输入端。

有些录像机内部装有电视接收调谐器(高频头),这时,只需把天线直接接到录像机的天线端子,就可录制广播电视节目,录像机的输出接电视机监看,如图 3-5-7 所示。

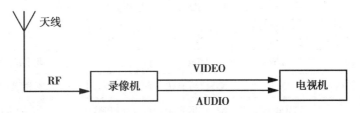

图 3-5-7　录像机直接收录广播电视节目

如果录像机内没有内置调谐器,这时应把电视接收机作为信号源,把其接收到的信号输出到录像机的输入端子,如图 3-5-8 所示。

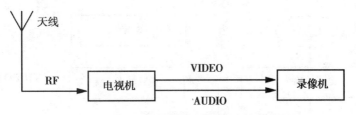

图 3-5-8　通过电视接收机录制电视节目

当电视教材母带制作完成需要复制新带时,需要两台录像机,一台作为母带的放像,另一台作录机,将放机的输出信号接至录机的输入端子,如图 3-5-9 所示。

图 3-5-9　录像机间复制电视节目

三、影碟机

影碟机是一种用于播放激光影碟(光碟、光盘、视盘)上的图像和声音信号的新型视听设备，与录像机相比有存储容量大、影音质量高、检索方便等优点。

1．影碟机的类型

随着激光技术和数字技术的发展，影碟机的种类、格式不断更新，质量也不断提高。按照彩色电视制，可分为 NTSC 制、PAL 制和 NTSC 与 PAL 制兼容的影碟机。按照视音频处理格式分，有 LD(Laser Disc)即镭射影碟机、VCD(Video Compact Disc)即视频影碟机和 DVD(Digital Video Disc)即数码影碟机等。目前市场上出现的 S-VCD(Super VCD)和 CVD(China Video Disc)影碟机，其清晰度基本在家用档次或略高些。

普通型影碟机的技术参数如表 3-5-1 所示：

表 3-5-1　LD、VCD 和 DVD 基本参数

类型	碟片尺寸(英寸)	单面播放时间(分钟)	制式	视频压缩方式	图像清晰度
LD	8/12	30/60	NTSC		业务级(较高)
VCD	3/5	20/74	NTSC 与 PAL	MPEG-1	家用级(一般)
DVD	5	135(单层)	NTSC 与 PAL	MPEG-2	广播级(高)

2．影碟机的结构与原理

影碟机一般由激光捡拾头、伺服系统、视频处理系统、音频处理系统、控制系统等构成，如图 3-5-10 所示。

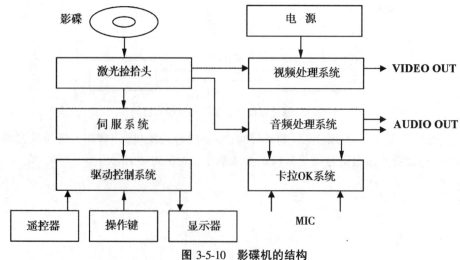

图 3-5-10　影碟机的结构

激光捡拾头简称激光头,由半导体激光发生器发射的激光经物镜聚焦成万分之几毫米的激光束,对光盘上的电视信号轨迹作循迹扫描。载有图声信息的激光束从光盘反射回来,经过光电检测器转换成相应的电信号与检测出的伺服信号,由伺服系统控制同步。然后经视频、音频处理系统输出模拟视频信号和音频信号。

影碟机在使用前,先要将其与电视机进行连线。除常见的射频连接和AV连接外,有些影碟机还有分离视频输出(S-VIDEO OUT),即S端子,又称Y/C接口,它的连接可以得到最佳收视效果,但只有一部分较高档的影碟机才带有S端子输出功能。同样,电视机也必须具有S端子输入接口才能使用这种连接方式。其方法为影碟机的S端子输出接电视机的S端子输入,注意这只是连接了图像,而伴音仍然要通过AV端子的音频连接方式进行还原,当然这时候也可以将音频输出接到专门的扬声器上,这样可得到更好的伴音效果。

3.5.2 电视摄像机和编辑系统

一、电视摄像机

电视摄像机处于电视媒体制作的最前端,是制作系统的主要信号源。它的工作原理是:通过摄像机将光学图像转换成电信号,再把电信号改变为可见的电视图像。

1. 摄像机的分类

摄像机的种类和型号很多,按照其用途可分为演播室摄像机和便携式摄像机。

演播室摄像机——演播室摄像机质量较高,用于电视台演播室及重大现场节目制作。它通常有以下特征:档次高,成像好,具有较高质量的摄像管和数控系统;一般有大变焦和大的寻像器;使用摄像机控制器,保证摄像机工作质量;具有内部通话系统,便于导演对摄像的现场指挥;由于体积大、机身重,一般都有摄像机架。

便携式摄像机——便携式摄像机又称ENG(电视新闻现场采集)摄像机,主要用于室外拍摄。这种摄像机小型、轻便,具有较大的独立性,无需摄像机控制器;一般具有自动增益等调节功能,能迅速投入现场拍摄;摄像机的视音频信号可直接输入到盒式录像机。用于专业制作的便携式摄像机拍摄的画面可以记录在录像机上,也可通过微波线路传送到电视台直接播放。

2. 摄像机的构成

一般摄像机主要由镜头、成像装置和寻像器三个部分构成,如图3-5-11所示:

镜头——电视摄像机基本上都采用变焦镜头,通过连续地改变焦距获得变化的视场角,显示广角和望远的效果。镜头的变焦可以在镜头上控制,也可以通过遥控电缆在操作手柄上控制。

成像装置——摄像机的成像装置有两种:其一,摄像管成像摄像机,摄像管把光转变成电能,即视频信号,景物的图像由镜头会聚,并聚集在摄像管的前表面上(光电靶的前面),光电靶背后的

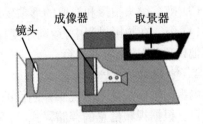

图 3-5-11 摄像机的基本构成

光敏表面受光时导电,投射在靶面的不同光量在靶面上产生不同电荷图像,摄像管后面的电子枪产生电子束,从背后精确地扫描视频信号。其二,电耦合装置(CCD),即集成电路片成像的摄像机。光学图像由摄像镜头汇聚在光敏成像区(由大量微小的硅敏感装置排列组成)

上,硅敏感装置马上产生带电荷的点,即像素。每个像素有一定的亮度和色彩,然后由同步计时信号把像素排列成行,得出整个扫描图像存放在储存区。储存区的信号输出到寄存器中被放大,成为视频信号。

寻像器——摄像机的电子取景器,里面装有小型显像管和相应的工作电路,通过寻像器的放大镜和45°反射镜片可以看到小型显像管显示的视频信号和摄像机本身的文字提示信号,以及返回的电视信号。

在ENG摄录一体化的摄像机中,除了以上三部分组成摄像头外,其录像部分也装在机头后面。

3. 摄像机的调整和使用

电视摄像机在正式拍摄前要进行一系列的调整,以保证正确的成像。

光圈的调整——光圈用于控制物像的照度,其调整方式有两种:手动和自动。自动光圈的调整是利用自动控制电路来改变光圈的大小,以适应各种光线条件,它能自动使图像信号电平保持在标准状态,自动光圈的控制电路所参考的是所摄景物的平均亮度。在某些特定情况下,需要采用手动方式调整光圈,也可以采用锁定光圈方式拍摄。

调焦与变焦——调焦也称聚集,主要是通过调整调焦环改变镜头焦距,使摄像机所摄景物的像落在靶面上,得到清晰的像。摄像机一般都用变焦镜头,实际拍摄中可用变焦实现推拉镜头效果,靠电动变焦电机驱动,还可以用不同速度进行手动推拉。

白平衡——摄像机拍摄白色物体时,在电视屏幕上应得到纯白色,即为白平衡。在电视图像中,任何一种颜色都是由红、绿、蓝三个基色按不同比例组成的,当拍摄光源光谱成分不同即色温不同时,被摄物经分光和光电转换得到的三基色信号就形成不同的比例,造成图像的偏色。所以每次开始拍摄前都要进行白平衡的调整,保证还原图像色调正确。

为了得到较高的画面质量,拍摄过程中要求做到以下几点:

(1) 平。摄像机在静止和运动过程中都要保持平稳。如用三角架以水平仪为准;肩扛拍摄时,利用画面中景物的垂直线或水平线作参照。

(2) 稳。在固定镜头拍摄时要稳当,尽量减少晃动,尤其是拍摄静物画面、特写以及近景时,一定要稳。必要时采用三角架,或者用桌椅等作依托。手提、肩扛拍摄时,最好用广角镜头,移动速度和步伐与运动体和谐一致。目前专业摄像中已使用特定的稳定器,即使在运动的场所也能保持良好的稳定性。

(3) 准。镜头拍摄和抓取的形象要准确无误,特别是运动拍摄时的落幅画面一定要准。

(4) 匀。在拍摄过程中,运动速度和节奏要均匀,不能忽快忽慢,无论是推、拉、摇、移还是其他技巧,都应当匀速进行。

二、电视编辑系统

电视编辑系统处于电视媒体制作的终端,主要用于重新组织拍摄的内容,完成一个连续的节目。根据视频信息的存储样式,可分为线性编辑系统(Linear Editing System)和非线性编辑系统(Nonlinear Editing System)两大类。

1. 线性编辑系统的构成和方式

线性编辑系统是以磁带作为存储介质,运用磁带录像机进行剪辑的电视后期制作系统。一般的编辑系统由两台编辑录像机、两台监视器和一台编辑控制器构成,称为一对一编辑系统,如图3-5-12。

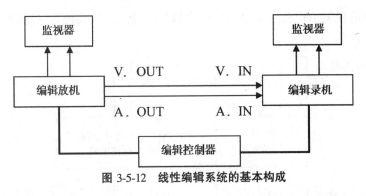

图 3-5-12 线性编辑系统的基本构成

从技术上说,线性编辑有以下两种方式。

(1) 组合编辑

将素材带上的选定的镜头按照一定的顺序排列组接,如图 3-5-13 所示。这种方式的特点是每个镜头的汇编都对编辑磁带进行全部消磁,然后重新记录视、音频信号和控制信号,只要接上去的位置与上一个镜头的结尾对准即可。

图 3-5-13　组合编辑　　　　图 3-5-14　插入编辑

(2) 插入编辑

在已录好的编辑带中插入一段新的内容,以取代原节目带中的内容,如对节目带的修改,或插入标题和字幕等,如图 3-5-14 所示。插入编辑时,视频和音频磁迹可以单独或者同时记录在编辑带上,被插入部分的原有磁迹被消去。插入编辑时要求编辑带上录有控制磁迹,否则无法进行编辑。

2．非线性编辑系统

非线性编辑系统是以计算机为平台,使用盘式存储媒体进行编辑的数字化视音频后期制作系统。该系统主要用于电视节目的后期制作,也用于电影剪辑、多媒体光盘和数字化电视教材制作等领域。

(1) 非线性编辑系统的构成

非线性编辑系统由以下几个部分组成,如图 3-5-15 所示：

在系统中,信号输入接口单元可以用于连接视音频信号源,如摄像机、录像机等;多媒体素材存储单元为系统的核心部分,即盘式存储媒体;中央处理单元主要负责对采集的视音频信号进行重新组织编排;信号输出接口单元用于连接视音频输出设备,如录像机。

(2) 非线性编辑系统的功能

非线性编辑系统不仅能够编辑视频和音频节目,还可以处理文字、图形、图像和动画等素材,极大地丰富了电视和多媒体制作手段。在电视节目制作过程中,典型的非线性编辑系统可以实现传统电视编辑设备中硬盘数字录像机、编辑控制器、切换台、特技机、字幕机以及数字录音机和调音台等功能。

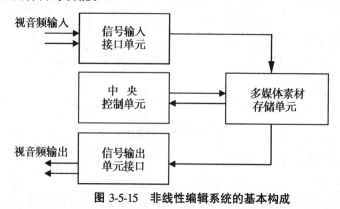

图 3-5-15　非线性编辑系统的基本构成

3.5.3　电视教材概述

电视媒体系统包含硬件和软件两大部分,前面介绍的电视机等属于硬件设备,其软件便是电视教材。目前,无论在学校教育还是远程教育中,电视教材都已成为现代教育媒体的重要组成部分,并广泛应用于各级各类教育中,为扩大教学规模,提高教学质量,促进教学改革发挥了巨大的作用。

一、电视媒体教材的分类

电视媒体教材是指以教学大纲为依据,选择适当的教学方法,运用电视技术和艺术手段展现教学过程、传递教学信息,实现特定教学目标的视听教育媒体。

电视教材的分类方法较多,比如按教育目的分,有思想政治教育片、科学知识教学片、技术技能训练片、科研实验资料片和教辅资料片等。按教育任务分,有系统课程、章节课程、专题内容和片断内容电视教材等。按其表达形式,则可分为以下五类:

1. 讲授型

讲授型电视教材多由教师直接讲授知识,完成教学内容。根据屏幕展示的教学环境可分为两类:一类是课堂式,以课堂实录为主,在演播室内通过教师口述、动作、表情并配合板书等手段来传授知识。另一类是外景式,仍以教师为主体,教师可出现在与讲授内容相关的实验室、工厂、农村等外景地,也可把事前录制的外景素材穿插进去。

2. 示范型

示范型电视教材通过教师在镜头前直接真实的示范动作,以教学实验、实践以及技能、技巧表演和演示向学生传授技能知识和手艺,培养学生的实践技能。

3. 图解型

图解型电视教材的教师一般不出现在屏幕上,它主要通过最能说明教学内容的画面,加上旁白、解说等传递教学信息。这种表达形式的电视教材声画结合呈现教学内容,使学生能加深对知识的理解和巩固;采用动画、特技、解说等表现技巧和手段,易于解决教学中的重点和难点。

4. 表演型

表演型电视教材通过小品或人物表演把一些抽象的知识概念变成形象化的事例、情节,将教学内容及主题思想设计在一定的剧情里,通过演员的表演传递教学信息。表演型适宜于表现情节性和故事性强的教学内容。

5. 综合型

综合型电视教材是根据教学过程的需要,将不同表达形式的内容有机地组合在同一电视教材中。这种表达形式的电视教材融入了以上几种表达形式的优势,往往更能体现教学过程的特点,但制作相对复杂。我国观众喜爱《走遍美国》,既有灵活多样的表演,又有主持人绘声绘色的讲解。

二、电视教材的教学应用

在现代教学中,电视教材越来越受到人们的重视,在应用上也日趋广泛。利用电视教材进行教学的模式大致可以分为三类:

1. 课堂教学电视教学模式

在课堂教学中教师运用电视教材进行教学,把电视教学和传统教学结合进来,如图 3-5-16 所示:

教师根据需要直接控制电视的播放,并通过电视媒体教材和其他媒体的有机结合来传递教学信息,既保留了传统教学的长处,又能充分发挥电视媒体的特长,生动形象、声画并茂地呈现教学内容,调动学生的视听综合感知。

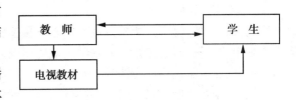

图 3-5-16　课堂教学电视教学模式

2. 远程教育电视教学模式

图 3-5-17 所示是教师运用电视媒体教材进行远程教育的模式。这种模式利用卫星电视或闭路电视系统等播出电视教材,教师不直接对学生施教,主要根据教学目的和学生的认知水平,分析研究教学内容与方法,编制合适的电视教材,或者选择适当的电视教材提供播放,并根据学生

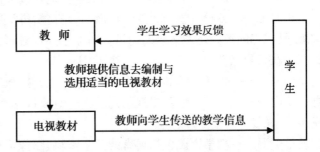

图 3-5-17　远程教育电视教学模式

的反馈信息及时调整电视教材的播放和选用。学生根据教学安排收看电视教材,直接从电视中获取信息。我国广播电视大学的学生在教师指导下,利用电视进行学习,就属于这种模式。

3. 学生自学电视教学模式

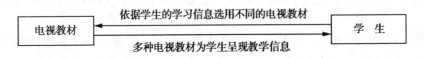

图 3-5-18　学生自学电视教学模式

图 3-5-18 是学生自学电视教学模式。在这种模式中,无需教师介入,学生直接利用电视

教材学习,学生成为整个过程的学习主体和控制主体。学生根据教学目标的要求,或自学课程的需要,自主选择合适的电视教材和其他媒体,具有高度的独立性和主动性。教师只是间接地为学生编制电视媒体教材,要求选题范围广,适合不同层次学生的需要。

3.6 电视教材的设计原理与制作方法

3.6.1 电视教材的设计原理

一、电视教材设计的含义和原则

电视教材的设计犹如教师备课、写教案,需要解决"如何教"的问题,因此设计的优劣与否直接影响到最终教学效果的实现。

1. 电视教材设计的含义

所谓电视教材的设计,是指按照确定的教学目标和对象,运用系统分析的方法,研究、协调教学系统中的各种因素,进行电视教学的最优化设计。具体来说,就是为完成特定的教学目标和任务,设计教学过程和方法,制定教学方案,进而设计出电视教材的拍摄和编辑方案。

电视教材作为一种参与教学过程的媒体,涉及到教学系统中诸方面的因素:

教学目标——这是教学过程的基本依据,电视教材中要求明确规定每节课、每个教学单元或者一门学科的教学目标,即所要完成的知识、概念、技能等教学任务。

教学对象——不同的教学对象具有不同的认知水平、接受能力和心理特征,电视教材设计过程中应充分考虑学生的具体情况,明确学生达到教学目标的出发点。

信息特征——分析教学内容的学科属性,是自然科学还是社会科学,是理论知识还是技能训练,是成熟的经验还是学科的探讨。明确这一点对于教学方法的选择和教学内容的组织具有实践指导意义。

教学方式——包括教学的全过程,是采用课堂插播教学,还是全程播放学生自学,必须根据教学内容确定。同时也要根据不同的教学对象选用不同的教学方法,是直接传输还是启发引导,在设计时要予以考虑。

教学资源——教学资源包括现有的文字资料、图像资料以及人力、物力和财力资源,这一部分将影响教材的制作,设计时也应重视。

电视教材的最终设计是一个方案,即进行教材制作和教学实施的有形的设计蓝图,它应能具体地指导教材制作和教学实施。

2. 电视教材的设计原则

教学原则——教学目的、教学对象、最佳教学效果是电视教材设计的根本出发点。电视教材的设计必须符合教学过程的需要,能够为学生学习服务。

优化原则——选用适宜于运用电视手段进行表现的题材,充分发挥声像传播优势,优化教学内容。

主体原则——一部教材中有主题,一个章节中有重点,一幅画面中有主体,电视教材的设计要求主次分明,层次清晰,特别是教学中的重点和难点,应予以突出和强调。

经济原则——必须综合考虑教材的推广应用价值,为提高教育质量,扩大教学规模服务。既要考虑电视教材的制作成本,又要追求一定的经济效益和社会效益。

二、电视教材的设计步骤

为了确保电视教材的教学效果,设计制作时一般遵循一定的步骤,如图3-6-1所示。

1. 明确教学对象、教学目标和使用方式

谁(教学对象)怎样、学什么(教学目标)是设计电视教材时首先必须弄清楚的问题。

明确教学对象的具体情况,包括知识基础、年龄特征、学习动机、受教育程度和社会经济情况,以便在教学大纲规定的范围内有效地满足学生的求知欲,激发学习情感。

明确电视教材在教学过程中的作用和使用方式,包括两个方面的问题:其一,明确电视教材在教学中所占地位,比如是教学材料的辅助介绍,还是教学信息的全部呈现;其二,电视教材是在教师指导下收看,还是学生独立收看,也需要在设计时确定,以保证教学过程的导入、主体介绍、复习、检查和核对等环节的顺利进行。

明确电视教材的教学目标,完整的教学目标应该包括认知领域、心理活动领域和情感领域,是实施综合素质教育的体现。

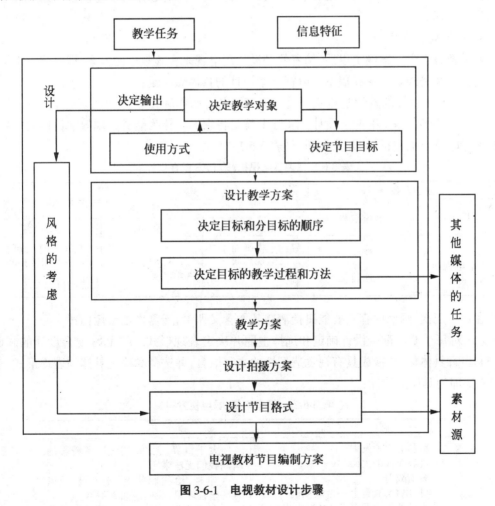

图3-6-1 电视教材设计步骤

2. 设计教学方案

电视教材的设计不仅要明确"教谁"和"教什么",还要明确"如何教"的问题,通常包括以下两个方面:

第一,决定目标和分目标的顺序,根据教学目标的内在联系和学生的具体情况,把它分解成若干个相互联系的分目标,使学生从已有的知识技能逐步向更高的层次迈进,最终实现教学目标的要求。

电视教材分目标的展开顺序大体可分为心理顺序和逻辑顺序两种,前者指将教学内容由简单到复杂、由近及远、由个体到整体逐步介绍;后者则还可分为归纳和演绎两类,即段落层次及其展开可采用由具体到抽象、由事实到概念,或者反过来操作。分目标的展开顺序完全取决于教学内容和学生的认知水平等基础条件。

第二,决定教学具体过程和方法。教学过程是由教师的教和学生的学组成的双边活动过程,学生对于知识的掌握取决于外部刺激和内部的思维过程。在教学过程中要善于利用视听觉的刺激激发学习动机;利用学生已有的经验来营造学习环境,促进学生知识的迁移;利用对比、重复和测验等方法来帮助学生理解和掌握知识、技能……教学内容的呈现和展示要以学生的心理活动规律为基础,以教学设计理论为指导,并以培养学生的创新意识和实践能力为总目标。

3. 设计电视方案

电视教材教学方案确定以后,接着便是设计用电视来实施教学的方案,即电视方案。常用的电视方案格式如同文字稿本。电视方案设计的具体做法是:

(1) 对每个目标的教学过程进行主要画面、主要动作和主要声音的配合设计,也称为PAS(Picture、Action、Sound)配合设计。实际上就是将它们转化为能够实现教学目标的外部刺激材料,如《调节电视机》的开头片断,见表3-6-1:

表3-6-1 《调节电视机》的PAS配合设计

教学方案→		电视		
目标→	教学过程	电视刺激		
		主要画面	主要动作	主要声音
调节电视机	激励 回忆 说明目标	好的电视画面 好的电视画面 他们想知道的控制	给出好的画面,变换频道	解释它们的可能性,说明他们知道什么 说明目标

在这一层次,画面内容只要能概括清楚基本含义即可,无需作细节性描述。

(2) 对每个PAS配合设计确定和选择主题并决定表现形式。把PAS配合设计的画面、动作和声音具体化,转换成具有视觉造型性的文字语言,并选择和确定具体的表现形式。如表3-6-2,即为具体的设计:

表3-6-2 《调节电视机》电视方案

画面	解说
精彩的火箭发射 气势雄伟的大阅兵 海湾战争 (拉出)实验台上一台电视机 工作人员选择电视频道,电视中出现不同的画面:气势磅礴的大山、风景秀丽的奇峰异石、MTV等 叠字幕:调节电视机	大千世界,无奇不有,许多精彩的瞬间我们无法亲历。 电视,给我们装上"千里眼、顺风耳",坐在家里,我们便知天下事。 今天我们就来学习电视机的调节过程。

三、电视教材的评价标准

完整的电视教材应从以下几个方面进行评定和审查。

1. 教育性

电视教材是图像和声音相结合,并采用一定的教学方法来呈现教学内容的教学材料,必须突出教育特性。它所表现的内容必须符合教学大纲的要求,体现教学的原则和目的,适用于特定的教育对象,体现教育的规律和方法,既要有助于教师对知识内容的讲解和传授,又有助于学生对知识内容的感知、理解、记忆和应用。电视教材应能全面体现优化教学效果的原则。

2. 科学性

电视教材所传输的知识、概念、原理、理论必须符合科学原理,符合逻辑规律,符合学生的感知、认识、理解原则;所选取的素材要有典型性、代表性,要真实、准确,符合实际,经得起实践的检验;所用教具及各种操作与示范必须规范、正确。在创作过程中,处理声音与图像的各种技术、艺术手段也必须从表现事物的科学性出发,避免形式主义或违反科学原理。

3. 思想性

电视教材是教学内容的载体,是服务于培养目标的,它既能传输科学文化知识,又要担负培养学生世界观、人生观、价值观的任务。因此,电视教材必须坚持正确的舆论导向,无论什么表达形式的电视教材,其思想内容、主题表现、画面设计、语言表述都应有助于学生身心健康,有助于培养学生高尚的思想道德情操。

4. 技术性

电视教材的技术质量关系到教材的使用效果。因此,在摄制过程中,应注意技术技巧的准确运用,尽可能提高画面与声音的技术指标,为提高教育质量、扩大教育规模打好基础。同时要尽量综合运用电子技术、数字技术、计算机字幕和动画等制作手段和方法。

5. 艺术性

电视教材的制作需要综合运用各种艺术手段的优势来表达教学内容。因此,在具体摄制过程中,必须遵循艺术创作的规律和方法,既追求教材的形象性,在动态的画面造型中传递富于美的知识信息,又能运用艺术的假定性增强教材的表现力,创造出适合于学生认知水平的时空概念和音画构成,为电视教学提供具有美育教育和审美教育的教材。

3.6.2 电视教材的制作

电视教材的制作是一项创造性的工作,需在相关理论指导下,由教育专家、学科专业教师、电视制作人员共同配合,经历若干个相互联系的阶段才能完成。一般可分为编导、摄制和后期制作等若干个阶段。

一、电视教材的编导

电视教材编导的主要任务是创造声像传播空间,传递教学信息。

1. 文字稿本与分镜头稿本的编写

电视教材的文字稿本实质上就是电视教学方案。编稿人员必须根据教学目标、对象设计教学过程和方法,并改写成电视教学方案。文字稿本是根据教学目的,运用教育学、心理学原则和电视艺术手段,描写电视教材内容的文字材料。根据画面和解说的安排位置是左右分列还是穿插,文字稿本通常可分为对应式和穿插式两种。

导演通过对文字稿本的全面分析、综合以后,形成节目的创作构思,并将其改写成分镜头稿本。分镜头稿本是进行摄录制作的工作蓝图,也是编辑和审查的重要依据。

电视教材制作中,分镜头稿本的常见格式如下:

镜号	机号	景别	技巧	画内容面	解说	音乐	效果	时间	备注

镜号:镜头顺序号。

机号:摄制现场所用摄像机的编号。在多机现场摄制的情况下,将各台摄像机所摄制的信号依次输入特技效果发生器,并根据分镜头本的机号切换。

景别:景的大小。

技巧:包括拍摄技巧和组接技巧。

画面内容:每一个镜头的画面说明,一般包括:镜头场景、主体及其活动,人物的动作和对话也应列入该栏。画面内容可以用文字描述,也可以用图表表示。

解说:对应一组画面的解说词,它能起到解释说明、补充深化、渲染烘托画面内容的作用,也能组接镜头。电视教材中解说词与画面的基本关系可概括为:源于画面,不重复画面;概括画面,不脱离画面。在具体写作时,力求做到生动、形象、准确、精练。

音乐:导演对音乐的要求。导演要充分发挥音乐渲染气氛、烘托环境、深化情绪、表达节奏的作用,恰当地选择富有表现力的音乐,并标明起止位置。

效果:效果声,用于加强画面真实感和环境气氛。

时间:镜头的长度,它以确切交代内容、合理展开情节为标准。

备注:这是导演的记事栏,可以把拍摄地点、特殊要求、注意事项等写在上面。

2. 蒙太奇手法

文字稿本和分镜头稿本的创作基础是蒙太奇艺术手法,运用这种手法可对现实生活和素材进行提炼、加工。蒙太奇是电视教材编制的基本表现手法,通常指镜头组接的章法和技巧。从广义上讲,它包括三个层次:其一,作为电影电视反映现实的艺术方法,即独特的形象思维方法。它存在于编导的创作观念中,贯穿于从构思、选材到制作的全过程,是编导从高层次把握创作风格和运用创作技巧的出发点。其二,作为电影电视的基本结构手段、叙述方法,包括分镜头和镜头、场面、段落的安排与组合的全部艺术技巧,对电视片的风格样式和结构作具体的考虑。其三,作为电影剪辑或电视编辑的具体技巧和技法,进行镜头间的组接,这是蒙太奇的基础含义。

根据内容的叙述方式和表现形式,蒙太奇可分为叙事和表现两大类。

(1) 叙事蒙太奇

叙事蒙太奇是蒙太奇最简单、最直接的表现形式。它以交代情节、展示事件为主要目的,按照事件发展的时间流程、逻辑顺序、因果关系来分切和组合镜头、场面和段落。它包括连续式蒙太奇、平行式蒙太奇和交叉式蒙太奇等。

(2) 表现蒙太奇

表现蒙太奇的目的是为了某种艺术表现需要,把不同时间、不同地点、不同内容的画面组接在一起,产生不曾有的新的含义。它注重画面的内在联系,以两个镜头的并列为基础,通过镜头间的相互对照、冲击,产生一种直接明确的效果,引发联想、表达概念;通过画面间的对列、呼应、对比、暗示等,创造性地揭示形象间的有机联系,展现事物的关系,在镜头的并列过程中逐渐认识事物的本质,揭示事物间的联系,阐发哲理。它包括积累式、对比式、象征式和重复式等。

二、电视摄像表现手段

在正式拍摄前有大量的准备工作要做,主要有:背景、道具准备就绪;有关声像素材准备好;教师或其他演员作好充分的准备;召开摄制组会议,做好现场拍摄和录制人员准备;准备摄录的设备完好。准备工作完成后,就按分镜头稿本的具体要求和拍摄计划,进行具体的拍摄和录制工作。

1．景别

景别由被摄像对象在画面上所占面积的多少决定。

特写——视距最近的镜头,突出对象局部,最醒目,它能在特定的时间里把观众的注意力集中到具有决定意义的一点上,常用于表现细节或人物脸部表情等。

近景——一般拍摄人物胸部以上,能细致表现人物神态和物体特征。

中景——一般表现人物膝盖以上,或者反映物体特征的局部,观众可以看清人与人之间、人与物之间的位置和关系。运用中景可以加深画面的纵深感,表现一定的环境气氛。

全景——可以表现对象整体,确定人物所处环境以及与周围事物的空间关系,具有较强的叙事能力。全景表现的场面大,信息多,持续时间较长。它既可以展示人物及其所处的环境与气氛,也可以展示自然环境和开放的空间。

远景——适用于表现更加广阔的场面,像透迤的群山、浩瀚的海洋、无垠的草原等,它是各类景别中表现空间范围最大的景别。远景常用来介绍环境、渲染气氛、抒发情感和创造意境,在电视教材中常用远景作开篇或结尾画面。

2．拍摄角度

拍摄角度是指现场拍摄时确定的视点,它由拍摄距离、拍摄方向和高度三个因素决定。镜头角度担负着交代戏剧内容、揭示人物心理和构成画面造型的重要任务。

平摄——平角度接近人眼观察事物的高度,比较自然、平稳,但画面造型形式缺少变化。它可分为下面、侧面和背面等几种:正面角度一般会产生庄严、稳重、对称等感觉;侧面、斜侧面角度的画面透视感、立体感强,构图生动、活泼;背面和侧背面角度表现被摄对象视点新颖、别致,在一组镜头中出现往往能引起不同的反响。

俯摄——俯角度常用于表现狭窄的空间,描写藐视、恐怖等心理,常可以主观化地使形象的表现显得无力和渺小。

仰摄——仰角度表现高大雄伟的建筑,表现崇敬、仰慕等心态,表现有力的、占主导地位的形象,它还可以简洁背景,突出主体。

3．运动镜头

镜头给人的运动感是由摄像机镜头的两种运动方式造成的:一种是变焦;一种是摄像机机身的运动。镜头的运动形式多种多样:推、拉、摇、移、跟、升、降以及综合运动等,不同的镜头运动具有不同的功用和造型表现力。

推镜头——摄像机不断移近或用变焦推摄,画面由整体引向局部关系,突出重点。

拉镜头——与推镜头相反,画面由局部引向整体。

摇镜头——拍摄时机位不动,只改变镜头的拍摄方向,可以水平摇,也可以垂直摇,常用于介绍环境,介绍多个景物之间的关系。

移镜头——通过移动机位进行拍摄。

跟镜头——拍摄目标不变,运用推、拉、摇、移等手法,使镜头跟随运动物拍摄,用于表现事物的运动过程。

三、电视教材的后期制作

后期制作的主要工作是编辑、声画合成和编写完成台本或教学指导书。

1. 电视教材的画面编辑

将所要的素材按分镜头稿本的顺序,从原版素材带上选出,通过编辑录制到编辑带上,使之成为完整的电视教材。在蒙太奇构思的基础上,镜头组接的目的不仅仅是增强艺术感,更重要的是传授教学信息,有目的地引导学生进行分析,促进学生思维,加深对知识的理解。为使镜头间达到流畅的效果,电视教材的镜头组接一般应遵循以下几条原则:

(1) 画面内容的逻辑性

电视教材的画面内容衔接必须既合乎生活的逻辑,又合乎人们的思维逻辑,即既符合事物本身发展的客观规律,又符合人们观看电视片时的心理活动规律。

(2) 空间关系的方向性

为了能使学生在观看电视教材时形成统一、完整的空间概念,在编辑时必须合理安排画面空间的方向性,即遵循场面调度的轴线规律。在同一场景中,为了保证被摄对象在画面空间中的正确位置和方向的统一,相邻两个镜头拍摄角度的处理要遵守轴线规律,即在"轴线"一侧的180°之内设置机位或选用同一侧的镜头进行组接,这是构成画面空间统一感的基本条件。

(3) 动作衔接的连贯性

电视画面的运动主要由画面中主体和摄像机的动作状态构成。在电视教材镜头组接中,必须保证画面运动形式,即动作衔接的连贯性,一般应遵循如下原则:动接动,即指视觉上有明显动感的镜头相切换的方法;静接静,即指视觉上没有明显动感的镜头相切换的方法。在电视表现方法中没有绝对的静态镜头,静只是相对而言的,多数情况是指镜头切换前后的部分画面所处的状态。

(4) 景别角度的和谐性

电视教材中同机位同景别镜头不能相接。同时,景别和角度的变化要和内容的节奏相一致。

(5) 影调色调的统一性

在电视教材镜头组接时,如果不注意影调和色调的统一,就会产生视觉冲突,破坏对事件描述的连贯性,影响教学内容的通畅表达。在具体编辑中应注意调子和内容、情绪的统一,相邻镜头画面调子的统一。

2. 电视教材的场面转换技巧

技巧转场是指用电子特技生成的技巧性画面来完成镜头的分隔和转换。其外在特征与镜头直接切换的区别是,它不是在瞬间转换镜头,而是存在一个延时过程。

(1) 淡变

上一段落最后一个镜头由明变暗逐渐隐去,下一段落的第一个镜头由暗变明,逐渐显现,整个转换过程的视觉刺激呈"V"型变化,前一部分称为淡出,后一部分称为淡入。淡变具有明显的视觉低谷,给人以明显的停顿感和间歇感,一般用于大段落的划分和转换。

(2) 溶变

上一段落最后一个镜头隐去的同时,下一段落第一个镜头已开始出现,整个视觉刺激呈"X"型变化。溶变也称化变。由于化变的过程具有较大的柔和性,一般适用于比较缓慢或柔和的节奏。"化"常用于表现回忆、环境空间的转换或者情绪的渲染等。

当两个或两个以上的镜头画面重叠成一个画面,即叠而不化,就形成了"叠印",常用于表现回忆、想象、思索和昏迷、梦幻的感受。

(3) 划变

划变是指通过一定形状边界线的滑移,使上一镜头的画面被下一镜头的画面所代替。划变的形式多种多样,可以有简单的横划、竖划、对角线划,也包括较复杂的帘出帘入、圈出圈入等。划变的节奏较为明快,能给观众一种新颖、活泼、眼花缭乱的视觉感受。

(4) 定格

定格是指将上一段的结尾画面动作作静态处理,使人产生瞬间的视觉停顿。定格常用于强调或渲染某一细节、人物或物体,也常用于结尾的字幕衬底。

(5) 立体翻转

立体翻转是指将新的画面载运在可变形的平面上,从屏幕深处或旁边飘翻而出,取代前一个画面,达到转场的目的。运用翻转能给人以眼花缭乱的炫耀和刺激,活跃影视片的气氛,常用于电视片的序幕等部分。

(6) 字幕

字幕在电视教材编辑中具有特殊作用,可表现揭示性内容、重点性内容、结论性内容等不同的段落组接。

另外,在一些场合可以借用画面的相似性因素、逻辑性因素、比喻性因素和过渡性因素实现场面的承上启下,比如特写、空镜头、主观镜头、声音和虚化拍摄等。

【复习思考题】

1. 怎样认识"常规教育媒体"的概念?
2. 怎样正确使用照相机?
3. 试比较幻灯机、投影器、多媒体投影机、视频演示仪等四种媒体的课堂教学效果,它们各有何特点?
4. 我们在选购多媒体投影机时应注意些什么?
5. 如何设计、制作投影教材?
6. 各类教育电声系统各有何特点?它们各由哪些电声器件及设备构成?
7. 电教用房在声学方面有哪些要求?
8. 如何正确选择和使用传声器?
9. 扬声器怎样与定压式、定阻式及高保真式扩音机(功率放大器)正确配接?
10. 录音机的录音与放音的基本原理是什么?
11. 什么是语言学习系统?语言学习系统可分为哪些类型?它们有何差别?
12. 何为影碟机?影碟机有哪些类型?它们的基本性能有何不同?
13. 电视摄像如何分类?电视摄像机的基本结构和基本使用方法如何?

14. 电视教材可分为哪些类型？各种类型的电视教材在教学活动中如何应用？
15. 电视教材设计的基本原理有哪些？电视教材制作的基本过程如何？

第四章 计算机辅助教学基础

计算机辅助教学常被称为"CAI(Computer Assisted Instruction)",是利用计算机作为主要教学媒体进行的教学活动。在 CAI 系统中,计算机(包括 CAI 课件)、学生和教师三者遵循相应的教育理论、按照一定的教学结构相互作用,从而完成教学活动。计算机辅助教学是现代教育技术的代表性技术,并已经历了数十年的发展历程。但由于 20 世纪末以多媒体与网络技术为代表的信息技术发展极为迅速,关于 CAI 又提出了一些新的问题,形成了某些新的研究领域,这些都还需要广大教师和教育技术工作者不断去探索、研究和总结。

4.1 CAI 系统

CAI 系统由硬件、软件和课件三部分组成,三者相互支撑共同参与 CAI 教学活动。

4.1.1 CAI 硬件

CAI 系统中的所有器件和设备统称为硬件。CAI 硬件以计算机和计算机网络为主体。此外,还包括它们的外围设备以及与之相关的音视频设备等。

计算机是 CAI 硬件的核心设备,计算机的最基本构成为主机、显示器、键盘和磁盘驱动器;外围设备包括光盘驱动器、打印机、光盘刻录机以及磁带机、光盘塔等;相关音视频设备有录音机、调音台、扫描仪、数码相机、数码摄像机等。CAI 硬件系统无论是用于教学还是用于课件开发,往往都需将其联成网络(局域网)进行工作。关于网络所涉及的特殊硬件设备在以后的有关章节里予以介绍。

计算机主机的性能指标是整个 CAI 硬件系统质量的关键。计算机主机的性能指标常用"主机配置"来描述,主机配置主要包括主板、中央处理器(CPU)、内存和硬盘等。主板是整机结构的基础;CPU 反映了整机的运行速度;内存大小表示能够处理当前信息的容量,同时也影响到信息处理的速度;硬盘则直接反映计算机对信息的总存储量。

在计算机发展历程中,CPU 经历了 286、386、486、奔腾、奔腾Ⅱ、奔腾Ⅲ等发展阶段。它们的主频(主频越高,运算速度越快)则经历了从数兆(MB)、数十兆到数百兆的发展;内存容量从数百 k、数兆、数十兆到数百兆的发展;硬盘容量从数百兆、数十兆、数百兆到数千兆甚至万余兆的发展。

例如,某计算机型号为"奔Ⅱ333/64M/3.2G",则表示该机主频为 333M,内存为 64M,硬盘为 3.2G(1G = 1000M)。

4.1.2 CAI 软件

CAI 所涉及的计算机软件主要包括计算机的操作系统、相关的程序设计语言、多媒体编著工具、相关的音视频工具软件、数据库管理系统以及相关的网络软件等。

其中,操作系统包括单机使用的 MS-DOS、Windows(Windows 95、Windows 98)等,网络使用

的 Windows NT、UNIX 等。它们的作用是对单机或网络内部的所有组成、内部与外部的联系实行监控、管理、程序调节以及文件的各种处理等,最终目的是为了实现和保证计算机或网络的正常运行。

较常使用的相关的程序设计语言有：DOS 环境下的 BASIC、Quick BASIC、C 等，Windows 环境下的 Visual Basic、Visual C ++ 等；

较常使用的多媒体编著工具有：PowerPoint 、Authorware、Tolbook 、方正奥思、洪图等；

较常使用的动画制作工具有：Animator Pro、3D Max 、Director 等；

较常使用的图形、图像制作工具有：CorelDraw 、Photoshop 等；

较常使用的音频制作工具有：Midisoft、WaveStudio、Cool Edit Pro 等；

较常使用的视频制作工具有：Video for windows、QuickTime for windows、Premiere 4.2 等。

此外,人们还常利用 Office 97 中的 PowerPoint 和"几何画板"两个软件进行多媒体课件开发。这两个软件的共同特点是易学、易用,表现力强,适合普及。相对而言,PowerPoint 更适合于文科类课件开发,而几何画板则更适合于理科类课件的开发。用 PowerPoint 开发的课件还有一个很大的优点,就是可直接在网上运行。

4.2 CAI 课件的分类、设计与制作

狭义地说,利用计算机或计算机网络进行开发、并在计算机或计算机网络中运行、具有教学功能的文件或系统,称为 CAI 课件。广义地说,与上述定义的 CAI 课件相关的文档资料、课本教材、练习册等都应属于 CAI 课件的范围。

4.2.1 CAI 课件的分类

CAI 课件的分类有多种方法。按教学内容的生成方法可分为：固定结构型、参数生成型和智能型；按教学模式可分为：指导型、练习型、资料型、模拟型、求解型、工具型、游戏型和综合型等；按主要使用对象可分为：辅教类、辅学类；按学科特点可分为：文科类、理科类、社科类、专门学科类等；按课件载体可分为：单机类、网络类。随着现代教育思想和现代教育理论在 CAI 课件中的运用,CAI 课件又有完整件、积件、群件等分类之说。

这里,就生成法分类和教学模式分类稍作进一步说明。

一、关于教学内容的生成

CAI 课件中,教学内容都是课件编制者根据教学目标和教学需要预先置入的。但 CAI 课件在使用时,其内容的呈现方式却是不一样的。

1. 固定结构型

CAI 课件的教学内容与教学方式通常包括：讲解、演示、练习、反馈评析、控制转移等(不同的课件所包含的教学内容及教学方式不完全一样)。固定结构型课件的教学内容与教学方式完全按课件编制者的设定,依照固定的结构方式,一个框面一个框面地呈现而逐步完成整个教学过程。

这类课件的优点是：结构清晰,教学内容与教学目标明确,操作简便,课件的开发制作也相对容易。因此,大部分课件都采取这种结构形式。但是,这种结构较为刻板,不太生动。此外,从教育思想、教育理论的角度分析,这类课件基本上是基于行为主义的,其基本模式是

刺激—反应—评价,不易发挥教师和学生的主动性。

2. 参数生成型

参数生成型课件的教学内容则不完全固定,其中部分或大部分教学内容由课件设定的信息参数所生成。最常见的参数生成型课件有三类:一是讲解类生成课件,如在讲解"圆的面积公式"时,可以不断增加圆的等分数,使其拼图愈来愈近一长方形,从而导出圆面积公式,完成教学任务;二是练习类生成课件,如自动命题软件,只需将"受试班级"、"难度等级"、"题型与题数"等相关参数输入后即可自动生成一份试卷;三是计算类生成课件,"计算"是计算机发明者的初衷,计算类生成课件也是早期 CAI 课件中最常出现的结构形式,如在计算高次方程的解时,可运用逼近法原理编写一个程序,然后只需输入方程式以及"步长"、"精度"等参数,相应的方程解即可求出。

参数生成型课件的优点是:教学内容呈现随机、灵活、生动,有利于激发学生思维。一般情况下,该类课件制作都需依靠计算机程序语言,设计和制作的难度都较大,但所占的信息空间却较小。

3. 智能型

上述两类课件有一个共同特点:课件生成什么样的教学内容、采用什么样的教学策略、需要完成什么样的教学目标等均与课件使用者的自身状况无关。换句话说,上述两类课件均不能对课件使用者进行"因材施教"。

智能型课件则不一样,如它可通过自然语言输入学生的基础知识;计算机可为学生制定学习策略;计算机"教师"可根据学生的学习情况动态地进行教学内容、教学方法的修正等。因此,智能型课件通常需要建立学生模块、教师模块以及较为庞大的知识模块;智能型课件还必须能与学习者进行自然语言状态下的人机对话。

这类课件教学内容的生成与教学策略的制定能因人而异,因材施教,因此才被称为智能型课件,又称为 ICAI 课件。

ICAI 课件的最大优点就在于它的智能性。此外,从心理学角度分析,ICAI 不再是基于行为主义理论,而是基于认知心理学理论的。ICAI 课件的最大缺点是设计、制作难度都很大,因为它不纯粹是计算机问题,它还关系到教育学、心理学方面的理论,有人将之称为教育专家系统,倒是不无道理。

二、关于教学模式的分类

1. 指导型

指导型课件以分析讲解为主。好的指导型课件应紧密围绕教学内容中的重点、难点、疑点展开教学活动,那种面面俱到、没有重点、貌似围绕教学大纲的课件,不能认为是好课件。

2. 练习型

练习型课件是以消化、巩固理论知识为目的的课件,通常由"问题(固定问题或随机生成问题)—练习解答—反馈评价"几部分组成,有时还包括"提示"、"错误分析"、"正确答案"等辅助部分。

3. 资料型

资料型课件又称咨询型课件,课件编制人员根据教学目标和教学要求,将相关的资料预置在课件中,学习者可根据自身学习需要进行检索或咨询。由于这种检索或咨询是学习者的主动行为,体现了较强的个性及针对性,因此资料型课件普遍受到学习者的欢迎。

4. 模拟型

模拟型课件的主要作用是将教学内容中抽象的概念具体化,静态的画面活动化,使学习者能更形象、更生动、更易理解地进行学习。实践证明,模拟型课件在实际教学活动中深受广大师生的欢迎。广大师生往往也乐此不疲地进行模拟课件的设计和制作方法的学习。

5. 求解型

求解型课件主要是运用计算机强大的计算功能,对教学中复杂的定量问题进行计算,并将其结果引入教学过程,或对其进行理论阐述的软件。该类课件常用于理工类学科及课程。

6. 工具型

工具型课件是指具有一定功能的专门软件,如翻译软件、写作软件、命题软件、阅卷软件、画图软件、作曲软件等等。广义地说,某些学科专用软件(如"几何画板")也可看成是一种工具软件。

7. 游戏型

游戏型课件是指具有教学价值、寓教于乐的软件,主要适合于低年级学生和幼儿的教学活动。游戏型课件中广泛涉及的心理现象和心理学原理,很值得课件编制者深入研究。令众多青少年废寝忘食、流连忘返的那些纯娱乐性软件,其中不乏可借鉴之处。

8. 综合型

事实上,相当多的课件都是综合型的。尤其是商业化教学课件,常常是先对相关知识点进行讲解,配合讲解常穿插一些模拟或仿真,然后进行若干有反馈评价的练习。最后,往往设计一两个甚至更多的游戏(有些纯粹是为了增加商业卖点)。这是一类较典型的综合性课件。综合型课件一般都有较大的容量,能较完整地介绍某一知识领域。

4.2.2 CAI课件设计与制作的一般方法

CAI课件是一个教育教学系统,又是一种计算机软件。其设计与制作过程应看成是一个既与教育教学相关,又与计算机技术相关的完整系统工程。虽然迄今为止,国内外尚无关于CAI设计与制作的规范或标准,但一般说来,CAI课件的设计与制作大体应包括"策划—写作—制作"这一基本流程(图4-2-1)。

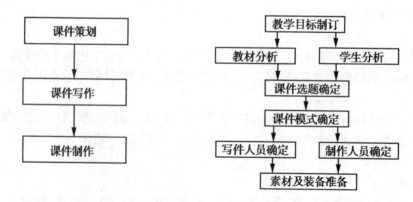

图4-2-1 课件开发的基本流程　　　图4-2-2 CAI课件的策划过程

一、CAI课件的策划

CAI课件的策划过程实际上是一个综合设计的过程。图4-2-2提供了策划过程的一种思路:其起点是"教学目标制订",围绕这一目标在进行具体选题前必须对教材进行深入细致的分析。同时,更应对课件的使用对象进行必要的分析,如原有知识基础、年龄段特点、可能的反应以及学生所在校的性质等等。课件编制中只见教材、不见学生的现象是常见的错误倾向。在对教材、学生进行分析的基础上,选择具体的学科内容进行CAI创作(如前所述,关于选题,应选择教学内容中的重点、难点、疑点)。再根据选题的特点,进一步确定课件的模式(不同的课件模式适合不同的教学内容,这需在CAI设计制作实践中逐步摸索)。至此,CAI内容、模式的设计已策划完成。紧接着,是确定写作人员和制作人员了。写作人员与制作人员的分离是大部分学校的做法,这是因为担任写作的多为富有教学经验的中老年教师,而他们往往缺乏计算机方面的知识和实践能力。实践表明,写作人员与制作人员的这种分离现象,经常会影响CAI设计和制作的质量。有条件的学校最好能将这两种人结合起来。最后是相关素材和必须的设备条件准备。

二、课件的写作

课件的写作不同于学科教材的写作,也不同与电影稿本的写作。CAI课件的运行是以一个框面一个框面的形态呈现的,尤其是讲解类课件的这一特征最为明显。因此,大多数人主张CAI课件的写作也采用"框面写作法"。

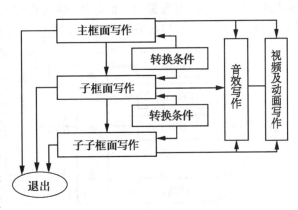

图4-2-3 课件的框面写作法

一般课件都应该有"主框面"(它相当于教材的"目录"),按照一定的条件,主框面可向下一级框面即"子框面"转移,子框面又可按一定条件向更下一级框面即"子子框面"转移,框面的这种按规定条件的转移,又称之为"导航"。好的课件,导航应非常清晰。如果同一个框面上保存了全部导航信息,不妨将其称为全信息导航。具有全信息导航的CAI课件使用时非常方便。

图4-2-3为课件的框面写作法示意图。按照框面写作方法,每一框面上除与教学相关的文字、图形、图像都必须标注外,如有动画、音乐、音响、录像等内容也需进行详细的标注或图示。因此,与其说是框面写作,倒不如说是框面"写画",这就是CAI的框面写作法区别于其他写作方法的独特之处。

三、课件的制作

图4-2-4为课件制作流程框图。根据框图中第一行课件的体系、类型、使用对象和操作系统,可确定课件的风格(好的课件应该有自己的风格);第三行到第五行:根据课件写作脚本分别进行主框、子框、子子框的固定图形和文字以及图像、动画、声音等信息的二次设计,并将经过二次设计的这些信息制成卡片。最后将卡片送往课件开发工作站,就可逐步并最终完成课件的制作了。我们不妨将这种制作方法称为卡式制作法。

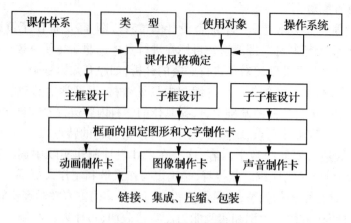

图 4-2-4 课件的卡式设计

四、课件的开发环境系统

一般容量较小的课件,或者是不具备网络开发条件的学校,在进行 CAI 课件开发时都采用单机开发法。但是,对容量较大的课件,都应采用在网络环境下的开发方法。这样不仅可以提高开发效率,而且可以提高课件的开发质量。

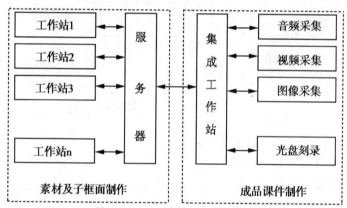

图 4-2-5 CAI 课件开发的网络环境

图 4-2-5 为 CAI 课件开发的网络环境。左半部分为素材及子框面制作。提供给各工作站(一般为 PC 机)的是设计好的多媒体素材或子框面的卡片。各工作站根据设计卡片,将制作完成的多媒体素材或子框面存入服务器。右半部分是成品制作环境。集成工作站(一般为存量较大、运算速度较快的 PC 机)可直接从服务器中提取素材,所缺多媒体素材也可直接进行采集。然后,按照写作稿本进行最后总集成。形成成品后,即可刻录光盘,也可直接发送至网络上(如果是网络课件的话)。

4.3 CAI 课件的应用案例与分析

课堂教学中常用的多媒体 CAI 课件多数为讲解类课件,由于是为教师教学而设计的,所以这类课件又称为辅教类课件。

4.3.1 案例一：宋词《清平乐 晏殊》

《清平乐 晏殊》是课件《宋词选》（图 4-3-1）中的一首词。我们将其教学目标设定为欣赏阅读,要求学生对该词的词义、词解、作者等有一般了解,重点让学生在配乐朗诵和吟唱声中,细细体味词的委婉惆怅而又极为优美的意境。

图 4-3-2 为课件的主框面。框面的左侧分别为"文"、"解"、"注"、"译"等与词文、词意相关的内容;框面的下方分别为"作者"、"颂"、"吟"及"上一页"、"下一页"、"最后页"等与词表达及课件控制的相关内容。

图 4-3-1 宋词选封面

图 4-3-2 《清平乐 晏殊》主框面

对照前一节关于 CAI 课件的分类,《清平乐 晏殊》应属于文科类,是具有固定结构的讲解型辅教类课件。由于内容是古诗词,因此,整个风格(包括界面、色彩、音乐等)是古典的。由于主框面提供了词文、词义、颂词、吟词、作者以及框面控制等众多信息(全部用按钮操作),因此,该页面可称为全信息导航页面。图 4-3-3 为该课件的其他页面,从图中我们可进一步看到,该课件的所有页面都具有全信息导航功能,这为教师在课堂上使用提供了很大的方便。

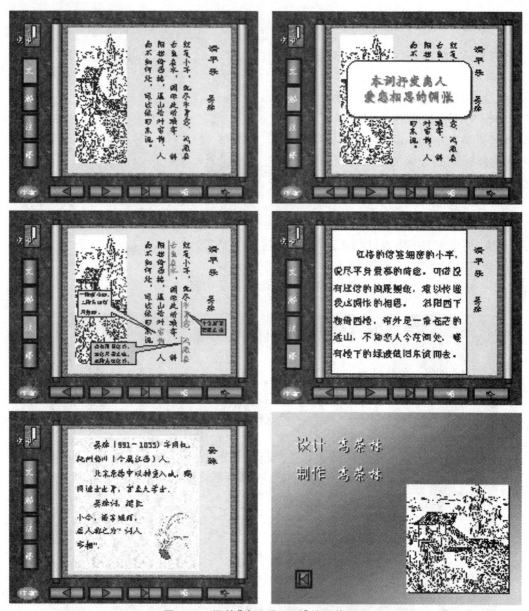

图 4-3-3 课件《清平乐 晏殊》的其他页面

图 4-3-3 中,分别展示了"文"、"解"、"注"、"译"、"作者"及创制人等页面。各页面之间可通过"上一页"、"下一页"、"开始"、"结束"等按钮进行页面间的交互。按照课件使用者的意志,页面间可进行交互。这种"人机交互"的性质是 CAI 课件的最本质的特征。

上引课件是应用 PowerPoint 进行开发制作的。关于 PowerPoint 开发软件本书将在以后章节进行较详细的介绍。

4.3.2 案例二:《笔顺》

课件《笔顺》是关于汉字笔顺规范的普适性课件,广泛适用于中小学、成人教育教学,也可用于对外国人的汉语教学。由于该课件所提供的所有汉字笔顺均符合国家语言文字工作委员会制订的《现代汉语通用字笔顺规范》，因此该课件除具有教学价值外，还具有资料价值。

图 4-3-4 为课件《笔顺》的封面，图 4-3-5 为课件《笔顺》主框面。

图 4-3-4 《笔顺》封面　　　　　　图 4-3-5 《笔顺》主框面

《笔顺》主框面中设定了"笔画笔顺"、"笔顺规则"、"笔顺难字"、"笔顺检索"和"笔顺测验"等五个子项目，每一子项目对应一个子框面。每一子框面下又将设定相应的子子项目，每一子子项目又同样对应着一个子子框面。如此一级一级地不断向下延伸，直至完成所有规定的内容。

图 4-3-6 笔画笔顺中，罗列了 24 种常用基本笔画及笔画名。

在该子项的框面下方还设计了动画、音乐、帮助和退出等功能按钮和笔顺数显示窗。

选择某一基本笔画并点击框面中手形动画按钮时，该笔画的笔顺将以动画方式演示在右边的框内。

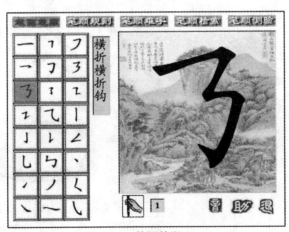

图 4-3-6　笔画笔顺

图 4-3-7 为笔顺难字的子项目框面。图中举例为笔顺难字之一的"凸"字的笔顺写法。经调查，相当多的学生，甚至教师都不知道(至少是不能肯定)这个字的笔顺规则。

图 4-3-7

图 4-3-8 为"笔画检索"子项,也是该课件的主体、容量最大的部分。该课件采用汉语拼音方式进行检索。当需要检索某一汉字笔顺时,首先正确地输入该汉字的拼音,然后再从同音字中选择所需要的字,最后点击笔顺动画按钮即可。这样做的优点是,既学习了汉字的笔顺,又确认了该汉字的读音。这对于外国人学汉字尤为重要。

该课件的"笔画规则"和"笔顺测验"两个子项框面未作介绍。前者较适合课堂教学,后者较适合学生进行课后练习。

该课件是作者应用 Visual Basic 设计和编制的。选择 Visual Basic 开发此类课件,有利于程序设计及笔顺动画模块的设计。

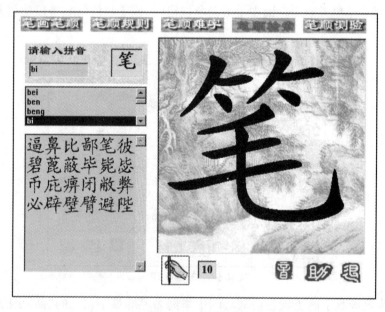

图 4-3-8 笔画检索

4.3.3 案例三:《教学软件包》

案例三《教学软件包》汇集了物理教学中数十个仿真实验。这些仿真实验均具有定量计算要求,大部分属于参数生成型。这类课件的编制最好选择某一结构化语言。本软件包选用的是 Quick BASIC(在 UCDOS 环境下)。这一选择的主要优点是:量化性好,交互(包括随机性参数交互)功能强,软件占据的数据空间极小(一张 1.441M 软盘常可容纳数十个仿真课件),运行速度快,操作使用方便,课件的健壮性也好。最大的缺点是复杂动画(尤其是三维动画)能力差、编制技巧要求高。

图 4-3-9 为《教学软件包》目录页面中的第二页,鼠标光标正在选择"游标卡原理与测量"仿真课件。

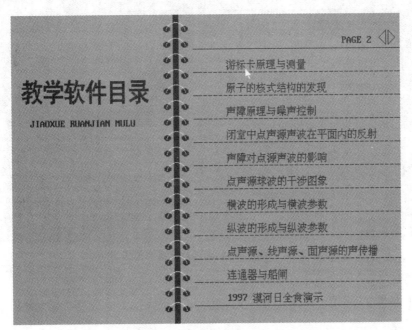

图 4-3-9 《教学软件包》目录之一

图 4-3-10 为课件"游标卡原理与测量"中利用游标卡进行测量练习的片断。游标卡测量是许多教材中都会涉及的问题,但实物太小,无法在课堂教学场合对全班进行演示。采用该课件后,就很好地弥补了这一缺陷。如图所示,随机提供的四种被测物体,可分别用于物体外径(或外长度)和内径(或内长度)的测量。学生可根据游标卡读数原理在页面中相应位置输入读数值,随即计算机将用表示正确的"√"或表示错误的"×"进行批改。该课件在实际教学中收到良好的效果。

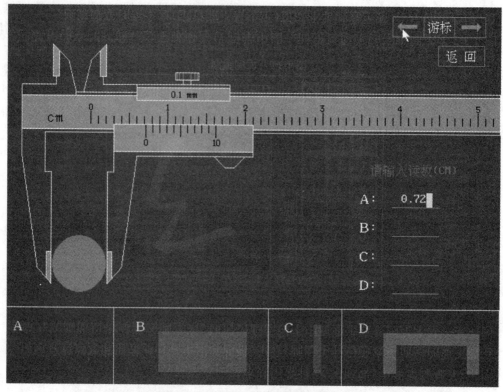

图 4-3-10　用游标卡进行长度测量练习

4.4　CAI 课件的评价

　　课件的评价是一个非常重要、非常实际、非常迫切的问题,我们有必要对其进行简单的讨论。

　　"评价"是泛指对人或事物价值的衡量,是对人或事物积极作用或消极作用的判断。这一判断应是以社会共识为依据的,而获得这一共识的基本方法应是:由某些结构或组织根据相关的科学原理,搜集资料、分析数据、得出结论并公之于众。这些机构或组织就称为相关的评价机构和相关的评价组织。

　　一般说来,常见的教育教学课件,由于开发渠道不同、目的不同,所开发的课件就形成不同的特色,人们也常予以不同的评价。例如,以盈利为最终目的的商业软件,其主要特点是课程配套齐全,内容符合教学大纲,包装精美,制作出版与发行速度很快;以申报获奖为主要目的的学校课件,基本特点是课件内容经过精选,知识点表达很到位,大多数制作很精美,但开发周期较长,开发成本较高,课件也往往不成系统;而以优化课堂教学为目的,由任课教师自己开发的课件,界面往往较为粗糙,更谈不上精美,而且与其他计算机间的可移植性较差,但这类课件却很好地体现了教师的教学风格,更适合所教学生的实际情况,开发周期也很短。

　　由此可见,对课件的评价涉及教学内容、教学效果、界面质量、技术质量(包括操作系统间、计算机间的可移植性或普适性、运行的稳定性、容错纠错能力等等),以及课件开发周期、开发成本、推广价值、市场价值等诸多因素,是一个非常复杂的问题。

此外,课件的评价中,主观评价的比例很大,这就涉及了许多环境因素和心理因素,从而更增加了评价的难度。

可以说,直至目前为止,国内外尚无关于 CAI 课件公认的评价方法。但是,不少单位或组织出于课件评比的需要而提出种种评价标准和各种各样的评价方法,其中不少对我们有借鉴作用。

这里,仅介绍几个曾经有过较大影响并较可操作的 CAI 课件评价体系,以供参考。

一、美国软件行业协会关于 CAI 的测评表

这是一个关于软件工程质量的测评表。如下表所示:

表 4-3-1　软件工程质量测评表

	测试项目	评价等级
使用方便性	1. 系统引导方式 2. 使用操作简易 3. 提示完整明白 4. 学习内容可供选择	
出错处理	5. 操作错误处理 6. 练习答案错误处理 7. 出错后提示易于理解	
可靠性	8. 系统存储安全性 9. 交互操作可靠性 10. 系统运行可靠性	
屏幕质量	11. 图形质量 12. 字符总数与质量 13. 动画效果 14. 色彩效果	
软件质量	15. 执行速度 16. 模块调度灵活 17. 内容可扩展 18. 软件技术应用水平	
内容生动性	19. 内容叙述 20. 教学实例 21. 实践环境 22. 模拟逼真性	
教育价值	23. 适用对象广泛性 24. 教学内容广度 25. 教学内容实用性 26. 教学模式丰富性 27. 教学环境综合性	
系统要求	28. 系统要求 29. 兼容性	
综合评价		

二、我国中小学软件审查标准

根据国家教委中小学教材审定委员会计算机学科审查委员会(1993 年成立)制定的《中

小学教学软件审查标准及其说明》,重新编制表格如下:

表 4-3-2　中小学教学软件审查标准及其说明

评价内容		说　　　明	得分
教学性要求 55 分	教学目标	1. 教学目标须在文档中说明,目前软件应用范围; 2. 应符合教学大纲,适应教学实际需要; 3. 应适应学生年龄特点、认知规律和认识水平。	15 分
	教学内容	1. 思想健康,有利于学生身心发展; 2. 无科学性错误,语言文字规范; 3. 内容、表达及组织能体现预定教学目标; 4. 内容表达清楚、准确,难易程度适当。	20 分
	教学过程	1. 教学方法能引导到预定目标,具有启发性; 2. 能体现计算机媒体特点,如交互性等; 3. 符合教学诸原则; 4. 具有激励学生的机制,内容、形式有吸引力。	20 分
技术要求 35 分	程序运行	1. 正常条件下,软件应能无故障运行; 2. 有容错能力。如不执行误操作,能够提示。	10 分
	信息呈现	1. 能合理运用文字、图形、图像、声音、动画; 2. 屏幕显示简洁美观。	10 分
	用户界面	1. 界面友好、通用,具有必要的帮助信息; 2. 操作简便,易于掌握; 3. 软件控制灵活(进入、运行、退出等)。	15 分
文档资料要求 10 分		文档资料齐全完整	
		文档资料的编写应使用规范文字、语言、图表,表达内容应清楚、无歧义。	

三、1997 年江苏高校 CAI 课件评比现场评分表

表 4-3-3　1997 年江苏高校 CAI 课件评比评分表

评价量	评价内容	评价等级			
		A	B	C	D
教学功能 (40 分)	1. 教育思想体现与教学目标完成 2. 学科特性与科学严谨性 3. 学科规律与教学方法 4. 兴趣激发与能力培养 5. 课件的教学容量(学时数)				
运行质量及界面质量 (30 分)	6. 容错能力,一次成功率 7. 课件安装与操作的简便性 8. 界面的文字、图形、图像质量				
软件技术难度 (15 分)	9. 制作用语言及工具的技术难度 10. 动画及音响效果				
应用推广价值 (15 分)	11. 课外学习与个别化学习价值 12. 推广与发行价值				
	总分				

【复习思考题】
1. 什么是CAI硬件？什么是CAI软件？
2. CAI课件按其内容呈现方式如何分类？它们各有何特点？
3. CAI课件按其教学模式如何分类？它们各有何特点？
4. CAI课件设计与制作的一般方法如何？
5. 参考教材所提供的几个CAI课件案例,联系你所在单位的教学实际,分析CAI课件在教学中的应用方法和应用价值。
6. 试对你所接触到的典型CAI课件用教材提供的某一评价方法进行评价。

第五章 常用 CAI 课件开发工具

尽管用于 CAI 课件开发的语言和编著工具有许多种,但在学校系统流行的编程语言和编著工具种类并不多,其中又以 PowerPoint、Authorware、方正奥思、几何画板以及 Visual BASIC 等使用率最高。这是因为这些软件都工作在 Windows 环境下,具有可视化的开发环境,操作比较简单;还因为这些软件都可在中文系统中进行文字、图形、图像、声音、动画和影视等多媒体素材的制作和编辑;此外,由于这些软件已经约定俗成地流行了开来,用它们来进行开发,有利于彼此的交流;最后,还因为这些软件相对容易获得。本章仅重点介绍 PowerPoint、几何画板和 Authorware 等三种软件在多媒体 CAI 课件开发中的运用。

5.1 PowerPoint 及其在 CAI 课件开发中的应用

5.1.1 PowerPoint 的基本特点

这里介绍的 PowerPoint 版本为 PowerPoint 97。PowerPoint 97 是美国微软公司自动化办公软件 Office 97 的家族成员之一。

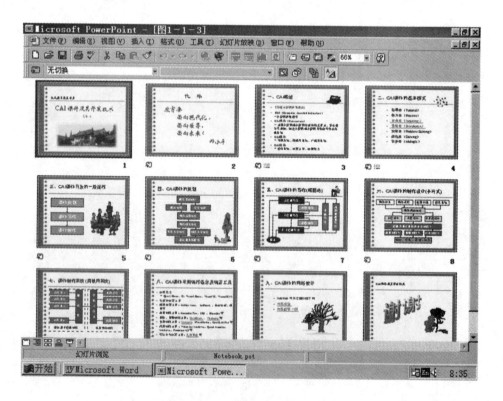

图 5-1-1 一份讲座提纲的页面浏览

上一章中图 4-3-1、图 4-3-2 和图 4-3-3 所介绍的 CAI 课件《宋词选》之一,《清平乐 晏殊》的页面,就是用 PowerPoint 进行编制的。图 5-1-1 同样是用 PowerPoint 开发的又一个课件《CAI 课件及其开发技术》,这是一份讲座提纲的页面浏览。

这些由一张张页面组成的课件,可通过多媒体投影仪,按照一定的次序一张一张地放映在屏幕上,就像用幻灯机放映幻灯片一样。因此,用 PowerPoint 制作的课件的页面又常被称为"电子幻灯片"。人们常用这些"电子幻灯片"进行学术交流、课堂教学、工作汇报、产品展示、情况介绍、档案制作等。PowerPoint 又常被称为"演示文稿"制作软件或"电子简报"制作软件。

PowerPoint 还具有众多的高级语言特性。例如:对象(Object)及其应用;嵌入及其应用;链接及其应用等。正是由于这些高级特性的存在,PowerPoint 能极其方便、极其简单地与图形、图像、音频、视频甚至整个课件文件相连接,就是说 PowerPoint 有很强大的多媒体功能。

尤其重要的是,PowerPoint 还具有强大的网络功能。用 PowerPoint 制作的文件(如演示文稿等)可以直接在网络用户间进行通信、传播;运用 PowerPoint 还可以召开网络会议。这一功能是许多其他多媒体工具难以相比的。

此外,PowerPoint 在学习和掌握运用方面与其他类似软件相比,更具有易学、易懂、易用的显著特点。几乎所有学习和使用过 PowerPoint 的人都有这样的体会。

正由于 PowerPoint 功能强大,简便易学,所以深受广大干部、教师、学生、科技工作者和电脑爱好者的欢迎,并在他们的工作、学习等实践活动中得到广泛应用。

但是,毕竟 PowerPoint 原本是为演示文稿和电子简报制作而设计的软件,其复杂动画的制作能力、人机间的逻辑交互能力以及量化计算能力等相对较弱,而这些在教学课件开发中又恰恰是很重要的。为了克服 PowerPoint 在课件开发中的这些弱点,广大师生在课件开发实践中不断进行探索、研究、总结,并取得了良好的效果。

5.1.2　PowerPoint 97 主界面及其基本操作

一、PowerPoint 97 的主界面

安装了 Office 97 后,我们即可通过计算机"开始"界面中的"程序"选项弹出菜单,选择"Office 97"二级选项,最后在其弹出的三级菜单中点击"PowerPoint",即可打开 PowerPoint 97 的主界面。如图 5-1-2 所示。

图 5-1-2 中,已预先制作了一个课件页"欢迎使用 PowerPoint"。

PowerPoint 97 的主界面的上方有:标题栏、菜单栏、常用工具栏、格式工具栏;下方有:视图栏、绘图工具栏、状态栏;中间为课件页编辑区,在其右方和下方分别还有垂直滚动条和水平滚动条。各栏目及编辑区的内容进一步介绍如下。

1. 标题栏

标题栏是用来提示当前编辑的文件题目的。其左端显示的是当前正在处理的文稿标题(如图 5-1-2 中,标题为"欢迎使用 PowerPoint")。其右端三个小按钮自左至右分别为"界面最小化"、"界面最大化"和"界面关闭"。

图 5-1-2　PowerPoint 97 的主界面

2．菜单栏

菜单栏中,共有"文件"、"编辑"、"视图"、"插入"、"格式"、"工具"、"幻灯片放映"、"窗口"以及"帮助"等9个菜单项,每个菜单项又都有各自的下拉式子菜单,其中部分子菜单又有它的下一级菜单。当点击这些二级或三级子菜单时,又将有与之相应的对话框弹出。通过对这些对话框的操作,几乎可以实现 PowerPoint 97 的所有功能。图 5-1-3 为通过"视图"的下拉菜单进行 PowerPoint 主界面工具栏设定的案例。

3．工具栏

PowerPoint 97 提供了 12 类工具,即"常用"、"格式"、"Visual BASIC"、"Web"、"常规任务"、"动画效果"、"绘图"、"控件工具箱"、"审阅"、"图片"、"艺术字"及"自定义"。用户可以根据需求选择所需的工具栏放到主界面上。

PowerPoint 97 一般把常用工具栏、格式工具栏、绘图工具栏这三个使用频率最高的工具栏放在主界面上,如图 5-1-3 所示。

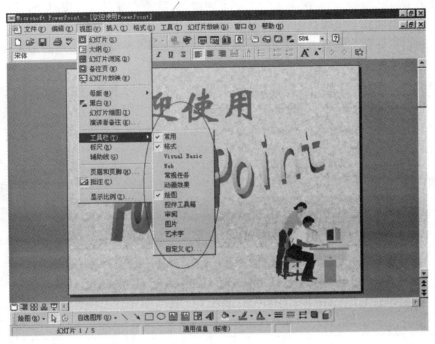

图 5-1-3　菜单栏应用一例

4．课件页编辑区

这是用 PowerPoint 97 进行课件制作与编辑的主要区域。多媒体课件的文本输入、图形的绘制及图表、图像、声音等的插入都在这里完成。关于课件页编辑区的基本操作将在后面有关章节进行较为详细的介绍。

5．视图栏

PowerPoint 97 的视图栏共提供五种视图呈现方式,即幻灯片视图、演示大纲视图、浏览视图、备注页视图和幻灯片放映视图。可根据不同的需要选择不同的视图方式,包括视图的查看、编辑、放映等内容。

图 5-1-4 中,"幻灯片视图"状态,即当前课件页的编辑状态;"大纲视图"主要用于输

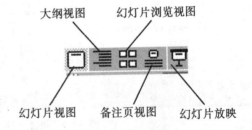

图 5-1-4　视图栏

入和修改文字大纲,当文字输入量较大时用这种方法进行编辑较为方便;"幻灯片浏览视图",顾名思义,通过它可同时浏览该课件的全部页面(或称为幻灯片,如图 5-1-1 所示),应用浏览视图还可很方便地进行幻灯片的编辑(包括次序调整、页面增删等);"备注页视图"主要用于书写注释与参考;"幻灯片放映"可使当前幻灯片呈满屏显示的放映状态。

6．状态栏

状态栏显示有关当前操作的信息,如共有几张幻灯片,当前是第几张。状态栏中间是显示当前模板的情况,双击它可以修改当前幻灯片的模板。

7．滚动条

PowerPoint 97 窗口提供了水平和垂直两个滚动条。最常使用的是垂直滚动条,当界面

处在课件页编辑状态时,点击滚动条的上下方向按键(单箭头或双箭头按键)时,编辑区将依次呈现上一张页面或下一张页面。

如果利用鼠标移动滚动条上的滑块,则可任意选择某一张页面调至当前编辑状态。

二、怎样利用空白版式制作一份讲稿大纲

了解了 PowerPoint 97 的主界面后,首先让我们一起来学习利用空白版式制作讲稿大纲的方法。然后,再进一步介绍动画制作、多媒体对象的插入以及放映方式设计等等较为高级的制作与编辑技巧。

我们以该讲稿大纲(图 5-1-5)中第 2 张课件页为例详细说明其制作过程。

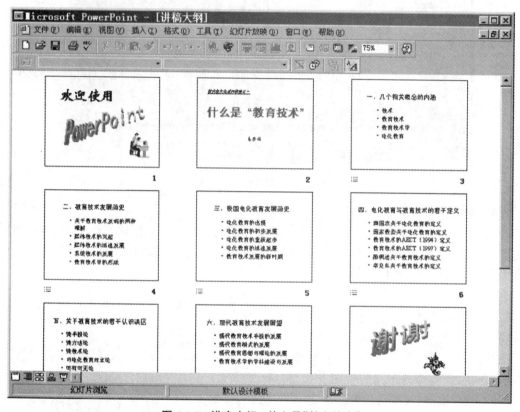

图 5-1-5 讲座大纲:什么是"教育技术"

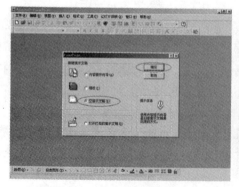

图 5-1-6 新建演示文稿

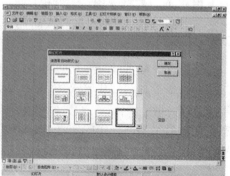

图 5-1-7 选择空白版式

第一步，打开 PowerPoint 97，随即呈现"新建演示文稿"界面（图 5-1-6）。先用鼠标点按"空演示文稿"，使其前面的白圈内呈现黑点，再用鼠标点击"确定"按钮。

第二步，上述步骤完成后即出现如图 5-1-7 界面，先点按右下角的空白版式，再点击"确定"按钮，最后将出现一个全空白的编辑界面。

第三步，利用文本框进行文字编写。

较为快捷的方法是：如图 5-1-8，在绘图工具栏中用鼠标点击横排文本框按钮，该按钮随即被按下，然后即可用鼠标在空白视图上如图 5-1-9 拉出具有文本插入点的文本输入框。

横排文本框　　竖排文本框

图 5-1-8　绘图工具栏中文本框按钮

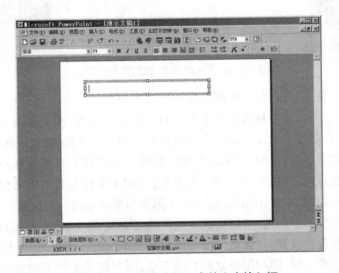

图 5-1-9　具有文本插入点的文本输入框

第四步，从文本框插入点插入文本汉字。

图 5-1-10 是引用作为案例"讲稿大纲"的第二页。图中有三处文本输入，分别用三个文本框在三个适当的位置输入规定的文字。具体方法参见 Windows 98 相关教材的有关内容，这里不再详述。

第五步，编辑和修饰插入的文本汉字。

对照图 5-1-10，我们知道："教育现代化系列讲座之一"需制成"宋体"、"倾斜"并"加下划线"，字的大小为"24"；"什么是'教育技术'"需制成"黑体"并"加粗"，字的大小为"72"；"高荣林"需制成"行楷"，字的大小为"32"。三处文字的排列位置亦如图 5-1-10 所示。

实现以上编辑、修饰要求，主要依靠格式工具栏。格式工具栏中有字体、字号、字的粗细、倾斜、下划线、缩放以及文字的排列等等多种选项可供选择。具体操作方法可自行试验和演练，这里不再赘述。

第六步，调整文本的位置。

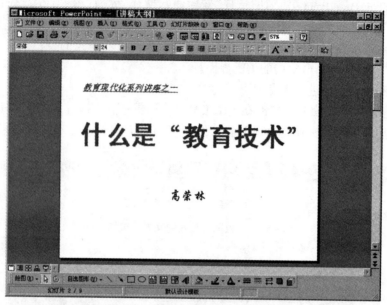

图 5-1-10　"讲稿大纲"第二页视图界面

调整文本的位置,就是调整文本框的大小和文本框的位置。当选择的文字大小超过原先预定的文本框大小时,文本框就会在上下方向上自动地变大(左右宽度方向不变)。如果要变更文字的排列,就要变更文本框的大小或长宽比例。方法是:首先用鼠标对准文本框周围8个控制点中的某一点,此时,鼠标的光标形状就会变成相应方向的双向箭头(对准文本框上下边中间控制点时,光标变为上下向双箭头;对准文本框左右边中间控制点时,光标变为左右向双箭头;对准文本框四角控制点时,光标变为指向框内的斜向双箭头),然后按住鼠标左键不动向所需要的方向拖动鼠标,文本框便随之而改变其大小或长宽比例了。

若要调整文本框的位置,只需将鼠标光标对准文本框的任何边部位(不要对准控制点),当光标前出现十字箭头时,随即按住鼠标左键不动,同时向需要的方向拖动鼠标,此时文本框将随之移动,文本框内的文字亦被移至需要的位置。

到此为止,这一张课件页就全部制作完成了。其余课件页面的制作也和上述方法一样,只要根据稿本的要求一页一页地制作就行了。

三、怎样放映课件页

当部分完成或全部完成了课件制作后,总希望看一下放映效果。课件的放映可直接在计算机显示器上进行,也可通过多媒体投影仪放映到大屏幕上。

PowerPoint 97 的放映操作方式有两种:一种是通过幻灯片放映视图来播放;一种是通过菜单中的幻灯片放映功能来播放。

1. 通过幻灯片放映视图来播放

幻灯片视图工具栏中的放映按钮可以播放当前正在编辑的这张幻灯片,如图 5-1-11 所示。

图 5-1-11　通过幻灯片放映视图播放

2. 通过菜单中的幻灯片放映功能来播放

在菜单中打开"幻灯片放映",选择"观看放映",点击即可。

一般情况下,课件在实际放映前还需对放映方式等进行设置,具体内容在以后章节再行介绍。

四、关于课件的保存

在用 PowerPoint 97 制作一份演示文稿或编辑制作一个多媒体课件时,应养成及时存盘的好习惯,防止由于断电等意外情况而造成损失。

课件的存盘方法属于 Windows 的基本操作,这里亦不再介绍,请参阅有关 Windows 教材。一般来说,制作成的课件保存在哪个磁盘上都可以,但如无特别需要,建议最好将其存放在硬盘上,而不要存放在软盘上。因为,存放软盘的速度要比存放到硬盘上慢得多;其次,当课件内容较多时(尤其是课件中有大量图片或动画时),很可能一张软盘容纳不了,给课件的保存增加麻烦;再说,经常对软盘存取也容易损坏软盘,造成数据丢失。

五、关于课件的打印

和 Word 文稿一样,PowerPoint 课件也可一页一页地打印出来。既可用打印纸,也可用投影胶片打印;既可打印成彩色,也可打印成黑白。

文件的打印也属于 Windows 的基本操作,要求本教材的学习者事先能够掌握,这里不再详述。

5.1.3 PowerPoint 97 的图形绘制和艺术字处理

PowerPoint 提供直线、箭头、矩形和圆作为常用规则图形,它们可在"自选图形"库中选择,也可从"绘图工具栏"中直接选择。制作步骤一般为单击工具栏中的对应图形按钮,该图形按钮即反色,此时在工作区内拖动鼠标即可画出对应图形。

一、直线、箭头、矩形和椭圆(圆)的绘制

直线、箭头、矩形、椭圆(圆)等简单图形的绘制,通常直接利用绘图工具栏。图 5-1-12 将绘图工具栏中与上述图形绘制有关的按钮名称标注了出来,需要绘制什么图形,只要点击相应的按钮即可。

直线、矩形、椭圆(圆)画好后,通常还需进行修饰或调整,如对线条(包括矩形和圆周的线条)颜色的设定、对线条线型的设定,以及对矩形内或圆内填充色的设定等。这些设定都可通过点击绘图工具栏中的相应按钮,并操作相应的对话框而实现。

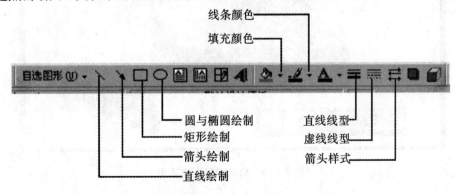

图 5-1-12　绘图工具栏

图 5-1-13 为标准色选择卡板。点击绘图工具栏中"填充色"或"线条颜色"两个按键时都会出现该卡板。此外,在点击"填充色"或"线条颜色"时,在弹出的对话框中还可分别选择"填充效果"和"带图案线条"两种卡板。具体操作读者可自行摸索。

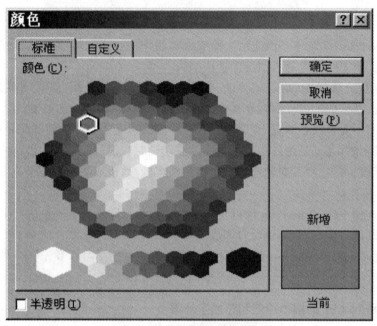

图 5-1-13 标准色选择对话框

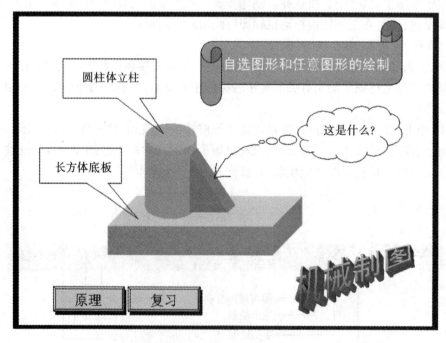

图 5-1-14 自选图形制作案例

二、自选图形绘制

单击绘图工具栏中"自选图形"按钮,在弹出菜单中将看到线条、连接符、基本形状、箭头总汇、流程线、标注和动作按钮等 8 类图形库。每类图形库内又包含数种甚至数十种图例模型以供选择。

事实上,图 5-1-14 中,几何立体是"基本形状"的三维化;"圆柱体立柱"、"长方体底板"属于"标注";"原理""复习"为"按钮";"自选图形和任意图形的绘制"属于"星与旗帜";图中手绘箭头属于"线条"。总之,均属于"自选图形"范围。此外,该案例还涉及三维设置、阴影处理、对象的组合以及艺术字等内容。

三、艺术字处理和插入

绘图工具栏里还提供了艺术字生成、处理和插入功能。当点击绘图工具栏中"插入艺术字"按键(符号是"A"字)时,将随即弹出一个内容极为丰富的"艺术字库"选择卡板(图 5-1-15),可根据需要从中选择一种合适的艺术字模式,然后点击"确定"键,并在随后的弹出对话框中按其提示,一步一步地操作,即可最后完成漂亮的艺术字的生成和必要的处理。具体步骤略。

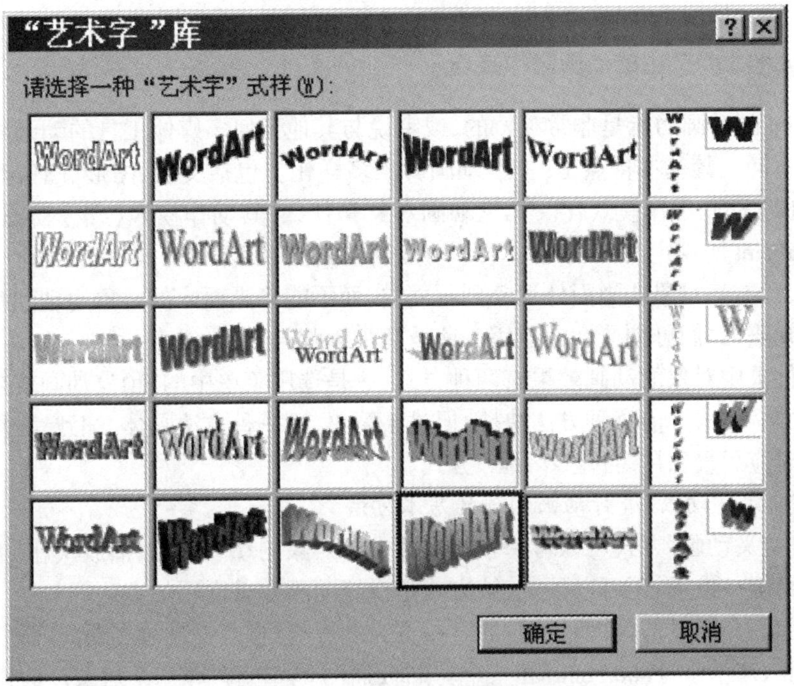

图 5-1-15 艺术字库选择卡板

图 5-1-16 为"艺术字"处理的效果实例。不难看出,PowerPoint 的艺术字表现能力是很强的。一般说来艺术字的表现应掌握两个基本原则:一是与内容风格的一致性,二是构图的美感性。PowerPoint 艺术字功能包括:多至 30 种的艺术字样式库;可进行颜色、线条、大小、位置、透明状况的艺术字格式设置;多达 40 种的艺术字形状库;还有旋转、排列等强大的编辑功能。

图 5-1-16 艺术字效果数例

5.1.4 PowerPoint 97 中的动画制作技巧

PowerPoint 的动画功能是非常独特的,或者说与其他任何多媒体工具的动画功能及动画制作方法都不同。其基本特点是:(1) 动画对象多样化。包括文字、图形、图像等都可产生动画效果。(2) 动画动作模式化。无论动画对象是什么,其动作模式(或称动画方式)只能限制在 PowerPoint 所规定的 50 余种。(3) 动画制作方法极其简单。(4) 动画动作设计有局限性。例如,只能将对象从画面外运动到画面内,而不能将画面内的对象运动到画面外。为了克服这一缺陷,我们可创造性地运用一些技巧加以弥补。

设置课件页中对象的动画效果有两种方式:一是选用菜单中的"预设动画效果",二是采用"自定义动画"方式。前一种方法快捷,但过于简单,后一种方法具体、细致,实用。在进行课件页设计时应尽量采用"自定义动画"方式。

一、用"自定义动画"进行动画制作的基本方法

使用"自定义动画"方式可以对一张幻灯片中的对象的动画效果、播放次序、播放时间及其他功能进行统一设置,还可以预览,该方式是设置动画效果常用的方法。

不妨以前面介绍过的《讲稿大纲》的第一页为例进行"自定义动画"制作。该页面包括文字"欢迎使用"、艺术字"PowerPoint"和一个剪贴板插图"学电脑"等三个对象。假设将其动画顺序和方式设定为:(1) 剪贴板插图"学电脑",动画方式为"螺旋";(2) 文字"欢迎使用",动画方式为"从左侧缓慢移入";(3) 艺术字"PowerPoint",动画方式为"从屏幕中心放大"。那么用"自定义动画"方式实现上述要求的基本步骤为:

第一步,打开幻灯片视图中《讲稿大纲》第一页。

第二步,打开菜单中"幻灯片放映"中的"自定义动画"项,屏幕将出现自定义动画对话框,并将选项卡选择在"时间"状态。此时,课件页中的三个对象都排列在"时间"卡的左下方"无动画的幻灯对象"框里。

第三步,编排对象的动画顺序。分别依次(按动画动作顺序)选择以上三个对象,并依次

点击"启动动画"框中的"播放动画"前的选择圈。三个对象便依次从"自定义动画"卡的左下框跳到该卡的左上框中("动画顺序"框),如图 5-1-17 所示。

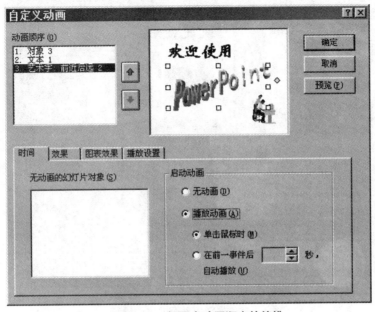

图 5-1-17　视图中动画顺序的编排

如果对象的动画顺序需要进行调整的话,可先在"动画顺序"框里选择需要调整的对象,然后单击该框右侧的上行与下行按钮即可。

第四步,选择确定各动画对象的动画效果。操作方法为:首先将"自定义动画"的选项卡改选为"效果"。然后,单击动画顺序框中"1.对象 3",再点按效果卡中动画效果的滚动条并从中选择"螺旋",最后单击"确定"钮。这样,第一个对象的动画就设置完成了,如图 5-1-18 所示。再依次对"2.文本 1"和"3.艺术字"进行动画设置。

当某一对象的动画效果设置完成后,如果我们要看一看实际效果的话,可单击"预览"钮,便能在视图预览框中演示其动画效果。

第五步,设置对象动画的启动方式。视图中动画对象的动画顺序和动画方式设定完成后,还存在一个以何种方法启动动画的问题。让我们回到图 5-1-17,在时间卡的右半部的"启动动画"的"播放动画"选项中有两种启动方法:一是"单击鼠标时";二是"在前一事件后 × 秒自动播放"。我们只要对有关动画对象进行上述选择就行了。

二、PowerPoint 动画使用技巧

为了进一步提高课件的质量,往往要求页面中对象能够表现更多、更复杂的动画效果,而 PowerPoint 常常难以胜任。

如何解决这一难题呢?

第一,要全面掌握 PowerPoint 提供的所有动画方式和动画效果,并能灵活地加以运用。灵活而巧妙地运用,常会产生意想不到的效果。例如,需要演示一架自右至左横空掠过的飞机,如果囿于常规编辑方法,作为动画终点的飞机将停留在画面内,从而造成飞行急停的感觉,很不自然,也很不真实。但是,如将飞机的动画终点设在画面外,则该页面播放时,飞机将会流畅地从画面的右端外进入画面,经过空中飞行后,又从画面的左端飞出去,非常真实而自然。如果同时再配以飞机飞行时的发动机声,就更加生动了。

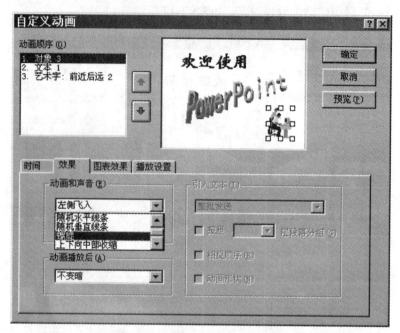

图 5-1-18 视图中动画效果的设置

第二,创造性地进行动画设计,创造新的动画感觉。

如前所述,PowerPoint 的动画功能只能使对象从画外飞入画内,而不能使本来就在画内的对象运动,这是一个非常严重的缺陷。因为,课件中的动画大都发生在画面内对象物体上,而 PowerPoint 却没有这样的功能。为了解决这个难题,我们介绍几种方法供学习者在用 PowerPoint 制作多媒体课件时参考。

(1)利用换页的方法使画面内对象运动,此法在较高速的计算机上运行是成功的。

(2)利用同一页面内不同层次对象的叠加,掩盖从画面外飞入的对象,造成对象从画面内开始运动的感觉。

(3)利用动画效果的"出现"和动画播出后的"下次单击后隐藏"产生动画效果。即当第二对象即将出现时,先将第一对象隐藏;第三对象即将出现时,先将第二对象隐藏……依次类推。

(4)利用动画效果中的"快速闪烁"功能产生动画效果。

5.1.5 PowerPoint 97 中的超级链接与交互设计

一、用预置功能"动作按钮"进行超级链接

PowerPoint 97 中包含了一组内置的三维按钮,可以直接进行诸如"下一步"、"上一步"、"主页"、"帮助"、"信息"、"播放声音"和"播放影片"等预置动作;也可通过"自定义"按钮实现任意的跳转与链接。在课件的播放过程中只要单击这些按钮,就可实现脚本设计中所规定的交互功能了。

点击绘图工具栏中"自选图形",选择其中的"动作按钮"选项,随即就会弹出由 12 个不同功能的按钮组成的选项菜单。它们的功能名称如图 5-1-19 所示。其中,除第一个"自定义"按钮外,其余都是具有预置功能的按钮。

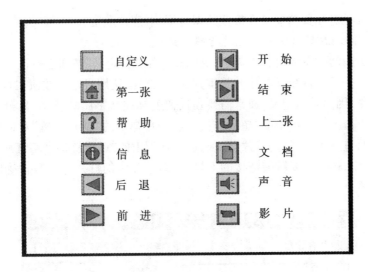

图 5-1-19　PowerPoint 动作按钮的功能名称

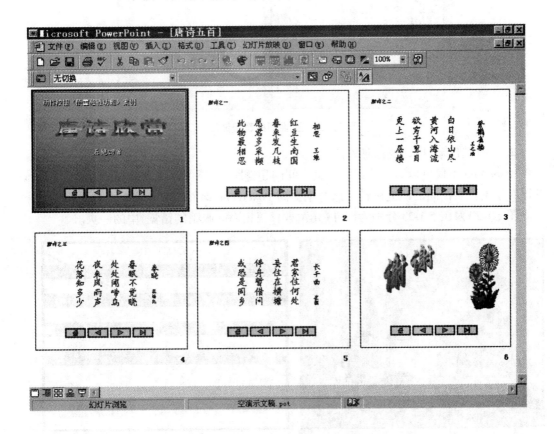

图 5-1-20　具有预置功能动作按钮的课件案例

在页面上制作动作按钮的基本方法是:首先,根据交互功能的需要选择某一个按钮,用鼠标对其点击；第二步，像在页面上画矩形那样拉出所需大小的按钮；第三步，对按钮进行修饰（用填色）和调整位置。

图5-1-20为具有预置功能动作按钮的课件案例《唐诗欣赏》。

二、用"动作按钮"的自定义功能进行超级链接

如果希望页面间的超链跳转更灵活一些，就需用"自定义"按钮进行设计和设置。

用"自定义"按钮进行交互制作的基本方法是：首先，选用自定义按钮在页面的适当位置拉出一个按钮来，因为是自定义，通常需要在按钮上标注文字（如"答案"）；第二步，单击"插入"主菜单，再单击下拉菜单中的"超级链接"选项，在弹出的"动作设置"对话框中，单击"超级链接到"选项，进一步选择"幻灯片"选项，最后在弹出的"超级链接到幻灯片"的对话框（如图5-1-21所示）中，选择需要跳转链接的幻灯片（即第几张幻灯片）并单击"确定"按钮，超级链接即全部完成。

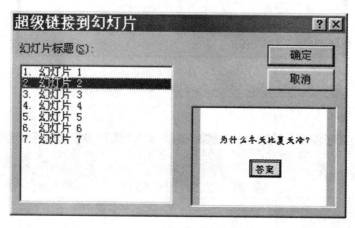

图5-1-21　页面间的超级链接

三、通过"图形对象"进行超级链接

PowerPoint不仅可以通过按钮实现页面间的超链跳转，还可以通过事先经过设置的任何图形对象实现页面间的超链跳转。这对于提高PowerPoint课件的交互功能有重要意义。

图5-1-22及图5-1-23分别为课件《儿童教育三招》和《眼睛的错觉》中的一页。

图5-1-22　图形按钮

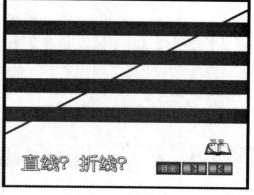

图5-1-23　对象按钮

当单击图5-1-22中某一椭圆形"问题"按钮时，课件将随之跳转到相应的问题页面；而当

单击图 5-1-23 中标注为"答案"的图像对象(一本打开的书)时,课件亦将跳转到与该问题相关的"答案"页面,从而实现了交互性。

利用图形和图像对象进行超链跳转的基本制作方法为:首先,根据内容设计按钮的形状或选择合适的图像对象(一般可从 PowerPoint 剪贴板库中选取);第二步,选中用来作为按钮的图形后图像对象。单击"插入"主菜单,再单击下拉菜单中的"超级链接"选项。在随之弹出"编辑超级链接"对话框中选择"文件中有名称的位置"的"浏览"按键,单击。第三步,在随后弹出的"超级链接到幻灯片"中选择合适的链接页面(对话框的右侧浏览框中将显示被链接的页面图,供其选择确认参考)。整个超级链接过程即告完成。

四、通过"热字"进行超级链接

PowerPoint 还可以通过事先经过设置的"热字"实现页面间的超链跳转,这对于提高 PowerPoint 课件的交互功能同样具有重要意义。

例如,课件《趣味地理》中的一道选择题,供选答案分别用字母 A、B、C、D 表示。当然,其中只有一个是正确的。假设我们进行这样的设计:选对了,就超链到某一页面,出"OK!"字样;如果选错了,则超链到另一页面,出"遗憾!请继续努力!"的语句。这里字母 A、B、C、D 就称为"热字"。

通过"热字"进行超级链接的方法和以上介绍的通过图形对象继续超级链接的方法完全一样,只不过将链接对象从图形改为汉字或外文字母就行了。

课件运行时,对所设"热字"单击,便可超链到其他所需页面,从而完成解释、判断等交互操作。

五、与外部文件的超级链接

上一节中我们用到的是自定义按钮,且链接是在同一课件的不同的幻灯片之间实现跳转的。其实在 PowerPoint 97 中,幻灯片中所有的对象都可以用来设置超级链接,我们不仅可以将对象链接到同一课件的其他幻灯片上,而且还可以链接到其他课件或其他文件上。限于篇幅,这里就不进行具体介绍了。

5.1.6　PowerPoint 97 课件的页面切换与放映方式设计

一、页面切换效果设置

PowerPoint 课件是由一张一张的课件页(PowerPoint 97 中被称为"幻灯片")组成的。那么,课件在播放时,页面之间的切换是否也可以设置一些特殊效果,从而进一步提高课件的质量呢?答案是肯定的。

PowerPoint 提供的页面"切换效果"共有 42 种不同的模式,还可对其切换速度、时间间隔以及是否有声音等进行进一步的设置。

页面切换效果的设置方法有两种:第一种方法是在页面编辑的状态下,仅对该页面进行切换效果设置;第二种方法是在页面浏览的状态下,分别对各页面进行切换设置。方法二能够统筹整个课件,而且效率较高。

页面切换效果设置的基本方法是:首先,打开某课件(如《幼儿教育三招》),调出其"页面浏览"界面。第二步,单击第一页,再单击菜单中的"幻灯片放映",选择"幻灯片切换"项,便出现如图 5-1-24 所示界面。该例中,我们选择了"单击鼠标"时页面"从中间向左右""漫速"展开的方式,并配以"鼓掌"声音。这种方式放在课件的开头,给人以节目演出时的"开幕"感和热烈气氛。第三步,继续在浏览图中选择第 2 张页面、第 3 张页面……直至最后一张页面,分别进行页面切换效果设置,方法同上。

PowerPoint 97 预置的页面切换效果有:水平、垂直百叶窗;盒状及各向收缩、展开、擦除;纵横棋盘;各个方向的插入、抽出;硬切、黑切、淡出、溶解以及随机线条等。

PowerPoint 97 预置的声音效果有:爆炸、打碎玻璃、打字、鼓掌、欢呼、激光、刹车、急驰、开枪、快门、幻灯放映、水漂、钟声等,计 16 种;以及叮当、谐音、和弦等 8 种波形音频声(扩展名.WAV)。

应该说,上述页面切换设置的方法在技术上非常简单,但要考虑到课件的性质、各页面的具体内容、整体艺术风格以及与配音的协调等,就不那么容易了。

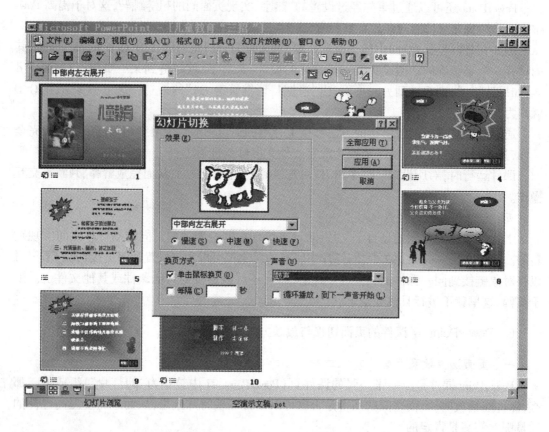

图 5-1-24 设定"幻灯片切换"中各项

二、课件的放映方式设置

PowerPoint 课件播放时的放映方式设计也是同样重要的,在某些情况下甚至更为重要。这是因为,不同类型的 PowerPoint 课件有不同的放映要求,尤其是交互性强的课件更需要通过放映方式的设计来控制其节奏;即使是同一课件,也可通过用不同的放映方式设计来达到用于不同的使用场合的目的。

PowerPoint 课件的放映方式有:演讲者放映、观众自行放映、在展台浏览、循环放映、放映时不加旁白以及放映时不加动画等六种类型。

放映方式设置的基本方法是:首先,选出需要放映的课件,然后点击"幻灯片放映"主菜单,随即在下拉菜单中点击"设置放映方式"选项,便弹出放映方式设置对话框;第二步,根据需要对放映方式设置对话框进行操作,包括"放映类型"、"幻灯片"、"换片方式"和"绘图笔颜色"等四类选项,具体选择方法可根据界面提示进行,这里不再详述。

5.2 《几何画板》简介

《几何画板》软件,全称《几何画板——21世纪的动态几何》,是由美国 Key Curriculum Press 公司研制并出版的。现在在国内流行的是该软件的中文版。这里介绍的是它的 4.0 版本。

5.2.1 《几何画板》的特性与课件案例

《几何画板》原本是为平面几何、解析几何和射影几何而开发的软件平台。但在教学课件的开发实践中,广大教师和学生充分利用该平台的优越性能,将开发范围延伸到物理、机械设计甚至天文学等领域,创作了许多优秀课件。

一、《几何画板》的特性

1. 动态几何关系的不变性

用几何画板制作的课件,当用光标拖动其上元素(点、线、圆)运动时,或者根据设计而自动运行时,课件中诸几何元素间的相互关系(如垂直、平行、比例、固定角度等)始终保持不变。这是几何画板的最重要特性。

2. 众多元素的同时动作性

几何画板可以轻易地设计几个、十几个甚至更多个元素同时动作,同时自动地运行动画(如复杂的天体运动),这是许多其他软件难以做到的。

3. 元素间关系的定量性

几何画板具有数值、函数、对数、指数等初等数学计算功能,并能应用其计算功能制作成精度较高的定量化课件,而且无需通过编程实现。这也是强于一般编著工具之处。

4. 良好的多媒体特性

几何画板可以通过"插入"与"链接"实现与 Windows 环境下其他许多软件产生的多媒体文件的交互(如 Adobe Photoshop Image、BMP 图像、Cool 3D 物件、PowerPoint 幻灯片、电子表格、Word 文档、画笔图片,以及其他媒体剪辑等)。

5. 开发制作的简便性

对交互画板较为熟悉的人员,一般情况下,开发一个中等难度、中等复杂程度的课件,大概只需要 5 分钟~10 分钟时间,最难的课件(只要是几何画板能够胜任的)的开发一般也不会超过一天的时间。这是其他众多多媒体编著工具和编程语言无法比拟的。

此外,《几何画板》自身软件平台非常小(仅 1.4M 左右),安装非常容易。该平台的稳定性也很好。

以上介绍的关于《几何画板》的若干优良特性,凡使用过该软件的人员都有深切的体会。这也是《几何画板》得以广为流传的原因。

二、《几何画板》课件案例介绍

1.《三次多项式曲线的性质》

一般情况下,人们对二次多项式的性质较为熟悉,而对三次多项式的性质以及三次多项式曲线不太熟悉。课件《三次多项式曲线的性质》(图 5-2-1)动态地表达了三次多项式 $y = ax^3 + bx^2 + cx + d$ 中参数 a、b、c、d 对多项式曲线形状和曲线性质的影响。

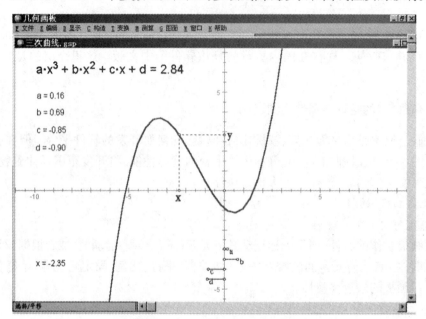

图 5-2-1 三次多项式曲线的性质

图 5-2-1 中,分别用与 y 轴的距离表示 a、b、c、d 的值,而用鼠标拉动它们的长短变化来改变其值的大小。y 值便随之而变化,曲线也随之而变化,非常形象生动,收到良好的教学效果。

2.《惠更斯原理及其波的干涉与传播》

图 5-2-2 中,左边为自左至右传播的平面波,中间为开有两个孔的平面挡板。根据惠更斯原理,平面波传播到两个小孔时,两个小孔就形成两个球面波的子波源,这两列球面波在传播过程中就会发生叠加干涉现象,形成稳定的干涉条纹。

该课件在启动动画后,上述过程就能自动运行,效果很生动、逼真。

3.《九大行星的运动》

如图 5-2-3 所示,启动运行动画后,九大行星就能自动绕日运动,符合九大行星运行轨道的"共面性、同向性和近圆性"的特点;此外,还能很好地演示出近日行星公转角速度大,而远日行星的公转角速度小的规律;还能进行行星排列、日食、月食、金星凌日、水星凌日等等现象的演示。

该课件对相关课程的教学以及科普宣传都很有价值。《九大行星的运动》这样的课件,如果用其他软件平台进行开发的话,难度往往是很大的。

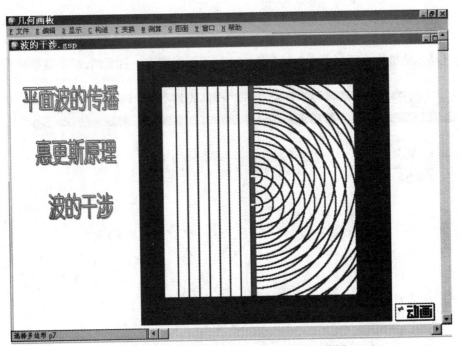

图 5-2-2　惠更斯原理及其波的干涉与传播

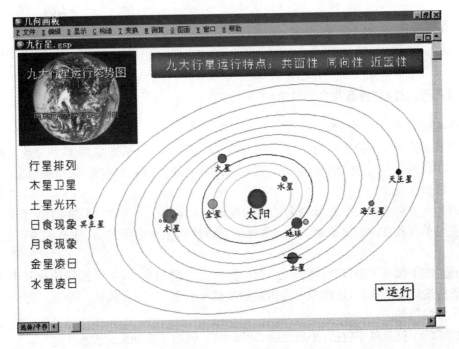

图 5-2-3　九大行星的运动

4.《马尔他机构原理》

马尔他机构是机械中的一种著名间隙运动机构,在许多机械装置中都有应用(如电影放映机中的抓片机构)。几乎所有关于机械设计的教科书中都要介绍这种机构。但是,由于受文字教材的限制,在叙述马尔他机构原理时,只能采用连环画的形式讲解该机构的连续工作过程。毕竟是静态图画,总不能让人有更直观的感受和理解。

课件《马尔他机构原理》(图 5-2-4)形象、直观,其工作原理一目了然,教学效果相当好。

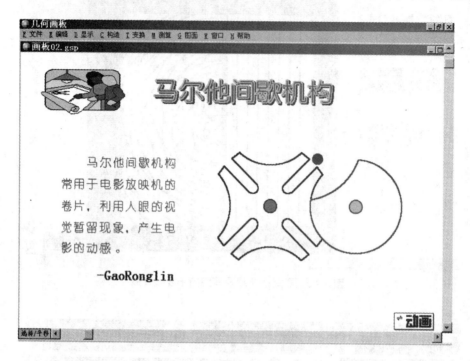

图 5-2-4　马尔他机构原理

5.2.2 《几何画板》主界面及主要功能

几何画板的主界面如图 5-2-5 所示。

左侧选择按钮为画板工具箱。自上至下分别为:选择(又包括平移、旋转和缩放选择)工具、画点工具、画圆工具、画线(又包括画线段、射线和直线)工具、文本工具、对象信息工具和预置模块选择工具。

界面上方主菜单自左至右分别为:文件、编辑、显示、构造、变换、测算、图面、窗口和帮助。各主菜单有各自的下拉菜单。几何画板最具特性的主菜单是构造、变换和测算三个主菜单。

"构造"的下拉菜单中包括:两条线或两个圆构造它们的交点、一个线段构造其中点、过线外一点构造该线的垂线、过线外一点构造该线的平行线、过三点构造一个弧。此外,还有构造角平分线等等。

"变换"的下拉菜单中包括:平移变换、旋转变换、缩放变换和反射变换。

"测算"的下拉菜单中包括:距离测算、长度测算、斜率测算,以及半径、圆周、面积、周长、角度、弧度、弧长、比例测算,还包括坐标点及直线方程和圆方程的测算。

此外,十分重要的是:在"编辑"主菜单的下拉菜单中有一"按钮"选项,点击该选项后,在其二级下拉菜单中便有一个"动画"选项。点击该选项后,在随后弹出的对话框中,依照提示进行操作,就可制作动画了。这是几何画板使用频度很高的功能,学习几何画板的人必须掌握它。

其余主菜单的下拉菜单内容及其功能读者可自行探究。

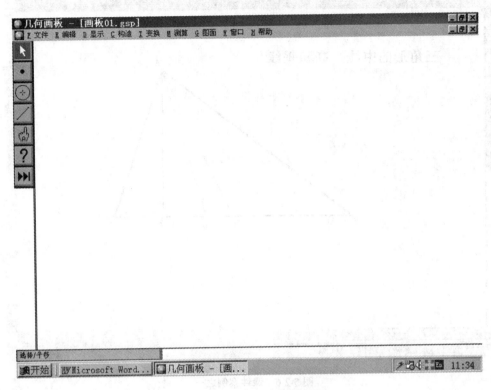

图 5-2-5　几何画板主界面

5.2.3 《几何画板》简单课件制作案例

介绍两个简单课件的制作过程,由此可对几何画板课件制作有一个大概的了解。

一、《三角形的中线、高和垂线》

最后制作效果如图 5-2-6 所示。

该案例的制作步骤为:

(1) 点击主菜单"文件",选择"新画板";

(2) 选择画板工具箱中"画线"工具,在新画板内画出一个三角形;

(3) 用文本工具对三角形的三个顶点进行标注,依次为 A、B、C;

(4) 选择线段 AB,打开构造主菜单,选择"中点",用文本工具对该中点标注(D);

(5) 同时选中点 A 和 B(按住 Shift 键),打开构造主菜单,选择"线段"。

至此,边 BC 的中线制作完成。

(6) 同时选中点(次序为)A、B、C,打开构造主菜单,选择"角平分线";

(7) 同时选中该角平分线和线段 BC,打开构造主菜单,选择"交点",标注为 E;

(8) 选中角平分线,打开显示主菜单,选择"隐藏射线";

(9) 同时选中点 A 和 E,打开构造主菜单,选择"线段"。

至此,角 BAC 的角平分线制作完成。

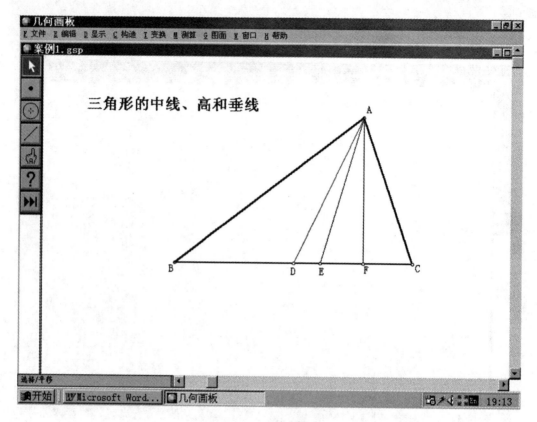

图 5-2-6　课件案例之一

（10）同时选中点 A 和线段 BC，打开构造主菜单，选择"垂直线"；
（11）同时选中该垂直线和线段 BC，打开构造主菜单，选择"交点"，标注为 F；
（12）选中垂直线，打开显示主菜单，选择"隐藏射线"；
（13）同时选中点 A 和 F，打开构造主菜单，选择"线段"。
至此，边 BC 的垂直线制作完成。

二、《活塞连杆机构》

最后制作效果如图 5-2-7 所示。
该案例的制作步骤为：
（1）点击主菜单"文件"，选择"新画板"；
（2）选择画线工具，在画板上方画出一线段(标注为 m)，作为曲轴半径；再画一线段(标注为 n)，作为连杆长度；
（3）选择画线工具，在画板中间画出较长线段(标注为 k)，作为机构的轴线；
（4）选择画点工具，在线段 k 上(靠左)画一点(标注为 O)；
（5）同时选中点 O 和线段 m，打开构造主菜单，选择"以圆心和半径画圆"；
（6）选择画点工具，在圆上画一点(标注为 A)；
（7）同时选中点 A 和线段 n，打开构造主菜单，选择"以圆心和半径画圆"；
（8）同时选中圆和线段 k，打开构造主菜单，选择"交点"，标注为 B；

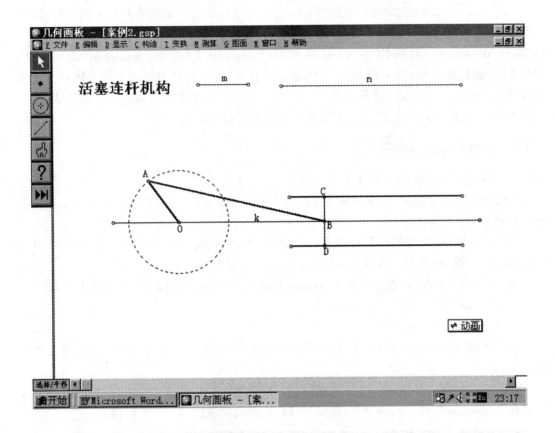

图 5-2-7　课件案例之二

(9) 选中点 B,打开变换主菜单,选择"平移";操作对话框,分别使点 B 向上平移 1 厘米(标注为 C)和向下平移 1 厘米(标注为 D);

(10) 同时选中点 C 和 D,打开构造主菜单,选择"线段";

(11) 同时选中点 A 和点 A 所在的圆,打开编辑主菜单,选择"按钮",再在下拉菜单中选择"动画"(操作动画对话框);画板上将产生动画启动按钮;

(12) 双击动画按钮,将看到曲柄转动带动连杆运动,再带动活塞平动的动画;

(13) 在活塞上下方各画一平行线,代表汽缸。

(14) 调整曲柄长度、连杆长度及汽缸位置,使其运动呈正常合理状态。

5.3　Authorware 初步

Authorware 是 Macromedia 公司的产品。作为一套功能强大的多媒体制作软件,Authorware 以其使用简便、开发效率高、编辑功能强、可跨平台运行等优点,在计算机辅助教学、娱乐和商务办公等领域得到了广泛的应用。与 VB、VC++ 等程序设计软件相比,Authorware 可以在无须编写一行程序代码的情况下,仅使用流程线和一些工具图标,就能制作出具有交互性的多媒体软件。如果再配合使用 Photoshop、3DMAX、Premiere 等图像、动画、视频处理软件,就能制作出丰富多彩、高质量的多媒体产品。

Authorware 从 1.0 版、2.0 版到目前的 5.1 版,一直是公认的多媒体开发工具之佼佼者。1995 年 11 月,在美国 Comdex 展览会期间,Authorware 荣获 PC 多媒体制作工具类最有价值产品奖,与 Authorware 同时获奖的是 Premiere 和 3D Studio。从 4.0 版后,Authorware 加强了对网络的支持,通过使用 Macromedia 独创的 Shockwave 技术,成功地使多媒体产品在因特网上流畅播放。Authorware 5.0 和 5.1 版加强了创作和发布交互式多媒体及在线教学的功能,把在网络上实现"互联的知识世界"这一构想真正地推向了成功。

5.3.1 Authorware 5.1 快速入门

一、关于 Authorware 5.1 的安装与运行

安装时应选用正版的 Authorware 5.1 产品。具体安装方法可参阅 Authorware 5.1 操作手册。这里不再详细介绍。

安装完成后,在任务栏的程序菜单上会出现"Macromedia Authorware 5"的菜单项;单击"Authorware 5"项,便进入了 Authorware 5.1。

如果你所使用的计算机已安装了 Authorware 5.1,只需从计算机桌面直接进入即可。

二、Authorware 5.1 编辑环境简介

1. Authorware 5.1 的界面

初次使用 Authorware,可能会对它的界面不太适应。下面我们就来逐项了解各部分的功能。

如图 5-3-1 所示,Authorware 5.1 的窗口是标准的 Windows 窗口,顶部标题栏的左侧是窗口名和 Authorware 的图标——一个红色的小球;右侧是控制窗口的三个按钮。

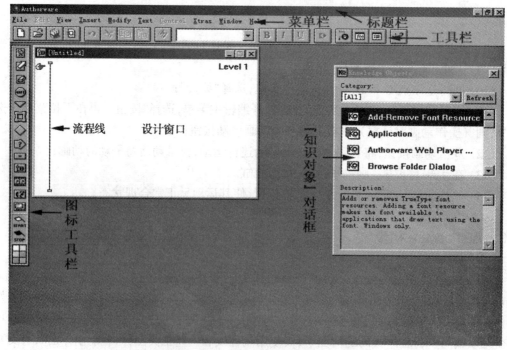

图 5-3-1 Authorware 5.1 编辑环境

标题栏下方即菜单栏和工具栏;窗口左侧为图标工具栏。这几项的功能我们在后面介绍。

中央的窗口称为"设计窗口"，Authorware 中的所有程序结构将在这里被设计实现。窗口中的一条直线是流程线，Authorware 在运行程序时，即以此流程线作为执行顺序的依据。窗口中的手指则指明了当前的编辑位置，相当于文本编辑中光标的作用。

Authorware 5.1 的窗口右部是"知识对象"（Knowledge Objects）对话框。它提供给我们在软件设计中可能用到的一些功能模板，这些模板有"文件"、"界面组件"、"因特网"等类别可供用户选择（如图 5-3-2 所示）。模板的使用可以大大提高我们的开发效率。关于它们的应用方法我们将在后面介绍。

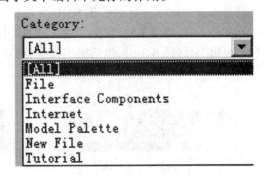

图 5-3-2　模板的类别

2．菜单栏功能简介

Authorware 菜单栏共分十项（图 5-3-3），功能比较复杂。下面先分别简解各自大致的功能，具体使用将在后文中结合不同情况讲解。

图 5-3-3　菜单栏

"文件"菜单（File）——它包括了对当前编辑的 Authorware 文件的基本操作，如新建文件、打开文件、保存文件、媒体的输出入、文件的打包、文件的打印、发送邮件以及退出 Authorware 等功能。

"编辑"菜单（Edit）——提供了常用的图标和多媒体对象的编辑操作，如剪切、复制、粘贴、删除、撤消、查找、全选等。

"查看"菜单（View）——包括了查看当前图标、设置菜单栏、工具栏、浮动面板和网格等项目。

"插入"菜单（Insert）——可以进行知识对象图标、图像、OLE 对象、ActiveX 和 GIF、Flash、QuickTime 动画等多媒体元素的插入操作。

"修改"菜单（Modify）——可以进行图像属性、图标和文件属性等的修改工作以及对齐、组合、改变层次等操作。

"文本"菜单（Text）——主要针对文字的字体、大小、风格及其他的修饰进行处理。

"控制"菜单（Control）——提供程序的运行、调试等功能。

"外部调用"菜单（Xtras）——可以查看库的链接情况，进行拼写检查，提供所用图标占用空间大小的报告，以及将 .WAV 的声音文件转换为 .SWA 的 Shockwave 文件。

"窗口"菜单（Window）——选择所需的功能窗口，包括控制面板、展示窗口、设计窗口、函数窗口、变量窗口、按钮和光标设计窗口以及外部媒体浏览窗口等。

"帮助"菜单（Help）——提供 Authorware 中所有相关信息的查询渠道。通过本书中关于 Authorware 的介绍，大家可以掌握 Authorware 的一些基本知识，但在实际操作中势必会遇到各种问题，这时就可以利用 Authorware 5.1 自带的帮助系统，来获取更多的信息。

3．工具栏功能简介

工具栏（图 5-3-4）中图标的功能均可以从菜单中找到。按菜单功能我们可以把工具栏

划分为六部分:

图 5-3-4 Authorware 的工具栏

(1) 文件工具(图 5-3-5),包括新建文件、打开文件、保存文件和输入媒体。
(2) 编辑工具(图 5-3-6),包括撤消操作、剪切、复制、粘贴和查找。

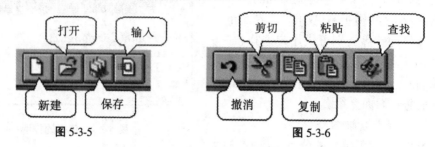

图 5-3-5　　　　　　　　　图 5-3-6

(3) 文本工具(图 5-3-7),包括文字风格列表、粗体、斜体和加下划线。

图 5-3-7　　　　　　　　　图 5-3-8

(4) 运行(图 5-3-8),从程序开头运行程序。
(5) 窗口工具(图 5-3-9),包括控制面板、函数窗口和变量窗口。
(6) 帮助指示(图 5-3-10),点击此图标后,鼠标变成"问号"状,此时可以在 Authorware 窗口中点击你需要帮助的对象,即可获得相关的帮助信息。

图 5-3-9　　　　　　　　　图 5-3-10

4. 图标工具栏简介

Authorware 的图标工具栏如图 5-3-11 所示。

图标工具栏中共 16 个图标,其中上面的 13 个用于程序设计,它们是 Authorware 的核心部分。VB、VC++ 等软件都是使用程序设计语言来编写多媒体软件,而 Authorware 将复杂的程序用这 13 个图标来实现,使它变得易学易用,同时大大提高了多媒体软件的开发效率。下面我们先了解一下这些图标的主要功能,具体的使用方法将在后面详细介绍。

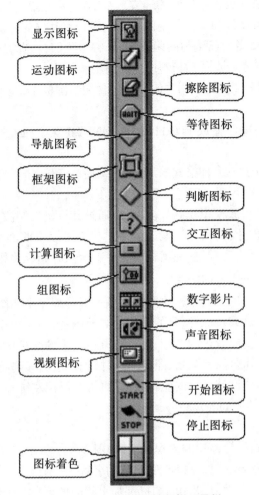

图 5-3-11 Authorware 的图标工具栏

显示图标:Authorware 中最基本也是最重要的图标,用于显示静态的信息,如图形、图像、文字等。

运动图标:配合显示图标和数字影片图标使用,可以移动图像、文字、动画等产生动画效果。

擦除图标:类似一块橡皮擦,可以清除画面上的对象。

等待图标:当程序运行到这里时会暂停下来,直到满足设定的一段时间或按下键盘上的任意键或单击鼠标,程序才向下继续执行。

导航图标:与框架图标配合使用,用来设计超文本和超媒体。

框架图标:与导航图标配合使用,用来设计超文本和超媒体。

判断图标:可以用来设计分支选择结构和循环结构。

交互图标:与其他图标结合起来使用,可以实现很强的人机交互功能。在 Authorware 5.1 中提供了 11 种交互方式,我们可以利用它们设计出友好的人机界面,制作出具有交互性的多媒体教学软件。

115

计算图标:用来存放程序代码的地方。Authorware 在给我们提供各种设计图标的同时,也给我们留下了自由设计和发挥的空间。我们可以利用 Authorware 提供的函数、变量以及 Windows 的 API 函数或者自己编写的函数等,来编写我们自己的程序,实现某些特别的功能,增强多媒体设计的弹性,也可弥补仅使用设计图标的不足。

组图标:可以将一组连续、相关的图标包含在组图标中,类似于程序中的子程序,使得程序结构更为清晰。

数字影片图标:能够播放 FLC/FLI 动画、AVI、MPEG、QuickTime、Director 影片和编号的 BMP 文件等。

声音图标:可以引入多种格式的声音,用于播放音乐、音效和解说词等,能为多媒体软件增色许多。

视频图标:用来播放模拟视频片段,可以通过计算机控制激光视盘机(LD)的播放。

开始和停止图标:用于调试程序。我们可以将两面小旗分别放置在需要调试的程序的开头和结尾,在运行时程序就会从开始标志旗处(白旗)执行,直至结束标志旗处(黑旗)停止。

图标着色:可以使用这块简单的调色板为程序中的图标上色,以区分各自的层次性、重要性或特殊性,且便于我们寻找图标,但对程序的运行没有任何影响。使用时,先单击要着色的图标,再单击调色板上的颜色块即可。

在使用上述 13 个设计图标和开始、停止图标时,先将鼠标移到所需的图标上,然后按下鼠标左键不放,拖动图标到设计窗口的流程线上,再松开鼠标左键即可。

三、创建一个最简单的 Authorware 文件

1. 看看我们的工具箱

首先拖动显示图标到设计窗口的流程线上(如图 5-3-12 所示)。图标后的"Untitled"是该图标的名称,意思是"未命名的"。可以改变图标的名称为"示例 1"(如图 5-3-13 所示)。建议在设计 Authorware 程序时,为所使用的图标都加上相应的名称(中英文均可),以便今后的调试和修改。

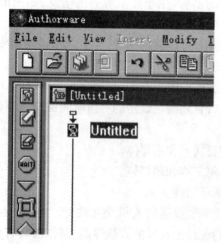

图 5-3-12

图 5-3-13

然后,双击该图标,屏幕上出现如图 5-3-14 所示的"展示窗口"(Presentation Window)。

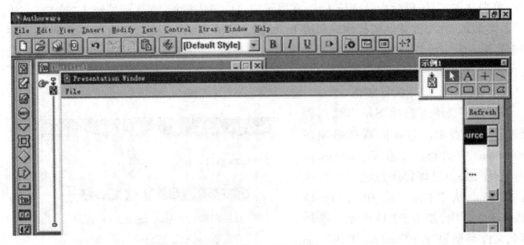

图 5-3-14　展示窗口

Authorware 在此窗口中呈现程序中的所有对象,有如为演员们提供的演出舞台。展示窗口的右上角是一个"工具箱"(图 5-3-15),它提供了文本工具和基本的绘图工具。

工具箱上的名称是当前显示图标的名称。工具箱中共有 8 个图标,代表了 8 种常用工具(如表 5-3-1 所示)。

图 5-3-15　工具箱

表 5-3-1　8 种常用工具功能表

图标	名称	功能	图标	名称	功能
	指针工具	选取对象		椭圆工具	画椭圆和圆(画圆时按住 Shift 键)
	文本工具	书写文字		矩形工具	画矩形
	直线工具	画水平线、垂直线和呈 45°的斜线		圆角矩形工具	画圆角矩形
	斜线工具	画任意直线		多边形工具	画任意多边形

2. 跟我做

图 5-3-16

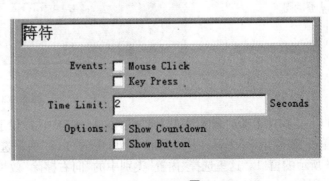

图 5-3-17

单击文本工具,鼠标指针变成 I 状,在展示窗口中单击鼠标,在光标处键入"这是一个例子"。类似地,再增加其他图标到流程线上,如图 5-3-16 所示。分别在"矩形"和"圆"图标内绘制矩形和圆。在"等待"图标内设置等待时间为 2 秒,如图 5-3-17 所示。在"擦除矩形"图标内,单击所绘制的矩形以设置擦除对象。最后,按"运行"按钮执行程序。

3. 保存并生成可执行文件

从"File"菜单下选择"Save"项,将程序保存在磁盘上。这样的程序必须在 Authorware 中执行。要脱离 Authorware 运行程序,必须将该程序打包生成可执行文件。从"File"菜单下选择"Package…"项,如图 5-3-18 所示。选择打包文件类型为"For Windows 95, 98 and NT"项,按"保存并打包"按钮,保存可执行文件即可。这样生成的文件(.EXE)可以在 Windows 下直接运行。

图 5-3-18　打包窗口

四、为我们的演示增加动感

在 Authorware 中提供了物体的运动方式和画面的过渡效果,为我们的程序增加了动感,丰富了画面的表现形式。

如图 5-3-19 所示,我们在上面的示例程序中增加了一个运动图标"移动圆"。运动图标用于将对象按照指定的路径进行移动。这里使用的是点到点的移动,如图 5-3-20 所示,设置相关参数时先点击要移动的对象,然后将其拖至目的位置,并确定对象的运动时间,这里是 3 秒。然后按"Preview"按钮,看一下对象的运动效果,如果满意了可按"OK"按钮完成设置。

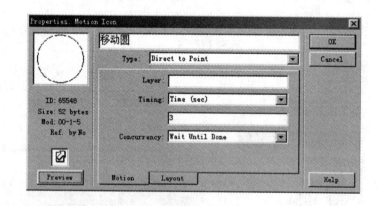

图 5-3-19　　　　　　　　　　　图 5-3-20

以上是物体运动动画的设计。此外,Authorware 中还提供了物体擦除和出现时的过渡效果。单击"擦除矩形"图标,从"Modify"菜单中的"Icon"项下选择"Transition…",弹出如图 5-3-21 所示的窗口。这里选择"内置"类别中的"向右擦除"效果,持续时间为 0.5 秒,平滑度为 64,单击"Apply"按钮可以看到过渡效果的预览情况。同样,我们也可以设置"圆"图标的出现效果,如图 5-3-22 所示。

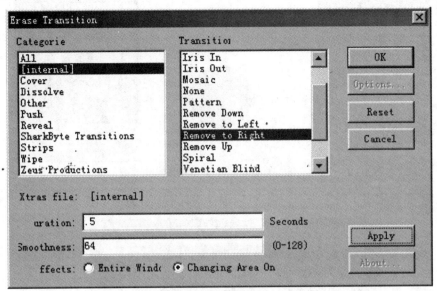

图 5-3-21

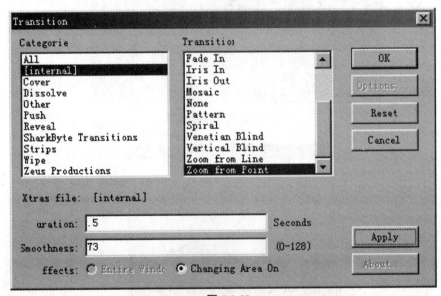

图 5-3-22

五、妙用层次

在 Authorware 中,后呈现的图标内容将覆盖在前面图标内容之上。如图 5-3-23 所示,圆将出现在背景(山峰)之前,而我们预想的效果是红色的太阳(圆)从山(背景)后升起。首先,双击"圆"图标,打开展示窗口。然后从"Window"菜单的"Inspectors"项下选择"Colors",如图 5-3-24 所示,在调色板窗口中改变圆的颜色为红色。然后从"Modify"菜单的"Icon"项下选择"Properties...",在如图 5-3-25 所示的对话框中设置层数(Layer)为 1(默认值为 0)。运行一下程序,可以看到如图 5-3-26 所示的效果。

119

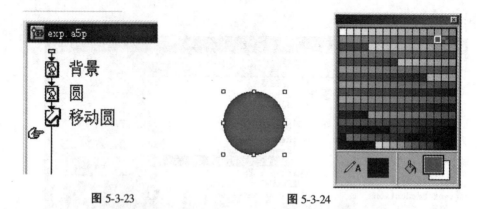

图 5-3-23   图 5-3-24

类似地,可设置多个对象为不同层次,以设计出具有立体效果的作品。

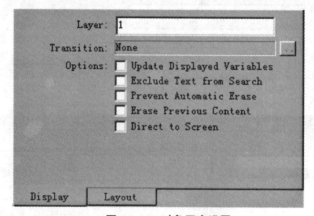

图 5-3-25　对象层次设置

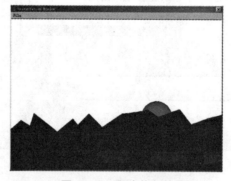

图 5-3-26　程序执行结果

5.3.2　动画、视频和声音的集成

一、设定路径的动画

　　Authorware 在运动图标中还提供了沿设定路径运动的方式。双击"移动圆"图标,弹出如图 5-3-27 所示的运动图标属性窗口。在类型(Type)中选择"Path to End"项,然后单击圆形并拖动它,形成如图 5-3-28 所示的轨迹。这样,圆形将沿这条折线轨迹运动。如果双击折线上的小三角,小三角将变成小圆圈,而轨迹线则变成一条曲线,如图 5-3-29 所示。轨迹上的点

是可以编辑的,你可以移动轨迹点,或删除轨迹点(如图 5-3-30),从而使轨迹线形状改变。

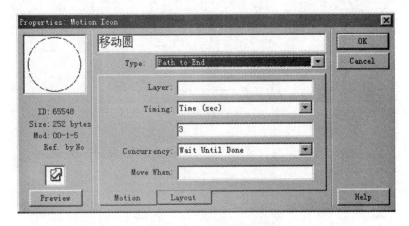

图 5-3-27　运动图标属性

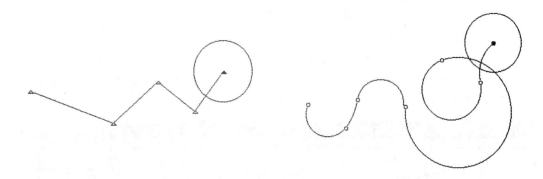

图 5-3-28　折线轨迹　　　　　　　图 5-3-29　曲线轨迹

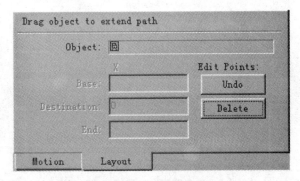

图 5-3-30　删除轨迹点

二、播放数字化电影

播放数字化电影必须使用数字影片图标。将一个数字影片图标拖到流程线上,双击它,弹出如图 5-3-31 所示的数字影片图标属性窗口。单击"Import…"按钮,输入所需的影片。数字影片图标只能调用 MPEG、AVI、Director 和 FLC /FLI 影片以及 BMP 序列文件。如要输入 QuickTime、Flash 和 GIF 动画,须从"Insert"菜单的"Media"项下选择影片类别,并插入动画文件。

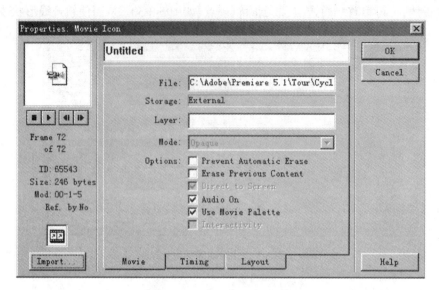

图 5-3-31　数字影片图标属性

三、引入声音

要使用声音文件,必须通过声音图标。将一个声音图标拖到流程线上,双击它,弹出如图 5-3-32 所示的声音图标属性窗口。单击"Import..."按钮,输入所需的声音文件。这里输入的声音必须是波形音频,MIDI、MP3 等音乐需要使用函数来调用。

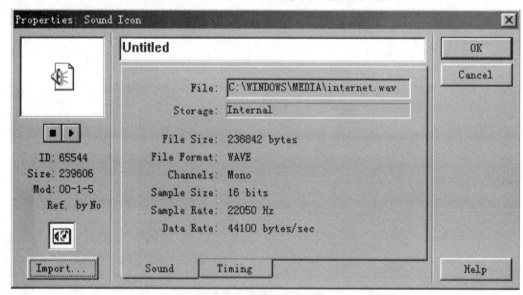

图 5-3-32　声音图标属性

四、多种媒体的同步演示

在默认状态下,Authorware 的图标是按自上而下的顺序执行的。如图 5-3-33 所示,图像、动画、声音等多个媒体需要同步播放时,必须设置媒体播放的属性。分别双击声音图标和数字影片图标,在"Timing"标签中的"Concurrency"项下选择"Concurrent"(同步),如图 5-3-34 所示。如当前图标的播放方式为同步方式,则它将与下一个图标同步演示。这里"sound"和

"bird"图标为同步演示方式,它们将与"move bird"图标同时执行,效果为小鸟在背景音乐中自左向右飞去,如图5-3-35所示。

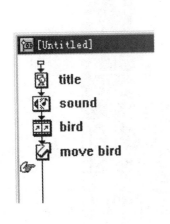

图 5-3-33

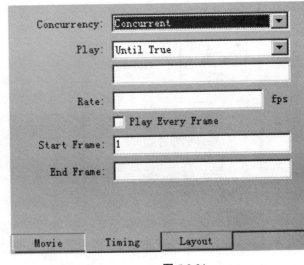

图 5-3-34

图 5-3-35 多种媒体同步演示

5.3.3 交互图标的使用

前面介绍的 Authorware 程序都不具备交互性,而多媒体教学软件的最大优势就是人机交互性。Authorware 一共提供了 11 种交互方式:按钮、热区、热对象、目标区域、下拉菜单、条件、文本、按键、限定次数、限定时间和事件交互。

使用交互方式时,首先要将交互图标拖入设计窗口,然后可以将其他图标,如组图标拖至交互图标右侧,这时弹出如图 5-3-36 所示的对话框。选择一种交互方式,如按钮交互,然后双击按钮图标,弹出如图 5-3-37 所示的按钮交互的属性窗口。在这里可以设置按钮的名称、大小、位置、快捷键以及鼠标移到按钮上时光标的形状等属性参数。类似地,再拖入两个组图标并设置按钮交互(如图 5-3-38 所示),最后运行程序看一下效果(如图 5-3-39 所示)。

123

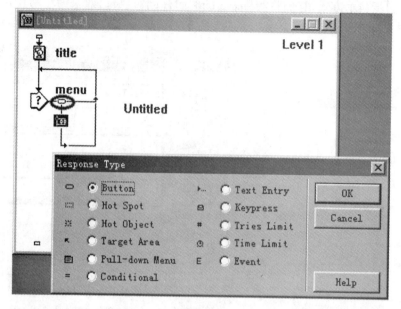

图 5-3-36

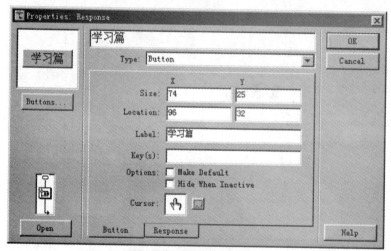

图 5-3-37 按钮交互的属性

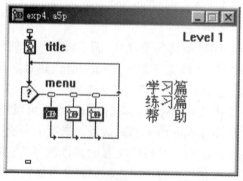

图 5-3-38

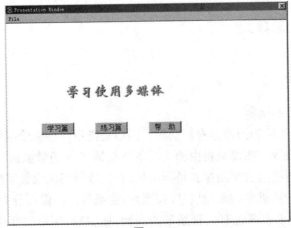

图 5-3-39

灵活应用各种交互方式,可以制作出多种人机界面友好的多媒体教学软件。图 5-3-40 ~ 图 5-3-42 所示是一个使用热区交互设计的选择题。由于篇幅所限,这里不一一介绍各种交互的功能,有兴趣的读者可以参考相关的 Authorware 书籍。

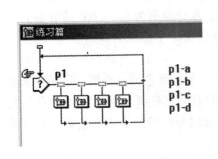

图 5-3-40　热区交互的设计

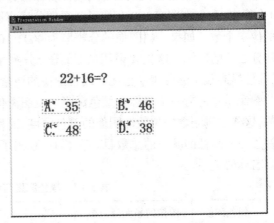

图 5-3-41　热区的设定

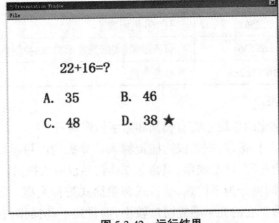

图 5-3-42　运行结果

5.4 多媒体素材的采集

5.4.1 静态图像的数字化

一、有关图像的基本概念

在计算机科学中,图形和图像是有区别的。图形是指用计算机绘制的画面,如直线、圆、圆弧、矩形、曲线和图表等。图像是指由输入设备捕捉的实际场景画面,或以数字化形式存储的任意画面。我们所说的数字图像就是指由扫描仪、数码相机或数字摄像机等设备输入,并以数字形式存储在计算机中的图像信息,如照片、绘画等。图像可分为矢量图和位图两种形式,其中位图更适合于表现含有大量细节的画面,如明暗、色彩的变化,而且显示速度更快。在下面的介绍中将主要讨论位图图像。

在介绍数字化图像前,我们先了解一下图像质量的指标。

图像质量的指标之一是分辨率。分辨率有屏幕分辨率和图像分辨率之分。屏幕分辨率即屏幕上水平和垂直方向的像素个数,如屏幕分辨率为 800×600,即屏幕的水平方向上有 800 个像素,垂直方向有 600 个像素。图像分辨率则指图像的尺寸,即图像在水平和垂直方向的像素个数。如果一幅图像的分辨率为 400×300,则它在分辨率为 800×600 的屏幕上占据四分之一的区域。这里要说明的是,图像分辨率实际已决定了图像的显示质量,也就是说,即使提高显示的分辨率也无法改善图像的质量。

图像质量的另一个指标是颜色深度。位图图像的各像素的颜色信息是用二进制数来表示的,这些二进制数的位数即图像的颜色深度(简称图像深度、颜色深度或深度)。颜色深度反映了构成图像的颜色的总数目。表5-4-1列出了颜色深度与图像的最大颜色数以及图像类别名称的关系。

表 5-4-1 颜色深度与图像的关系

颜色深度	图像的最大颜色数	图像类别名称
1	2	单色图像
4	16	索引 16 色图像
8	256	索引 256 色图像
16	65 536	高彩色图像(实际只显示32 768种颜色)
24	16 772 216	真彩色图像

二、静态图像的数字化

目前,静态图像数字化的手段主要有扫描和数字摄影两种。

图像扫描的设备称为扫描仪,扫描仪能捕捉输入计算机的图像可以是照片、文字资料、表格、图画、幻灯片、投影片等,甚至硬币、织物等立体物品也可以扫描。

扫描仪按外形的不同可分为手持式、平板式和滚筒式三种类型。手持式扫描仪的价格较低,适用面较广。但由于它的光学感应窗口较小,而且是手动操作,在使用中要很快得到较好的扫描图像不太容易。平板式扫描仪带有光学感应窗口的自动移动装置,扫描时只需把要输入的图像放在扫描仪的玻璃镜面上,使人为失误大大减少,容易得到高质量的图像。滚筒式扫描仪的扫描幅面比较大,一般用于输入工程图纸、大幅海报等尺寸较大的图像。

数字摄影一般使用数码相机或数码摄像机。数码相机可以将画面直接以数字形式存储在相机的存储卡或磁盘上,并输入到计算机中观看或编辑,免去了冲洗照片的麻烦。数码摄像机可以利用抓取静态图像的功能,把画面存储在数字录像带上,并输入到计算机中进行编辑。随着数码相机和数码摄像机技术的进步,画面质量的提高,传统的相机和摄像机将被逐步淘汰,为数字化的影像所取代,数码影像的应用具有十分诱人的前景。

三、扫描仪使用简介

在图像出版业中,经常使用的是打印分辨率的概念,即用 DPI(每英寸的点数)来衡量打印在纸上的图像的大小。在扫描图像时,也使用 DPI 的大小来衡量扫描的分辨率。DPI 的值越大,扫描的分辨率越高,记录的图像越细致,得到的图像文件也越大。

下面以平板式扫描仪 MICROTEK SCANMAKER 4 为例,简要介绍一下扫描图像的过程。

首先检查扫描仪与计算机是否连接正常,再打开扫描仪的电源,然后启动计算机,否则计算机无法检测到扫描仪。

接下来将需要扫描的图像放在扫描仪的玻璃镜面上,盖上扫描仪盖。要注意扫描的图像纸张应尽量保持平整和清洁,并沿扫描仪的尺规边缘放置,以便扫描时准确定位。

通常扫描仪都配有图像扫描软件,而且都是符合国际通用的 TWAIN 标准的应用程序。MICROTEK 扫描仪提供了 ScanWizard 扫描软件。在扫描时,首先从"开始"菜单的"程序"项中找到扫描软件并打开,如图 5-4-1 所示;或者打开图像处理软件(如 Adobe PhotoShop,Wondows 中的"映象"程序等),从"文件"菜单的"输入"项下选择"TWAIN-32...",如图 5-4-2 所示。

图 5-4-1 ScanWizard **扫描软件**

图 5-4-2　在 Adobe PhotoShop 中选择扫描程序

　　启动 ScanWizard 后,出现如图 5-4-3 所示的预览窗口。这里包含了控制扫描仪的各种命令和工具。窗口的右上角有三个箭头,单击这几个箭头,将分别弹出扫描设置窗口(如图 5-4-4)、影像信息窗口(如图 5-4-5)和扫描作业窗口(如图 5-4-6)。扫描设置窗口包含了输出图像的扫描参数,如分辨率、亮度、对比度等;影像信息窗口提供了预览图像的信息,如像素、色彩信息等;扫描作业窗口用于管理扫描工作。

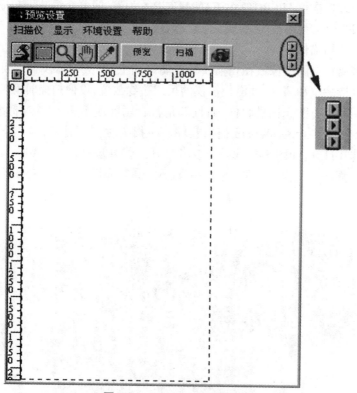

图 5-4-3　ScanWizard 扫描软件

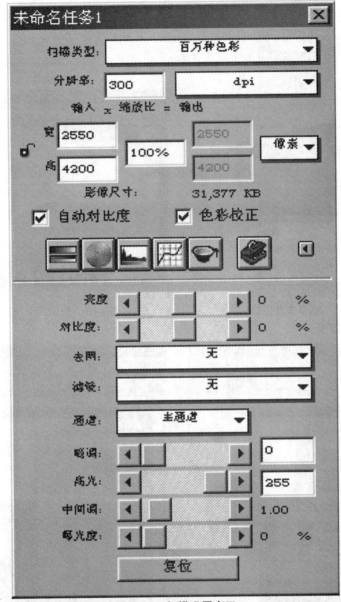

图 5-4-4 扫描设置窗口

  在扫描前,需要进行扫描参数的设置。先按下预览窗口中的"预览"按钮,看一下图像预扫描的结果(如图 5-4-7 所示)。然后选择扫描区域(见图 5-4-8)。接着进行扫描参数的设置,包括数字化后的图像的类型、分辨率、亮度和对比度等。

  最后,单击预览窗口中的"扫描"按钮,扫描后的图像被保存或传送到图像处理软件中编辑保存,扫描工作到此完成。

图 5-4-5 影像信息窗口

图 5-4-6 扫描作业窗口

图 5-4-7 图像预扫描的结果

图 5-4-8 选择扫描区域

四、图像的编辑

CAI课件中使用的数字化图像一般都需要进行编辑处理，以符合课件的设计要求。

首先，我们了解一下图像的文件格式。图像的文件格式有很多种，目前较流行的有：BMP、JPG、PIC、GIF、TIF、TGA、PCD、PCX 等。其中，BMP 格式是 Windows 下的基本位图格式，绝大多数图像处理软件都支持这种格式；JPG、PIC 和 GIF 格式是压缩的图像格式，图像文件都比较小,JPG 和 GIF 格式还是网页中的通用图像文件格式,其中 GIF 格式的颜色数最多,为 256 色,同时它也是动画的一种格式;TIF 格式主要用在扫描仪和出版业,这种格式的文件可以压缩存储,也可以不压缩,是大多数图像编辑软件支持的格式;TGA 文件的格式比较简单,应用也很广泛;PCD 是 Kodak 公司的 PhotoCD 专用存储格式,PCD 文件中含有从专业摄影照片到普通显示使用的多种分辨率的图像,文件都非常大;PCX 文件的格式一般为 16 色或 256 色,不支持真彩色的图像存储。

图像的编辑操作主要包括图像的创建、移动、变形、亮度、对比度、色彩的调整等图像变换操作,图像格式的转换以及为图像增加滤镜等。

对图像进行编辑处理的软件十分丰富。其中,Adobe 公司的著名产品 PhotoShop 以全面的功能和众多的滤镜效果深受广大用户的青睐,成为专业图像处理的首选软件。

此外,Windows 中的"画图"程序也是比较小巧的图像编辑软件,可以完成绘图、图像变形、旋转等基本操作。

5.4.2 声音的采集

一、数字化音频的格式

计算机中使用的声音是数字化的声音,包括数字化的语音、声响和音乐。计算机产生声音的方式主要有三种:波形音频、MIDI 音频和 CD 音频。

波形音频是多媒体计算机获得声音的最直接、最简便的方式。在这种方式下,通常使用麦克风、录音机或 CD 等作为声音的输入源,通过声卡把普通的模拟声音信号转换为数字信号,并以一定的格式存储在磁盘上。声音重放时,声卡将数字声音信号还原为模拟信号,经混音器混音后由扬声器输出。Windows 中使用的标准数字音频称为波形文件,文件扩展名为 .WAV。此外还有 VOC 文件,也是常见的数字声音文件。

MIDI 音频是多媒体计算机产生声音的另一种方式。MIDI 是乐器数字接口(Musical Instrument Digital Interface)的缩写,是数字音乐的一个国际标准。由于 MIDI 文件比较小,适合用于长时间的声音播放,如演奏 2 分钟的音乐,WAVE 文件占用的存储空间约为 2M,而 MIDI 文件只需 20k 的存储空间。但 MIDI 音频的重要缺陷在于缺乏重现真实声音的能力,难以产生真实的演奏效果。

CD 音频是利用非常成熟的数字音响技术获得的高质量音频。CD 音频用 44.1kHz 采样频率、16 位量化级的立体声存储(参看"波形音频的采集"),可以完全重现原始的声音。我们常用 CD 唱片就保存这样的高保真数字音乐,每张 CD 唱片最多可以存储 74 分钟的高品质音乐。

此外,目前流行的 MP3 格式的音乐也是数字化的音频。它采用 MPEG3 标准对波形音频进行压缩,可以获得占用存储空间相对较小的 MP3 文件;而重放时又将文件还原为波形音频输出。一般来说,一分钟 CD 音质的波形音频约需要 10M 的存储空间,而 MP3 文件只有 1M~1.5M,因此很快就受到人们的青睐,并迅速流行起来。

二、波形音频的采集

进行波形音频采集前,需要了解以下几个术语。

采样频率:将模拟声音波形转换为数字时,每秒抽取声波幅度样本的次数,计算单位是 Hz(赫兹)。一般来说,采样频率越高,声音的失真越小,但数字化音频的数据量也越大,所需存储空间也越多。通常,采样频率在40kHz左右可以保证声音的不失真。我们常采用44.1kHz的采样频率进行波形音频的采集,以保证能真实地再现原始声音。

量化级:对波形音频进行采样的点所能表示的二进制数的数据范围,常用的有8位、12位和16位。其中16位量化级可以表示65 536个不同的值,足以表示人耳听觉范围内的各种声音频率。

单声道与双声道:采集音频时,每次产生一个波形数据,称为单声道;每次产生两个波形数据,称为双声道,即立体声。立体声更能正确反映人耳的听觉感受。

波形音频采集包括采样和量化两个方面。因此,采样频率越高,量化级越大,并且使用立体声采样,采集到的数字化音频的音质就越好,当然波形文件所需的存储空间也越大。

下面以Windows中的"录音机"为例,介绍波形音频的采集工作。

首先要根据输入的声音源选择相应的设备。声音源可以是麦克风、录音机或CD唱片等,将它们与计算机的声卡连接好,调节好输入的音量。

打开"录音机"程序,如图5-4-9所示。

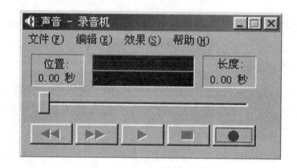

图5-4-9 录音机

在"文件"菜单下选择"属性"项,弹出如图5-4-10所示的对话框。

在声音属性的对话框中显示了当前的音频格式,可以根据实际需要转换格式。通常,如果是语音的录制,可以采用低质量的音频格式;如果是音乐的采集,则可以选择较高音质的格式。按下"开始转换"按钮,弹出如图5-4-11所示的对话框。在"名称"的下拉表框中选择所需的声音质量类型,如"CD质量",此时可以看到属性框内数据为"44100Hz,16位,立体声172kB/s",分别代表采样频率、量化级、声道以及波形文件每秒所占的存储空间大小。用户也可以自行定义格式和属性,另存为自定义的声音质量类型。

如图5-4-9,用鼠标按下红色的"录音"按钮,即开始录音,你可以开始对着麦克风讲话或播放录音带、CD唱片。在录音中,可以随时按下"停止"按钮暂停录音;再按"录音"按钮即可继续录制(如图5-4-12所示)。

录制完成后,在"文件"菜单中选择"保存"项,将数字化音频得到的波形文件存储在磁盘中。这样就完成了波形音频的采集工作。

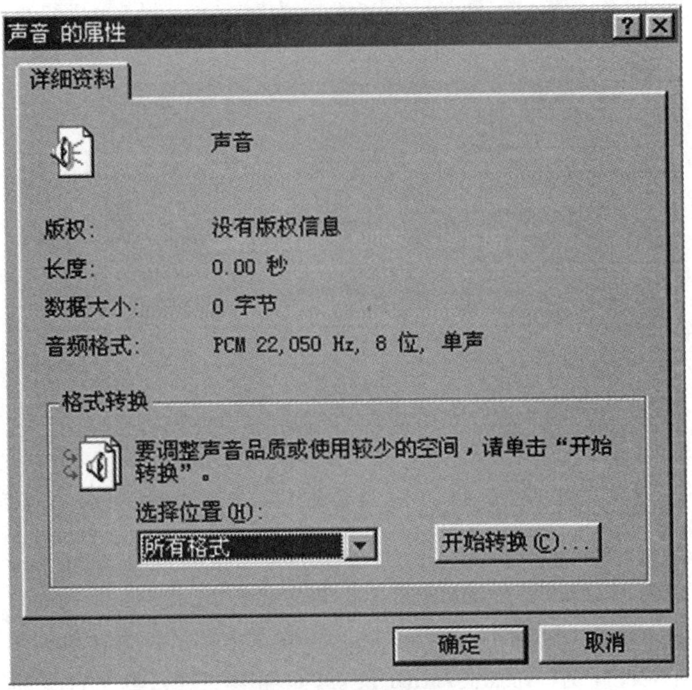

图 5-4-10 声音的属性

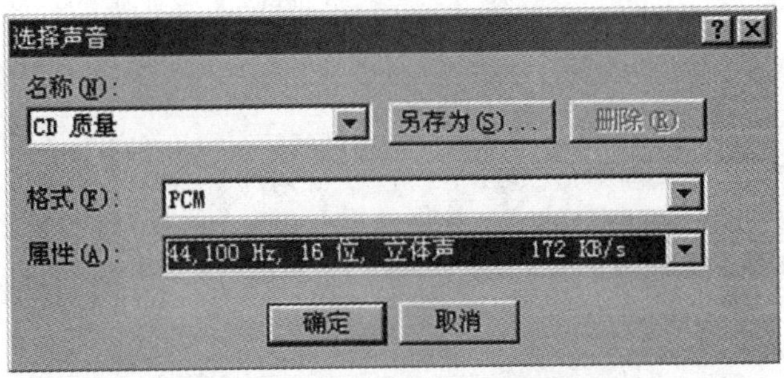

图 5-4-11 选择声音质量类型

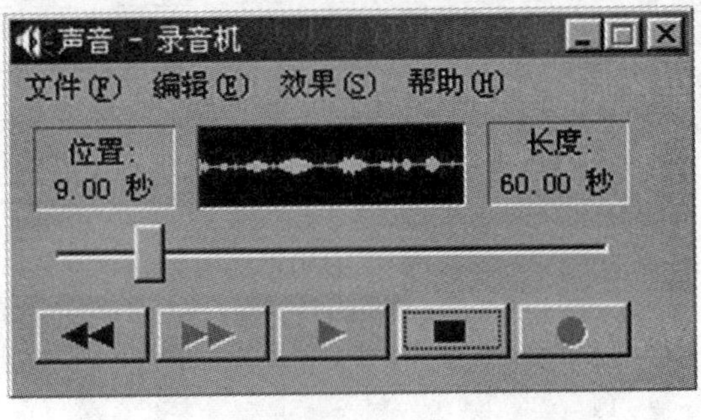

图 5-4-12 使用"录音机"进行录音

"录音机"程序存在的缺陷是，每次按下"录音"按钮，这一次的录音时间最长为60秒，这给录音工作带来了不便。我们可以选择更专业化的声音处理软件，如"Creative 录音大师"

133

等,各软件工作的方式基本上是一致的。图 5-4-13 为"Creative 录音大师"的录音对话框。

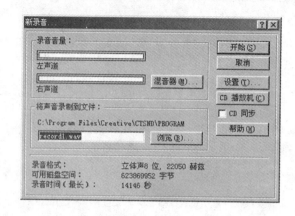

图 5-4-13 "Creative 录音大师"的录音对话框

三、MIDI 音频的采集

MIDI 音频采集时,并不对音乐采样,而是将每个音符记录为一个数字。MIDI 标准规定了各种音调的混合及发音,通过声卡就可以将这些数字重新组合为音乐输出。

要采集 MIDI 音频,首先要准备好 MIDI 设备,如 MIDI 键盘、电子合成器等,并与计算机声卡连接好。此外,还必须有称为音序器的软件,用于记录、存储、编辑和播放 MIDI 音乐,如 Cakewalk、Midisoft Studio for Windows 等。图 5-4-14 是 Cakewalk 专业版的界面。

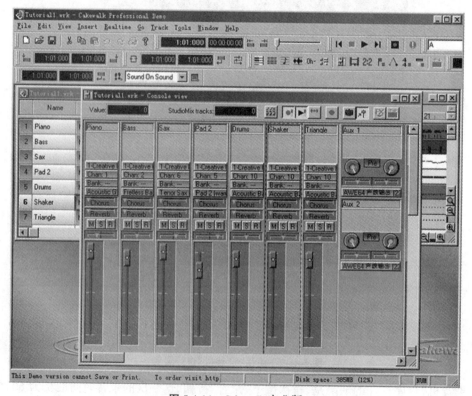

图 5-4-14 Cakewalk 专业版

录制 MIDI 音乐时,首先要确定录音的通道,然后演奏 MIDI 设备,输入 MIDI 音频。音序器软件的应用,降低了多媒体音乐创作的难度,初学者也能制作出具有专业水准的 MIDI 音乐。

5.4.3 波形音频编辑软件简介

下面以 Windows 中的"录音机"为例介绍波形音频编辑软件的使用方法。

首先在"录音机"中打开一个波形文件。打开"效果"菜单,如图 5-4-15 所示。

在"效果"菜单中,可以对波形音频做简单的处理。"提高音量"、"降低音量"可以改变声音的原始音量大小,每操作一次,音量升高或降低原来的 25%。"加速、减速"用于改变声音的播放速度,每操作一次,播放速度提高一倍或降低为原来的一半,播放的时间也随之减少为原来的一半或增加一倍。"添加回音"可以为声音增加回响效果。"反向"可将声音逆向播放,产生特殊的效果。效果菜单中的操作都是对整个音频文件起作用,不能对某一段操作,这也是这个软件的局限性。

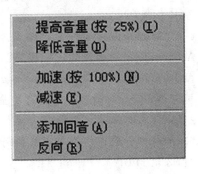

图 5-4-15 "效果"菜单

5.4.4 视频的数字化

视频是由连续的单幅画面(帧)组成的。普通的模拟视频信号分 NTSC 制、PAL 制和 SECAM 制三种标准,我国采用的是 PAL 制,其标准为每秒 25 帧。视频的数字化就是将连续的模拟视频画面经过数字化转换为数字图像序列,即数字视频。视频数字化的过程常称为捕捉。

视频的数字化需采用专用的转换设备,称为视频采集卡(也叫视频捕捉卡、视频转换卡、视频卡等)。视频采集卡可以将从电视机、录像机、摄像机、VCD 机中输出的模拟视频信号接收进来,经量化、采样后转换为数字信号。

在计算机中,处理视频信号最大的困难是数据量极庞大,而且要求一定的数据传输速度。如果数字视频信号为 640×480 的分辨率、24 位真彩色、25 帧/秒的播放速度,则计算机需要每秒处理约 22M 的数据,要在普通 PC 机上实现这一点是困难的。因此,我们对视频要进行压缩处理,才能得到占用存储空间较小的视频文件。而这一压缩过程以及重放时解压的过程对我们来说是透明的。

目前常见的视频文件类型有 AVI、MOV、MPEG 等。AVI 是 Microsoft 的 Video for Windows 视频压缩方式所使用的文件格式。它使用的压缩方法有多种,由具体的算法决定。MOV 是 Apple 的 QuickTime 视频压缩方式所使用的文件格式,其图像质量较 AVI 文件要好。MPEG 是"运动图像专家组"的缩写,它致力于运动图像(视频)及其伴音编码的标准化工作。目前广泛使用的是 MPEG1 和 MPEG2 两个标准。MPEG 压缩方法采用二进制流的技术,有较高的压缩率,适合于网络传输。MPEG1 使 VCD 逐步取代了录像机,而 MPEG2 使数字电视和 DVD 技术迅速兴起,因而极具发展前途的视频压缩和传输技术。

【复习思考题】

1. 比较 PowerPoint、几何画板和 Authorware 三种常用多媒体编著工具,说说它们各有何特点?
2. 试用 PowerPoint 编制一个教学课件(要求具有按钮控制的交互功能)。
3. PowerPoint 中如何实现动画功能?
4. PowerPoint 中如何实现超级链接功能?
5. 依照教材提供的案例,用几何画板制作《三角形的中线、高和垂线》以及《活塞连杆机构》等两个课件。
6. 试用 Authorware 制作一个含有文本和图形图象的简单课件。
7. Authorware 中动画是如何实现的?
8. Authorware 中实现交互的方式方法有多少种?使用交互的基本操作方法如何?
9. 试用 Authorware 制作一个含有动画和多种交互功能的 CAI 课件。
10. 多媒体素材采集包括哪些内容?
11. 扫描仪的一般操作使用方法如何?
12. 什么是 MIDI?

第六章 网络与网络教学基础

计算机技术和通信技术的高速发展和密切结合,为我们带来了今天的网络世界。计算机网络作为现代信息社会的一个重要标志,已经成为我们必须学习和使用的重要工具。

6.1 网络技术概述

6.1.1 计算机网络的产生与发展

一、什么是计算机网络?

具有独立功能的多个计算机系统,通过通信设备和线路相互连接起来,并配有功能完善的网络软件,实现网络资源共享的系统,称为计算机网络。

从定义中可以看出,网络中的各计算机本身具有独立的功能,互相之间没有主从关系。但在物理结构上各计算机又是相互连接的,连接可以通过双绞线、同轴电缆、光纤等有线介质,也可以使用微波和卫星等无线方式。同时,计算机网络还需要有软件的支持,也就是网络协议的支持。在物理上,网络的信息交换工作在通信介质上;而在物理层面之上,信息的交换是逻辑的,由软件来实现,要符合网络协议。

二、计算机联网的意义

我们为什么需要网络?从根本上讲,计算机联网的目的在于摆脱计算机在地理位置上的束缚,实现全网范围的资源共享。

1. 信息资源的共享

在现代信息社会,信息资源的获取是至关重要的。人们希望了解今天的新闻,获知最新的股市行情,查找某方面的学术资料等等,都可以从网络中得到。在一个单位内部,人们也可以通过网络共享各部门的数据和资料。

2. 昂贵设备的共享

现在大多数用户使用的是个人计算机,如果需要运行一个大型软件,单位又没有价格昂贵的大型计算机,用户就可以申请使用网络中的大型计算机,即使它远在千里之外,用户也可以调用网络中的几台计算机共同完成某项任务。此外,还可以利用网络中的海量存储器,将自己的文件存入其中,就如同给自己增加了一个硬盘。

3. 高可靠性的需要

网络系统对于现代军事、金融、民航以及核反应堆的安全等都是至关重要的。网络可以使多个计算机设备同时为某项工作提供服务,提高了系统的容错能力,确保了工作的顺利进行。

4. 提高工作效率

通过网络,可以把工作任务进行分摊,大家来协作完成。还可以与千里之外的朋友在网上交谈,或是认识更多的新朋友,增进人们的交流。

三、计算机网络的发展

近几十年来,计算机技术和通信技术的结合日益密切。一方面,计算机技术在通信领域的应用,使得通信系统的性能得到改善,通信从模拟向着数字化和综合服务的方向发展;另一方面,通信技术为计算机之间的信息传递、资源共享和协同工作提供了必要的手段,促进了计算机网络的发展。

计算机网络产生30多年来,发展很快,经历了一个从简单到复杂的演变过程。我们大致可以将这一过程划分为四个阶段。

1. 大型主机的时代(20世纪60~70年代)

第一代计算机网络是以单个主机为中心的远程联机系统。在这种网络中,最基本的联网设备是前端处理机(FEP)和终端控制器(TC)。所有的终端设备连接到终端控制器,然后通过电话线等连接到前端处理机,由前端处理机负责处理通信工作;而作为网络中心的大型计算机则专门进行数据处理。

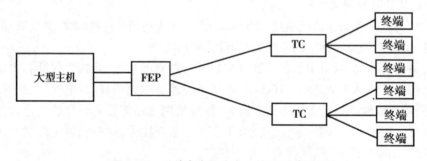

图6-1-1 以单个主机为中心的远程联机系统

2. 多机互联的时代(20世纪70~80年代)

由于第一代计算机网络完全依赖于中心计算机进行计算处理,存在着众多缺陷,于是第二代计算机网络开始逐步兴起。它由多个主计算机通过通信线路互联起来,为用户提供服务。在这种系统中,终端和计算机间的通信已经发展为计算机和计算机间的通信,为用户需求的服务被分散到互联的各台计算机上共同完成。

3. 共享型局域网(20世纪80~90年代)

局域网是指地理范围比较小的网络,通常是在一个房间、一幢楼房或一个校园内。由于局域网投资小、方便灵活,可以将本单位内的计算机连接起来,开发适合本单位应用的软件,达到硬件资源和软件资源共享的目的,所以很快得到了广泛应用和迅速发展。

4. 交换网络(20世纪90年代以来)

进入20世纪90年代以来,PC机的档次迅速提高,人们对多媒体的应用也迅速增长,这就需要带宽更高、速度更快的网络来满足各种需求。过去的集线器、路由器已不能满足这些要求,一个崭新的交换时代随之来临。交换机已经成为网络主干的核心。

6.1.2 计算机网络的分类

一、按网络规模划分

按照网络的地域覆盖范围,可以将网络分为局域网、城域网、广域网和互联网。

1. 局域网 LAN(Local Area Network)

局域网是20世纪70年代发展起来的。它是一种在小范围内使用的网络,通常构建在实验室、计算机房、建筑物或者校园内。局域网一般属某个单位独有,主要连接PC机和工作站等来共享网络资源和进行信息交换。

2. 城域网 MAN(Metropolitan Area Network)

城域网的规模比局域网大得多,是一个覆盖城市的网络,但使用的仍是局域网技术。它可以在较大的地理范围内提供数据、图像、声音等多媒体服务,还可以包括有线电视网。

3. 广域网 WAN(Wide Area Network)

广域网就是将远距离的计算机连接起来组成的网络,由通信子网和资源子网两部分组成。广域网一般属于多个部门所有,通信子网为公用网,属电信部门所有;用户主机即资源子网,为用户所有。广域网的通信信道可以是通信电缆、光纤,也可以是卫星或微波等。

4. 互联网 Internet

前面介绍的三种网络是通过通信线路等将用户的计算机连接起来形成的一个单一的网络。而互联网可以看作是网络的网络,它将多个计算机网络相互连接起来形成一个网络,在功能和逻辑上组成了一个大型网络。因特网(Internet)就是互联网最典型的代表,它是全球最大的、开放的、由众多局域网、城域网及广域网相互连接而成的计算机网络。

二、按传输技术划分

根据网络的传输技术,可以将网络分为广播网络和点对点网络。

1. 广播网络

在广播网络中,所有的计算机都共享其传输通道。任何一台计算机发出的信息都可以被网络上的全体计算机接收,收到信息的计算机会检查是不是发给自己的,如果是就接收,否则放弃。

2. 点对点网络

在点对点网络中,信息的发送方和接收方之间有许多连接通道,信息在通道中要经过一台或多台称为路由器的机器。路由器决定了信息的传输路径,它在点对点网络中扮演了重要角色。

通常广播网络用在较小的地理范围内,点对点网络则主要用在较大规模的地方。

6.1.3 计算机网络的结构

一、网络的组成

计算机网络主要由通信子网和资源子网组成,如图6-1-2所示。

通信子网也叫数据通信子网,主要由通信设备和通信线路组成,不同的网络会由不同的通信子网组成。资源子网又叫数据处理子网,是通信服务的使用者,由网络上的用户计算机组成。

二、网络的体系结构

网络的体系结构是分层的。我们将网络功能分为若干层次,相邻层之间有着互相传递信息的关系,称为层间服务。在每一个层次内,进行通信的双方要遵守相同的约定和规则,这些约定和规则称为协议。计算机网络的体系结构就是层和协议的集合。

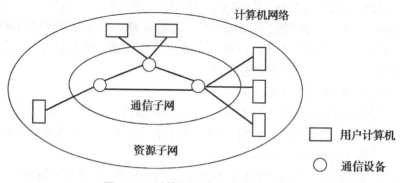

图 6-1-2 计算机网络的组成

为了实现计算机网络的标准化,ISO 于 1984 年提出了"开放系统互连基本参考模型"OSI (Open System Inter-Connection-Basic Reference Model)。ISO/OSI 参考模型将网络的体系结构分为 7 层,如图 6-1-3 所示。

低三层主要涉及通信子网,用于解决网络通信设备的连接、信息的物理传输等问题。在高四层,通信双方在逻辑上与通信子网无关,主要解决数据信息的正确传输、编码的格式转换和向用户提供服务等。

三、网络的互联

随着通信技术的发展、网络应用的增长,单一独立的网络已经不能适应现代的信息社会的发展,网络的互联势在必行。

7	应用层
6	表示层
5	会话层
4	传输层
3	网络层
2	数据链路层
1	物理层

图 6-1-3 ISO/OSI 参考模型

网络的互联主要有局域网—局域网、局域网—广域网、局域网—广域网—局域网、广域网—广域网四种类型。

网络的互联必须有网间连接器。网间连接器是将同种类型的网或异种类型的网连接起来的设备,主要有中继器、网桥、网关和路由器。

中继器用于两个同类型的网在物理层上的连接。网桥是在数据链路层上连接两个同类网。路由器是在网络层上进行两个同类网的连接。网关则用于连接异种网(使用不同的网络操作系统),通常在应用层上进行。

四、TCP/IP 协议简介

TCP/IP 协议是因特网采用的协议标准,也是全球采用的最广泛的工业标准。TCP/IP 协议最初由 ARPA(美国国防部高级研究计划署)开发,于 1973 年正式投入使用。它的全称是传输控制协议(Transmission Control Protocol)和网际协议(Internet Protocol),可分为 4 个层次,如图 6-1-4 所示。

应用层主要为用户提供应用程序,如电子邮件、远程登录等。

4	应用层
3	传输层(TCP)
2	网络层(IP)
1	网络接口层
	硬件

传输层提供了应用程序间的数据传送。TCP 在这里将信息进行分组,并连同目的地一起传至下一层;TCP 还对接收到的数据进行检测,如发现数据丢失则要求发送端重新发送。TCP 保证了应用程序间数据通信的可靠性。

图 6-1-4 TCP/IP 协议的分层模型

网络层(IP层)负责计算机到计算机的通信。它接收传输层的数据分组,将其封装在数据报中,填好数据报头,根据传送路径决定直接送至对方主机还是路由器,然后将数据报送至相应的网络接口。这有些类似寄信,IP层如同给传输层的"信件"套上一个信封,写好收信人地址,再将信寄出去。IP层还处理接收到的数据报,检验其正确性,并决定在本地处理还是转发出去。

网络接口层负责接收和发送 IP 数据报,包括对具体的硬件物理接口的处理。

6.1.4 局域网

一、局域网的特点

局域网技术是当前计算机网络研究和应用的一个重点,也是技术发展最快的领域之一。早期的局域网由于通信技术的限制,一般在几千米的地理范围内。随着局域网体系结构、协议标准的研究的进展、网络操作系统的改进、光纤技术的使用以及高速局域网技术的发展,局域网已不是过去的小范围内的简单通信网络。从局域网应用的角度看,局域网主要有如下特点。

(1) 局域网覆盖的地理范围有限,适合于政府机关、企业、学校、军队驻地等一定范围内的计算机、终端处理设备及其他信息设备的联网。

(2) 局域网的通信信道比广域网有较低的误码率,数据传输环境的质量较高。

(3) 局域网的数据传输速率比广域网高,一般在 10Mbps ~ 100Mbps(bps: bit percent second,比特位每秒),目前1 000Mbps 的高速局域网也正在迅速发展之中。

(4) 局域网一般属于一个单位所有,易于建立、维护和扩展。

二、局域网的分类

决定局域网特性的要素有三个:采用什么样的传输介质、网络连接的拓扑结构和对共享介质的控制方法。可以按照这三个方面来对局域网进行分类。

局域网中最常用的传输介质是双绞线、同轴电缆和光纤。每种介质还可以细分成多类,如图 6-1-5 所示。各种介质的传输速率和抗干扰性能是不同的,当然价格也不同。

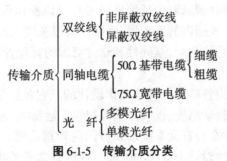

图 6-1-5 传输介质分类

网络的拓扑结构是指网络设备的物理连结形式。常见的局域网拓扑结构有星形、总线型、环形、树形和网状等,如图 6-1-6 所示。在实际操作中,使用较多的是总线型、环形和星形结构,其中星形结构是目前局域网设计中普遍使用的拓扑结构。

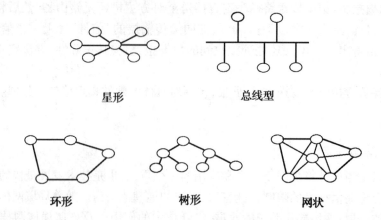

图 6-1-6 局域网拓扑结构

局域网的通信信道是网上各站点共享的,因此需要一种方法来对共享介质进行控制。常用的方法有带冲突检测的载波侦听多路访问、令牌传递和轮询方法等。

以上的分类方法可以组合成多种不同类型的局域网,如双绞线星形以太网、令牌传递光纤环网、令牌传递同轴电缆总线网等。

6.2 校园网的建设

6.2.1 校园网的组建

一、校园网的体系结构

校园网是指校园内的计算机系统互联运行,配备有完善的网络软件,为学校的教育教学和管理服务的局域网络。校园网的体系结构由两大部分组成:网络平台和应用系统。

网络平台是构成校园网的基础,包括硬件设备和网络操作系统两部分。硬件设备是指学校各部门的计算机系统、校园网的服务器、网络设备以及接入因特网的设备等。网络操作系统介于硬件平台和应用系统之间,是硬件和软件资源的管理者,同时也是应用系统使用资源的服务提供者。

应用系统是针对学校内各部门的具体工作设计的。它包括学校管理系统、教学管理系统、教师办公系统、多媒体教学系统、视频点播和视频广播系统、远程教学系统、图书馆系统、"一卡通"系统、校园信息发布和查询系统以及校园网管理系统等。这些功能模块是相互联系、相互依托的,往往在软件设计中会将功能相近或联系紧密的模块集成在一起,比如远程教学系统和视频点播系统常作为一个模块出现。

图 6-2-1 为校园网结构示意图。

二、校园网建设的基本原则

校园网的建设不是一朝一夕的事,要随着学校的发展和信息技术的进步持续进行。在建设校园网时要遵循以下几项基本原则:

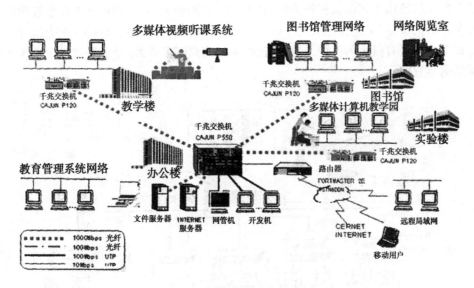

图 6-2-1 校园网结构示意图

（1）要根据学校的长远发展需要和具体情况，采取统一规划、分阶段实施、逐步到位的建设原则。

（2）要根据实际需求，以满足教育教学需要为根本出发点，不能盲目地求高、求新。

（3）要坚持"培训在先、建库在先、然后建网"的原则。经过对教师、技术人员和管理人员的培训，形成一支校园网建设的骨干队伍后，才能使校园网正常持续运行，网上的软件资源也才能日趋丰富。

三、网络硬件的选择

在校园网中，网络的硬件平台是最基本的，它将校内各部门的计算机系统和校外零散用户的计算机连接到校园网中，并接入因特网。硬件平台主要包括路由器、交换机、集线器、网卡（网络适配器）、布线系统、服务器、接入网络的计算机系统以及其他连接因特网的设备等。其中路由器一般用于校园网与因特网的相接。交换机用于计算机之间（包括服务器）的连接，当然集线器也可以做到，但交换机的性能更强，而且具有可管理性。网卡是校园网上的计算机系统（包括服务器、网络打印机等）必备的，被插在计算机内（有的集成在计算机主板上），用于连接网络、收发信息。布线系统包括所有网络设备之间以及与计算机系统之间的连接器件，如双绞线、光缆、RJ-45头、配线架、机柜等。服务器是整个网络的核心，一般由高性能的计算机充当，网络操作系统、大型数据库系统以及各类网络应用软件等都安装在服务器上，为网络运行提供支持和服务。

具体硬件的选择应依据网络类型而定。在校园网上传输的信息不仅包括文字内容，还有大量的图像、声音等多媒体信息，因此对网络的传输速度有较高的要求。目前比较多的用户采用以太网和 ATM 网两种类型的网络作为校园网的主干。以太网按网络带宽可分为 10M、100M 和 1 000M，其中百兆（100M）以太网和千兆（1 000M）以太网比较适合于校园网。以太网在网络技术方面比较简单，建设的成本低，兼容性好，未来的产品升级也比较容易。而 ATM 网在技术上与以太网完全不同，它能够很好地支持网络的质量服务（QoS，Quality of Service），特别适合实时的多媒体传输。但 ATM 网的建设成本相当昂贵，产品的兼容性也不太好。较多的学校使用千兆以太网作为网络的主干,它既能为网络信息、特别是多媒体信息的传输提供足够的带宽,又能使已有的 10M、100M 以太网平滑升级到 1 000M,在价格、使用、管理和维护等方面具有很大的优势,是性价比很高的网络。图 6-2-2 是以千兆以太网为主干的校园网结构示意图。

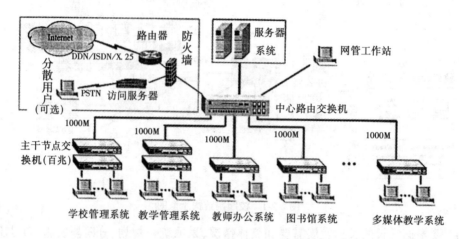

图 6-2-2　千兆以太网结构示意图

四、网络操作系统的选择

网络操作系统的选择也将决定网络能否正常运行和稳定。目前比较流行的网络操作系统有 UNIX 和 Windows NT 两种。UNIX 系统具有良好的稳定性和安全性,对大型网络的支持较好;但界面不够友好,学习和使用不便,UNIX 平台上的应用软件也不是很多。目前较流行的 UNIX 平台有 SCO UNIX、SUN Solaris、IBM UNIXWARE、SGI Irix 以及 Linux 等。其中 Linux 是自由软件(免费软件),可以运行在普通微机上,全球有成千上万的程序员在完善它和为它开发应用软件,各大计算机厂商也很看好该软件,具有极大的发展前途。

Windows NT 是微软公司(Microsoft)的产品,界面类似 Windows 95/98,操作容易,运行于其上的应用软件也很多。但缺点是稳定性和安全性比较差,支持的用户数也不多,比较适用于中小型的网络。

结合这两种操作系统的特点,我们比较常用的做法是采用多服务器的系统,将安装 UNIX 系统的服务器作为网络登录和因特网服务等应用系统的运行平台,而 Windows NT 的服务器上则安装其他网络应用软件、数据库系统等。

6.2.2　校园网中的应用

一、校园网的基本功能

校园网最基本的功能就是实现校园内部的信息资源共享,它在学校的教学、科研、行政管理等方面发挥着重要作用。校园网上的各应用系统既是相对独立的,又是相互联系的,它们连接的纽带就是通过校园网共享的资源。下面简单介绍一下校园网各子系统的功能。

学校管理系统和教学管理系统是校园网中的行政办公自动化部分。这一部分包括人事管理、学籍管理、课程管理、考试管理、公文处理、资产管理等等。行政办公自动化有助于提高学校校长、教务部门、政工部门和总务部门的工作效率。各部门的数据、工作报告等通过校园网共享,方便了各项管理工作,节省了办公开支。办公自动化的开展中需要注意的是信息资源的获取权限,什么数据是可以公开的,什么内容只能由校领导掌握,对不同的资源要加以安全管理。

教师办公系统、多媒体教学系统、视频点播和视频广播系统、远程教学系统等可以归入校园网的教学部分。教师办公系统包括了教师的备课、文书处理、试题系统、个人事务管理等功能。这一系统与其他几个教学系统关系密切,教师的电子教案可以直接传输到多媒体教学系统或远程教学系统上,供教学时使用;教师也可以从各个系统中获取所需的资料、素材,用于教学和科研活动。

图书馆系统旨在建立图书的计算机管理系统和网上图书馆、电子阅览室。它将图书的采购、编目、检索、借阅及日常事务管理结合起来,并建立电子阅览室,将资料转为电子文档,依托校园网和因特网建设网上图书馆,实现真正的资源共享。

"一卡通"系统利用IC卡等将工作证(学生证)、借书证、就餐的票证等等集于一身,既方便了师生的使用,又便于后勤总务部门的管理和服务。

校园信息发布和查询系统是一种基于因特网的信息查询方式。通常我们在学校的服务器上设立自己的主页,提供学校的相关信息,如学校介绍、校内新闻、相关政策信息、近期校内工作安排、通知等,校内外的用户均可以通过因特网查询学校的相关信息。这一系统还可以与远程教学、视频点播和视频广播相结合,建立网上学校,面向社会提供教育教学资源。

二、教学及管理软件的开发

建立校园网后,最重要的工作就是开发网上资源。一个网络有了应用,才能充分发挥其作用,否则只能成为摆设。校园网上的应用建设包括平台软件开发和教学资源库建设两个方面。

平台软件开发是指教育教学管理软件的开发,如教务管理信息系统、试题管理系统、课件查询系统等。过去,这种基于网络的软件大多采用客户机/服务器(Client/Sever)模式。这种模式下开发的软件不仅要在服务器上安装软件系统和后台数据库,而且要在客户机(访问服务器资源的计算机)上安装客户端软件,给软件的安装、维护、升级等造成相当大的麻烦。目前,随着因特网的迅速发展,出现了浏览器/服务器(Browser/Sever)的模式。基于这种模式开发的软件中,只需在服务器安装软件系统和后台数据库,客户机访问服务器是通过WWW(万维网)浏览器进行的,无需安装专门的客户端软件,因此,在我们进行网络软件的设计开发时,应首选浏览器/服务器的模式。

开发管理系统软件,一般都要用到数据库系统。目前使用较多的后台数据库产品有SQL Server、Sybase、Oracle等,对大型应用系统都能很好地支持。具体应用的开发工具也有很多,如C++、Delphi、Power Builder、JAVA等,可根据实际情况选用。

教学资源库的建设包括教学软件的开发,教学资料的收集,素材的设计、开发和整理等。教学软件可分为单机版和网络版两种:单机版软件可以由用户下载(从服务器传输到用户的计算机上)到本机上运行;网络版软件则可以在服务器上直接运行,用户在客户端通过软件的客户端程序或浏览器使用该教学软件。建设完善的教学资源库中,教学资料将是教师教学、科研的信息资源的重要来源。教学资料的收集包括教育教学信息的整理、图书资料的编目、论文的搜集和整理等工作。很多学校的图书馆都在进行着这类工作,因特网上也有专门的资料提供网站,如中国期刊网,收录了国内数千种期刊的题录摘要和全年文献。此外,素材库的建设也是教学资源库建设的重要内容。这里的素材指各种与教育教学相关的图片、声音、动画、影片等,它们可以作为教学软件的开发用素材,也可以直接在教学中使用。

教学资源库的建设要依靠学校中的每位教师,教学软件库、资料库、素材库的建设,信息资源的丰富要靠大家的共同努力,所谓"众人拾柴火焰高"。资源建设的完善,也将带来教育教学环境的优化,使学校培养出更多的高素质人才,同时推动学校向着信息化的方向迅速发展,在现代信息社会中立于不败之地。

6.3 现代远程教学概述

远程教育已经被教育部列入《面向 21 世纪教育振兴行动计划》;利用 CERNET(中国教育和科研计算机网)进行远程教学,也已经被 CERNET 列入重点科研项目。在 21 世纪,远程教学将是教育界一个新的热点。

6.3.1 远程教学系统

一、什么是现代远程教育?

远程教育经过了三个历史阶段。第一代远程教育是以信件方式为特征的函授教育。第二代是以无线电广播、电视、电话和录音磁带等为媒介的广播电视教育。现在我们已经进入了第三代的现代远程教育。现代远程教育是随着现代信息技术的发展而产生的一种新型教育方式。计算机技术、多媒体技术、通信技术的发展,特别是因特网(Internet)的迅猛发展,使远程教育的手段有了质的飞跃,成为高新技术条件下的远程教育。它集成了计算机网络和有线电视网络、卫星、交互视频、电子邮件以及万维网等技术,允许教师和学生之间同步(实时)或异步(非实时)地以文本、图形、图像、声音和视频等多媒体形式进行交互式教学活动。现代远程教育是容面授、函授和自学等教学形式,多种媒体优化、有机组合的教育方式。它可以有效地发挥各种教育资源的优势,为各类教育提高教育质量提供有力支持,为各种社会成员学习提供方便、广泛的教育服务。

现代远程教育也是 20 世纪 80 年代以来国际教育发展的共同趋势。到目前为止,世界上已有 100 多个国家开展了现代远程教育,它们中有发达国家,也有发展中国家。以电子信息技术为基础的现代远程教育的发展向世人昭示,它将突破传统教育时空的限制,推进教育的大众化和终身化。它将以更广的覆盖面、全方位地为各类社会成员提供教育服务,对人力资源开发产生强大的推动作用。它将使教育领域产生深刻变革,促进教育的现代化。它将会推动我国信息产业的发展,进一步扩大信息产品和信息服务的需求,促进优秀软件的开发和应用,带动一批高新技术产业的发展和高校科研成果的转化,成为国家信息产业发展以及整个经济社会发展的新的生长点。因此,我们要把发展现代远程教育作为一种新型的教育方式,作为构筑 21 世纪终身学习体系的主要手段,作为在我国教育资源短缺的条件下办好大教育的战略措施,作为国家重要的基础设施来加大建设力度。

二、现代远程教学系统

现代远程教学系统主要以计算机网络为远程教学的媒介。从技术实现的角度来看,现代远程教学大致可分为以视频广播方式为主的实时在线远程教学和以 WEB 方式为主的自主式远程教学两种模式。前者通过网络以音视频的方式将分布在异地的教师和学生联结在一起,可以看作是教室的一种延伸;后者将教学内容以一组相关的 WEB 页面的方式存放在远程服务器上,学生自主地进行访问,选择需要的内容进行学习,是一种全新的教学方式。二者各有所长,前者以计算机专业人员设计实时远程教学系统为主,系统建成后各类课程都可在网上实时播出,但需要较大的硬件投入,且受益面为有限的定点用户;后者以专业课教师为主,他们按远程教学的要求设计本门课程的教学内容,通过具有超文本、交互功能的网络教学软件呈现在网上,系统以普通的计算机通信网络为信息载体,适应性好,受益面为所有因特网用户,但每门课程都需按照远程教学的要求设计教学内容和网络教学软件,教学设计的工作量和技术难度很大。

下面简要介绍一下基于 WEB 方式的远程教学系统的结构。图 6-3-1 为远程教学系统结构示意图。

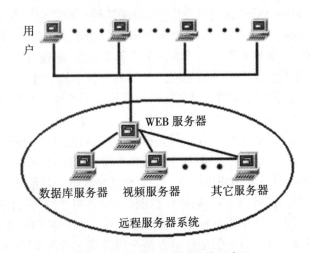

图 6-3-1 远程教学系统结构示意图

远程教学系统可以由计算机网络、远程服务器系统和用户计算机组成。其中,计算机网络是远程教学系统的基础。计算机网络可以是校园网等局域网,也可以使用因特网。在国内可以利用中国教育和科研计算机网、中国公用计算机互联网、中国科技网和中国金桥信息网等公用计算机网络作为远程教学的信息传输通道,实现远程通信。远程服务器系统是远程教学系统的核心,它由 WEB 服务器、数据库服务器、视频服务器和其他功能服务器组成。WEB 服务器用于发布教学内容,可以是超文本信息,也可以是网络教学软件。数据库服务器用来存储和管理教学资料、网上讨论的资料以及参加远程学习的学生的学籍资料等。视频服务器则提供教学的视频资料,可以用于远程的视频点播,也可以保存当前实时讲授的课程视频资料。用户在使用远程教学资料时,通过 WWW(万维网)浏览器(参看本章第四节内容)访问远程服务器系统,远程服务器系统找到相应资料后,由 WEB 服务器将教学信息通过网络传送到用户计算机上,供用户学习使用。

6.3.2 远程教学的开展

开展远程教学的首要条件是基础设施的建设。我们现在的有利条件是已有了覆盖全国的中国教育科研网和卫星电视教育网。中小学要以此为基础,充分利用现代信息技术,建设现代远程教育网络,为各种社会成员提供终身学习机会。我国中小学远程教育和信息化教育已经积累了宝贵的经验,特别是近几年信息化教育的发展尤为迅速,在3~5年内将有15万所中小学能够开展信息化教育活动,已实现九年义务教育地区的中小学至少配备一台以上的计算机;全国所有中学生将都能够接受初步的信息技术教育,所有配备计算机的中小学校均应通过各种方式上网,形成有中国特色的、比较成熟和完善的、具有较高质量的中小学远程教育体系。

  远程教学开展中的重要任务是建设现代远程教育信息资源。有了覆盖全国城乡的现代远程教育网络系统,还需要有大量优秀的、高质量的远程教育软件和丰富的各类教育资源库来满足学习过程的多样化、社会化和主体化要求,这对于我们这个经济、教育发展不平衡的国家缩小城乡差别、地区差别与学校差别,大面积提高教育教学质量和效益具有重要的作用。优秀的教育软件就是要把计算机技术整合到各学科教学中,就像教师使用黑板、粉笔,学生使用纸和笔一样自然、流畅;教育资源库所具备的"教育教学资源共享、信息交流、网上教学和远程教育"等功能,打破了传统教育在时间和空间上所受的限制,它使分布在不同地方的每一所学校和每一个家庭都能得到丰富的教育教学信息,能使每一位教师和学生受益。大量优秀的、高质量的教育教学软件和丰富的各类教育教学资源库,在实施现代远程教育中,对于培养同现代化要求相适应的数以亿计的高素质劳动者和数以千万计的专门人才,将起到极大的促进作用。

  现代远程教育资源建设的主要内容是建立覆盖面广、功能齐全的资源库。现代远程教育资源包括网上课程、教学软件、数字化卫星电视教学片、学科门类教育资源、教育资源信息等,其中网上课程还要有网络教学环境来支持。当然文字教材仍是最基本的。目前,我们要利用各类学校教育资源的优势,运用市场运作机制,开发高质量的、符合素质教育要求的现代网络教育课件。资源库包括中央远程教育资源信息中心和学科门类资源库、地区资源中心及学校资源库。中央远程教育资源信息中心是全国现代远程教育资源信息枢纽,负责管理所有资源库的资源信息,指导各信息资源库的业务工作,其具体任务有编制信息资源目录、征集各类资源信息、资源查询、资源信息筛选、资源信息整理和储存、发布资源信息等。学科门类资源库是分学科建设的数字化教学素材库或称之为积件库,存储综合性的先进音像教材、多媒体软件等。地区资源库应重点为中小学、职业教育和教师培训服务,把推进这些学校的教育信息化发展,为其提供软硬件支持服务作为主要任务。学校资源库是全国资源库的最基本单元。中央教育资源库、地区资源库和学校资源库,它们依托于全国现代远程教育网,实现互联互通。

6.4 因特网概述与基本操作

6.4.1 因特网简介

  一、因特网

  因特网(Internet)是20世纪80年代兴起的全球性计算机网络。它是目前世界上地理覆盖范围最大的、用户最多的、也是发展最快的计算机网络。从技术的角度看,因特网是由通信线路连结的数万个网络组成的,可以看作是网络的网络。从网络中的群体来看,因特网是由千万台计算机和上亿用户共同组成的全球性网络,网络中充满了各种各样的信息资源。

也有人把因特网看作是一个虚拟的社会,一个没有书架的图书馆或是闲暇时休闲娱乐的场所等等。随着因特网的发展,人们对因特网的认识也在发生着变化。似乎不太可能给出一个恰当的回答,来定义这个每天都在扩大、变化着的因特网。

二、因特网的建立与发展

因特网起源于20世纪60年代的美国,它的前身是ARPANET。50、60年代是美苏冷战最为激烈的时期,出于国防的考虑,美军从50年代末开始实施ARPA计划。1969年,美国国防部高级研究计划署(DARPA)建立了只有4个节点(犹他大学、加州大学圣大巴比分校、加州大学洛杉矶分校和斯坦福研究院)的ARPANET。ARPANET的主要设计思想是网络要有高性能和高可靠性,能经得起故障的考验,当网络的一部分被攻击而遭到损坏时,网络的其他部分仍能正常工作,维持正常的通信。1972年,在美国的首届计算机与通信国际会议上,ARPANET首次公开演示,取得了很大成功。此时,已经有50多家大学和研究机构连入了ARPANET。

80年代初,更多的机构加入了ARPANET,包括了很多非军事单位。一方面,网络的通信量大大超过了原有的设计能力;另一方面,网络的安全问题也引起了军方的注意。于是美国国防部将ARPANET一分为二:与军事目的相关的部分分离出来,组建了MILNET;剩余部分作为民用,仍称为ARPANET,成为了因特网的早期主干网。

1985年,美国国家科学基金会(NSF)提供巨资建造了五个超级计算中心,目的是让全国的科研人员都能共享到原来只有军事部门和少数科研人员才能使用的超级计算机设备。次年,NSF投资建造了连结这些超级计算机和一些大学校园网的计算机网络NSFNET。不久,许多教育科研机构纷纷加入该网络,NSFNET逐步取代ARPANET成为因特网的主干网。可以说,NSFNET为因特网的发展奠定了基础。

到了90年代,因特网进入了空前的高速发展期。大多数中国人也是在这时候才知道了因特网。这时,越来越多的商业机构开始成为因特网的用户,因特网已不再是单纯的教育科研设施。1995年4月,NSFNET停止运行,取而代之的是AT&T、MCI等私营企业全面接管因特网骨干网络。商业机构的加入,为因特网带来了充足的资金和更好的服务,促进了因特网商业化、全球化、社会化和平民化的进程。

三、因特网的现在与未来

1993年,美国政府提出了"国家信息基础设施"(National Information Infrastructure,缩写NII)计划,即所谓的"信息高速公路计划"。近年来,各国纷纷推出自己相应的信息高速公路计划,并通过光纤或卫星与因特网实现了互联。因特网现正处在一个迅速膨胀期,据最新的统计数字表明,现在因特网上的主机数量已达4 500万台,用户约1亿。全球的网站约有150万个,有75%的通信是在因特网上进行的。因特网上的商业活动已经变得相当频繁,如何利用这一全球性的信息基础设施来支持各类商务活动已成为因特网发展的主要推动力。网络产品的开发商们正在不断推出各类促进和优化信息服务的新产品和新应用。

据乐观的预测,到2000年底,因特网上的主机数量将增加到1亿台,用户约有10亿。不久,因特网将会连结世界上的绝大多数国家和地区,不仅连结城市,还会进入乡村。网络将向着宽带、高速的方向发展,传输的不仅仅是文字,还有图形、图像、声音和视频也一样流畅地传输、播放。网络上的各类应用会越来越丰富,电子商务将成为贸易的主要途径,多媒体远程教育将普遍开展,任何地方的任何人在任何时间都可以通过网络与任何其他人进行任何信息的交流。因特网的前景是非常美好的!

四、中国的因特网

1. 因特网在中国的发展

中国的因特网起步较晚,但发展很快,已经成为中国与世界交流的重要窗口。

1987年9月20日,钱天白教授发出我国第一封电子邮件"越过长城,通向世界",揭开了中国人使用因特网的序幕。1990年10月,钱教授代表中国正式在国际互联网络信息中心的前身DDN-NIC注册登记了我国的顶级域名CN,并且从此开通了使用中国顶级域名CN的国际电子邮件服务。由于当时中国尚未正式连入因特网,所以委托德国卡尔斯鲁厄大学运行CN域名服务器。

1993年3月2日,中国科学院高能物理研究所租用AT&T公司的国际卫星信道接入美国斯坦福线性加速器中心(SLAC)的64k专线正式开通。但美国政府以因特网上有许多科技信息和其他各种资源,不能让社会主义国家接入为由,只允许这条专线进入美国能源网而不能连接到其他地方。尽管如此,这条专线仍是我国部分连入因特网的第一根专线。专线开通后,国家基金委大力配合并投资30万元,使各个学科的重大课题负责人能够拨号连入高能所的这条专线,几百名科学家得以在国内使用电子邮件。

1993年12月,世界银行贷款项目中关村地区教育与科研示范网络NCFC主干网工程完工,采用高速光缆和路由器将北京大学、清华大学和中科院三个院校网互连。1994年4月20日,NCFC工程通过美国Sprint公司连入因特网的64k国际专线开通,实现了与因特网的全功能连接。从此,我国被国际上正式承认为有因特网(Internet)的国家。

1994年5月21日,在钱天白教授和德国卡尔斯鲁厄大学的协助下,中国科学院计算机网络信息中心完成了中国国家顶级域名(CN)服务器的设置,改变了中国的CN顶级域名服务器一直放在国外的历史。由钱天白、钱华林分别担任我国因特网的行政联络员和技术联络员。

1995年1月,由当时国家教委主办的《神州学人》杂志,经中国教育和科研计算机网进入因特网,向广大在外留学人员及时传递新闻和信息,成为我国第一份中文电子杂志。

1997年6月3日,受国务院信息化工作领导小组办公室的委托,中国科学院在中科院计算机网络信息中心组建了中国互联网络信息中心(CNNIC),行使国家互联网络信息中心的职责。同日,国务院信息化工作领导小组办公室宣布成立中国互联网络信息中心(CNNIC)工作委员会。

1997年,中国公用计算机互联网(CHINANET)实现了与中国其他三个互联网络即中国科技网(CSTNET)、中国教育和科研计算机网(CERNET)、中国金桥信息网(CHINAGBN)的互联互通。

1999年7月,CNNIC发布了第四次《中国Internet发展状况统计报告》。截至1999年6月30日,我国上网计算机共146万台,其中专线上网计算机为25万台,拨号上网计算机为121万台;上网用户人数400万,其中专线上网的用户人数约为76万,拨号上网的用户人数约为256万,两者都有的用户人数68万;CN下注册的域名有29 045个,WWW站点约9 906个,国际出口带宽为241M,连接的国家有美国、加拿大、澳大利亚、英国、德国、法国、日本和韩国等。

2．中国的 ISP

ISP 是指因特网服务提供者(Internet Service Provider)，即向用户提供因特网的接入服务和信息服务的机构。中国最大的四家 ISP，也是国家承认的四家互联单位是：中国公用计算机互联网(CHINANET)、中国教育和科研计算机网(CERNET)、中国科技网(CSTNET)和中国金桥信息网(CHINAGBN)，它们都有资格独立设置因特网的国际信息出口。还有一类 ISP 被称为接入单位，它们没有独立的国际信息出口，必须和互联单位连接后才能获得国际因特网的信息通路，如瀛海威、东方网景等。

中国公用计算机互联网(CHINANET)是目前中国最大的互联网络，由中国电信负责管理。1994 年 9 月，中国电信与美国商务部部长布朗签定中美双方关于国际互联网的协议，协议中规定中国电信将通过美国 Sprint 公司开通两条 64k 专线(一条在北京，另一条在上海)，CHINANET 的建设开始启动。1995 年 1 月，中国电信分别在北京、上海设立的 64k 专线开通，并且通过电话网、DDN 专线以及 X.25 网等方式开始向社会提供 Internet 接入服务。

1996 年 1 月，CHINANET 全国骨干网建成并正式开通，全国范围的公用计算机互联网络开始提供服务。1996 年 12 月，中国公众多媒体通信网(169 网)开始全面启动，广东视聆通、天府热线、上海热线作为首批站点正式开通。1998 年 7 月，CHINANET 骨干网二期工程开始启动。二期工程将使八个大区间的主干带宽扩充至 155M，并且将八个大区的节点路由器全部换成千兆位路由器。目前，CHINANET 国际线路的总容量已达 195M，居各大 ISP 之首。

CHINANET 作为公用的商业网络，主要面向企事业单位和个人用户，重视发展在家中和办公室使用电话拨号上网的用户。中国电信多年来建设的庞大的电信网络为 CHINANET 的迅速发展壮大奠定了基础；而中国电信加入中国因特网的建设，使中国因特网开始向着商业化、社会化的方向发展。

中国教育和科研计算机网(CERNET)由国家教育部管理。1994 年 10 月，由国家计委投资、国家教委主持的中国教育和科研计算机网(CERNET)开始启动。该项目的目标是建设一个全国性的教育科研的基础设施，利用先进实用的计算机技术和网络通信技术，把全国大部分高等学校和中小学连接起来，推动这些学校校园网的建设和信息资源的交流共享，从而大大地改善我国大学教育和科研的基础环境，推动我国教育和科研事业的发展。1995 年 7 月，CERNET 连入美国的 128k 国际专线开通。1996 年 11 月，CERNET 开通 2M 国际信道。

1997 年 5 月 30 日，国务院信息化工作领导小组办公室发布《中国互联网络域名注册暂行管理办法》，授权中国科学院组建和管理中国互联网络信息中心(CNNIC)，授权中国教育和科研计算机网络中心与 CNNIC 签约并管理二级域名.edu.cn。1999 年 1 月，CERNET 的卫星主干网全线开通，大大提高了网络的运行速度。

到 1999 年 11 月，已有 530 多个单位与 CERNET 联网。CERNET 对于中国高等院校的教育、科研工作有着不可估量的作用，无论教师还是学生，通过网络将眼光投向了世界，也把自身通过网络介绍给了世界。青年学生从 CERNET 上获取了信息、机会，得到了益处，在他们工作后，就会推动自己的企业发展网络，帮助周围的人使用网络，最终会有力地推动中国的信息化和现代化的进程。

中国科技网(CSTNET)由中国科学院主管。CSTNET 的前身是中关村地区教育与科研示范网络 NCFC。1995 年 4 月，中国科学院启动京外单位联网工程(俗称"百所联网"工程)，其目标是在北京地区已经入网的 30 多个研究所的基础上把网络扩展到全国 24 个城市，实现国内各学术机构的计算机互联并和因特网相连。在此基础上,网络不断扩展,逐步连接了中国科学院以外的一批科研院所和科技单位,成为一个面向科技用户、科技管理部门及与科技有关的政府部门服务的全国性网络,取名"中国科技网"(CSTNET)。1995年12月,中科院百所联网工程完成。1999年1月,CSTNET开通了两套卫星系统,全面取代了IP/X.25,并用高速卫星信道连到了全国40多个城市。

中国金桥信息网(CHINAGBN)是国内两大商用互联网之一,吉通通信有限责任公司为其业主。1994年6月8日,国务院办公厅向各部委、各省市下发了《国务院办公厅关于'三金工程'有关问题的通知》。自此,金桥前期工程建设全面展开。1996年8月,国家计委正式批准金桥一期工程立项,并将金桥一期工程列为"九五"期间国家重大续建工程项目。根据国家经济信息化联席会议的决定,授权吉通公司为国家公用经济信息通信网(简称金桥工程)的业主,承担金桥工程的建设、运营和管理,并在中国金桥网上组建中国金桥信息网(CHINAGBN)。1996年9月6日,CHINAGBN连入美国的256k专线正式开通。中国金桥信息网宣布开始提供因特网服务,主要提供专线集团用户的接入和个人用户的单点上网服务。

随着国内因特网的高速发展,国内很多企业把眼光转向因特网服务市场。1996年被称为"ISP年",因特网的接入服务和网络基础建设成为网络市场的主题。大量的ISP商在这时开始出现,包括著名的瀛海威、东方网景、中网等公司。但国内的因特网市场并不像人们预想的那样繁荣,当时很多人对因特网还不是很了解,用户数量的严重不足使不少小公司不得不放弃了这一市场。1996年7月,国务院信息办组织有关部门的多名专家对国家四大互联网络和近30家ISP的技术设施和管理现状进行调查,对网络管理的规范化起到了推动作用。对大多数ISP来说,坚守这块阵地,等待市场的成熟才是更重要的。

五、因特网是怎样工作的

1. 网络的连接

因特网连接了全球形形色色的局域网、城域网和广域网,要保证它的正常工作,必须解决一系列技术问题。

首先是通信的信道,我们可以利用电话系统、光纤来连接网络与网络,也可以采用微波、卫星等无线方式进行网络间的通信。

其次,因特网上有着各种不同类型、运行着不同协议的网络,如何将互不兼容的网络连接起来?从ARPANET起,因特网上采用的就是TCP/IP协议。TCP/IP协议使我们无需知道将要通信的对方网络的类型,能够实现万能的通信服务。同时,在因特网上还有许多被称为路由器(Router)的专用计算机在不停地工作着。路由器被用来连接不同类型的网络,能够识别多种网络协议,进行不同协议的相互转换,将通信数据按一定路径发送到接收方的计算机。

2. IP地址

在因特网上有着数千万台计算机,如何在茫茫机海中找到所要联系的那台计算机呢?正如我们在日常生活中看到的门牌号码一样,在因特网上的计算机都有着自己的"门牌"——IP地址。每个IP地址在网上都是唯一的,代表了每台入网的计算机。IP地址由32位二进制数组成,包括网络号和网络内主机号两部分。网络号确定了该计算机所在的物理网络,主机号则可确定在某一物理网络上的一台主机。IP地址可以写成十进制形式,由4个十进制数表示,并用小数点隔开,每个十进制数的表示范围为0~255,是网络中每一台主机的唯一标识。如 CERNET 主页所在计算机的 IP 地址是 202.112.0.36,南京师大教育技术中心的主机的 IP 地址是 202.119.103.20。

IP 地址分为 A、B、C、D、E 五类,其中常用的是 A、B、C 类地址。A 类地址只有 127 个,但每个 A 类地址的网络中可连接的主机是 2^{24} 台。C 类地址正好相反,可使用的地址达 221 个,但每个 C 类地址的网络中最多只能有 255 台主机。B 类地址界于其间,网络数和主机数分别是 2^{14} 个和 2^{16} 个。D 类地址是多路播送地址,用于网络广播、会议等。E 类地址是保留地址,用作因特网实验等。

3. 域名服务

由于主机的 IP 地址由 32 位二进制数组成,即便写成十进制数,用户也难以记忆,所以人们不得不考虑使用具有一定意义的字符来代替记忆 IP 地址,于是出现了 DNS(Domain Name System)——域名系统。

域名由两个或两个以上的由小数点分开的具有特殊意义的单词组成。通过域名,用户可以初步了解主机的简单信息。例如:com 表示商业机构,edu 表示教育机构等。域名是按层次结构组织的,由左至右分别是计算机主机名、网络名、机构名/地区、顶级域名,层次逐渐升高,便于记忆。例如:

```
   metc  .  njnu  .  edu  .  cn
    ↑         ↑        ↑       ↑
   主机名  南京师大  教育机构  中国
```

图 6-4-1　域名的组成

顶级域名一般可以按地理和组织机构分为两类。按地理区分的域名一般是国家或地区的英文缩写,如 au(澳大利亚)、ca(加拿大)、cn(中国)、de(德国)、hk(香港)、jp(日本)、kr(韩国)、ru(俄罗斯)、tw(台湾)、uk(英国)、us(美国,一般可省略不写)等。按组织机构划分的域名有 com(商业机构)、gov(政府部门)、mil(军事机构)、org(非赢利组织)、edu(教育机构)、int(国际机构)、net(网络机构)等。国家或地区内的二级域名(第三个名称)通常也按顶级域名的方式来构成自己的域名系统,如:edu.cn、ac.cn(国内科研部门)、js.cn(江苏)等。中国互联网络的二级域名分为"类别域名"和"行政区域名"两类。类别域名有 6 个:ac 适用于科研机构;com 适用于工、商、金融等企业;edu 适用于教育机构;gov 适用于政府部门;net 适用于互联网络、接入网络的信息中心(NIC)和运行中心(NOC);org 适用于各种非盈利性的组织。"行政区域名"有 34 个,适用于我国的各省、自治区、直辖市和特别行政区。

域名的最高管理机构是国际互联网络信息中心 InterNIC,负责顶级和二级域名的维护。InterNIC 下设二级管理机构,中国属亚太地区,亚太互联网络信息中心(APNIC)设在日本。中国互联网络信息中心(CNNIC)负责国内的三级域名的注册。

6.4.2 因特网上的服务

在日常生活中,我们需要社会各方面提供的服务来满足自身的需求,提高生活的质量。同样,为更好地利用因特网,使用网上的各种资源,因特网提供了大量的技术服务。例如,利用远程登录 Telnet,用户可以获得远程计算机上对外开放的所有资源;利用文件传输 FTP,用户可以从因特网上下载或上载文件;利用电子邮件,可以在世界范围内方便地传送信息;利用基于菜单的查询程序 Gopher,用户可以浏览 Internet 上的信息资源;利用目前最流行的万维网信息浏览工具,用户可以方便地浏览各种类型的多媒体信息(如文本、图形、声音、视频等)。其中电子邮件(E-mail)、文件传输(FTP)和远程登录(Telnet)是因特网的三个基本功能。下面简要介绍一下因特网上提供的几种常见服务。

一、电子邮件(E-mail)

电子邮件是因特网上的最基本的服务。利用 E-mail,用户可以随时与网络上的其他用户进行通信和交流。电子邮件不需要邮递员,费用又较低,使用方便、快捷,因此倍受大家欢迎。平时我们寄信得把信投入邮局的邮筒,收信就到自己的邮箱去取。电子邮件与此类似。为我们提供 E-mail 服务的服务商会设立一台邮件服务器,如果用户想使用 E-mail,必须在服务器上建立自己的信箱。服务器为每个信箱在硬盘上分配一块存储区和一个唯一的标识符,称为信箱地址。信箱地址由三部分组成:用户名、@和一个用户信箱所在的邮件服务器的域名,如:somebody@mail.company.com。当你要使用 E-mail 时,只需在网上联系到邮件服务器,它就会帮你把要寄的信发出去;平时会把收到的信存放在你的信箱里,供你查看。

二、文件传输(FTP)

因特网上有着各种各样的资源,包括各种软件、文本资料、图像等,其中一定有用户所需要的信息,所以怎样获取这些信息成了关键问题。因特网提供了在各计算机之间传送信息的工具——FTP(File Transfer Protocol,文件传输协议)。用户利用 FTP 可以从远程主机下载(Download)自己感兴趣的文件,也可以向远程主机上载(Upload)自己的文件,供其他用户使用。但利用 FTP 必须在将文件下载到本地主机之后才可以看文件的具体内容。

FTP 使用的是客户机/服务器模式,本地计算机为客户机,远程计算机为服务器。传输文件时,客户端提出申请,使用 TCP/IP 与远程服务器通信。服务器端接到申请后,找到相应的文件,然后使用 TCP/IP 将文件内容传给客户机。客户机上的程序将结果保存到本地硬盘中,传输结束。

使用 FTP 时,可以在 Windows 95/98 的 DOS 模式下进行。在命令行中键入 ftp download.online.edu.cn 后回车,等待远程主机的回应,ftp 后面的是远程主机的域名。当连接成功后,你会被要求输入用户名和口令。在因特网上,大多数 FTP 服务器都提供了一种匿名 FTP 的方式,你只要将"anonymous"和你的 E-mail 地址分别作为用户名和口令输入,即可登录到该服务器上。然后你可以根据自己的需要查找、下载相应的软件。当然,使用命令行的方式显然操作不方便,我们可以使用一些图形界面的 FTP 软件来下载文件,较著名的如 CuteFTP,操作起来类似 Windows 下的资源管理器,可以很方便地完成文件的查找、传输。

三、远程登录(Telnet)

远程登录也是遵循客户机/服务器模式的一种应用。当本地计算机登录到远程系统时,本地计算机成为客户端,远程计算机成为服务器。Telnet 具有虚拟终端功能,允许用户与远程主机相连,共享远程主机的资源并与之交互,相当于用户的键盘和屏幕与远程主机相连。当用户按键时,客户机应用程序将所按键字符通过因特网发送给远程计算机。远程计算机产生输出后,服务器程序将结果送回给客户端,显示在屏幕上。

Windows 95/98 中有一个名为"TELNET.EXE"(在 Windows 目录下)的 Telnet 程序。运行此程序,选择"连接"菜单下的"远程系统"项,将弹出一个对话框。输入要连接的远程计算机的 IP 地址或者域名,如 202.119.103.21,选择端口和终端类型(可以使用默认值),按"连接"按钮。连接到远程主机后,你会被要求输入用户名和口令,所以只有当你是该系统的合法用户时,才能正常使用远程服务器。

Telnet 是很多因特网应用的基础,如 BBS、IRC、MUD 等。但由于 Telnet 本身的安全漏洞很多,容易给黑客以恶作剧的机会,所以不少应用逐步被万维网浏览器所取代。

四、公告板服务(BBS)

公告板服务 BBS(Bulletin Board Service)一般是基于 Telnet 的一种应用,现在也越来越多地出现在浏览器中。BBS 有点像大学里的海报栏,你可以随意浏览上面的信息,也可以张贴你的文章,还可以就某一文章的内容发表自己的看法。

BBS 上的信息是分门别类存放的,每一类又分不同的版。在不同的版中,文章按时间顺序排列。这种信息组织方式,可以使用户方便地浏览自己感兴趣的文章。

因 BBS 上提供很多帮助信息,所以 BBS 的使用非常简单,只要熟悉 BBS 上的按键即可。在 BBS 上最常用的按键是方向键(用来选择项目)、SPACE 键(进行文章的翻页)和 BBS 中所提示的按键(在某一状态下,有不同含义,BBS 中会作详细的说明)。使用时,先远程登录到一个 BBS 站点。然后,申请注册,用户只有在注册之后才拥有在 BBS 上发送信息的权利,否则用户只能浏览 BBS 上的信息。最后,就可以进行网上的信息交流了。

1995 年 8 月 8 日,建在 CERNET 上的水木清华 BBS(bbs.tsinghua.edu.cn)正式开通,成为中国大陆第一个因特网上的 BBS。

五、Gopher 服务

Gopher 是一种基于菜单的交互式的信息搜索服务,允许用户以一种最简单方便的方法来选择菜单以访问因特网的资源。但 Gopher 只限于发布文本信息。

Gopher 也是客户机/服务器的系统。用户的 Gopher 客户机将代表用户与 Gopher 服务器进行联系并索要相应的信息;而 Gopher 服务器为用户显示菜单,并执行用户的申请。虽然用户选择的菜单条目可能在任一个 Gopher 服务器中,但 Gopher 客户机允许用户从一个 Gopher 服务器平稳方便地转换到另一个 Gopher 服务器,连接到目标服务器上。因此,用户所需信息就可以通过查询因特网上所有的 Gopher 服务器得到。

用户如想使用 Gopher,首先须安装一个 Gopher 客户机程序(或远程登录到一个 Gopher 服务器上并以 gopher 登录),然后运行该客户机程序。最后,用户可以寻找自己感兴趣的内容,按照提示下载到本地主机上。值得一提的是,Gopher 比 FTP 优越之处在于用户可以预先读文件内容,而不必等到下载后再读,这样就节省了用户大量时间和开支。但随着万维网的流行,用户对 Gopher 服务的需求已经很少了。

六、阿奇[工具]服务(Archie)

阿奇[工具]是因特网上的一种用来查找其标题满足特定条件的所有文档的自动搜索服务工具。为从匿名 FTP 上下载文件,必须知道这个文件所在的 FTP 主机及目录,所以因特网提供了 Archie 服务。形象地说,Archie 类似于 Yahoo 等万维网的搜索引擎,用户提交所要查询的内容,Archie 服务器检索自己的数据库,并显示查询的结果。Archie 数据库中存放的是因特网上的 FTP 服务器的地址和 FTP 服务器上的文件名表。

如想获得 Archie 服务,可以远程登录到一个公共 Archie 服务器上并使用 Archie 注册。Archie 的使用分两步进行。Archie 服务器自动地与运行了 FTP 服务器的所有计算机联系,并把一个文件名表存放于磁盘中,此操作大约每天进行一次;当客户程序连接至某个 Archie 服务器,并希望搜索一文件名时,该服务器将使用自己磁盘上的文件名表来响应用户。

七、广域信息服务系统(Wais)

广域信息服务系统(wide area information server)是一种易于检索并可获取远程数据文档的动态超文本系统。Wais 能够在几百个数据集中搜索任何信息,用户只要在 Wais 客户机上选择使用所需的数据集并提供搜索所需要的关键字即可。值得注意的是,关键字的选择在很大程度上决定了 Wais 查询的效率和质量,因为 Wais 是根据关键词在文件中的出现频率来决定该文件的相关程度的,所以在选择关键词时要慎重。当 Wais 服务器得到用户的搜索申请后,就执行响应的搜索,并将结果返回客户机。

八、万维网(WWW)

万维网(World Wide Web),也称 Web,是目前因特网上最先进、交互性最好的信息搜索和浏览系统。它具有集文字、图形、图像、声音及动画和视频等于一体的信息传输、显示能力,为用户访问因特网上的大量资源提供了一个简单、方便的途径,在不需要输入任何操作语句的情况下获取各类信息。

WWW 是基于超文本(hypertext)和超媒体(hypermedia)方式的信息查询服务,用户可以通过超链接(hyperlink)从一个文档跳转到另一个文档,也就是常说的"Web 漫游"。另外,WWW 还提供了包括 E-mail、Telnet、FTP、Gopher 等在内的因特网服务。

WWW 也是一种客户机/服务器系统,服务器是因特网上的大型资料库,称 Web 服务器,而 Web 客户机运行的就是大家熟知的浏览器软件。目前使用最广泛的浏览器软件是 Microsoft 公司的 Internet Explorer(简称 IE)和 Netscape 公司的 Netscape Communicator。当用户使用 WWW 时,浏览器通过使用超文本传输协议(HTTP,Hypertext Transfer Protocol)向 Web 服务器提出信息查询请求,Web 服务器对请求响应后进行查询,并将信息传递给客户机,最后客户机将这些信息以网页的形式显示给用户。

九、其他服务

Usenet 新闻服务,这是世界上最活跃的论坛,用户可以自由发表意见或聆听别人见解。用户讨论时分组进行,这些讨论组被称为新闻组。新闻组是一组相同主题的新闻集合。新闻又是由新闻组的成员发布的,大小不受约束。每个新闻组都有一个主题,用来表示本组讨论的主要内容。Usenet 有数千个新闻组,涉及的内容包括计算机、生物、数学、哲学、政治、经济、天文、地理、时装、物理、化学、医学等各个方面。

IRC 是 Internet Relay Chat 的缩写,它提供了使用户在网上与多人交谈的功能。为了防止交谈出现混乱,IRC 保留了大量不同的"频道"(channel),某些频道用于讨论特殊的主题,有些频道可以随心所欲地就某个话题进行讨论。每一个频道都有一个名称,并以一个"#"字符开头。因为 IRC 是通过昵称进行交谈的,所以用户在进入 IRC 后,应先为自己起一个昵称,然后进行频道选择。用户可以选择一个频道,与频道内的所有人交谈,也可以与该频道中的某个人交谈。如果用户愿意,还可以加入多个频道。不仅如此,用户有创建频道的权利,使自己成为频道操作员,对频道的各个部分进行控制。

MUD 是多用户环境的意思。现在的 MUD 服务器用于提供网络游戏,很多人称之为"泥巴"。

6.4.3 上网"冲浪"

因特网如同信息的海洋,有着各种各样的丰富的资源。让我们一起上网"冲浪"去!

一、上网前的准备工作

要上网了,你做好准备了吗？首先你要有一台计算机,最好是一台多媒体计算机,这样你才能感受到有声有色的因特网世界。同时建议你配备一台较好的显示器,因为你一旦上网,就会被精彩的网络世界所吸引,可能连续几个小时都坐在屏幕前,那么一台好显示器对保护你的视力是有帮助的。

其次,你的计算机要连接到因特网上。用户连入因特网时应先选择一家 ISP 为自己提供必要的因特网服务。同时,用户还要根据需要和经济能力决定自己入网的方式。一般作为个人用户或较小的单位,接入因特网的计算机数量比较少,可以采用电话拨号的方式。这种方式只需要将计算机通过调制解调器(Modem)连接到电话线路上即可,费用较低,连接简单。如果是较大的单位,上网的机器比较多,就可以采用专线的方式。作为一个学校的校园网,连接到因特网通常使用专线上网,不过连接的费用较高。

最后,我们要为计算机设置网络软件的参数。我们分拨号上网和局域网方式上网两种情况来看。

先看拨号方式的网络安装。首先安装调制解调器(Modem)和相应的驱动程序。然后进行网络协议的安装与设置。由于 TCP/IP 协议是因特网上通用的网络协议,所以这里要对 TCP/IP 协议进行设置。在 Windows 的"控制面板"窗口中双击"网络"图标,弹出如图 6-4-2 所示的对话框。

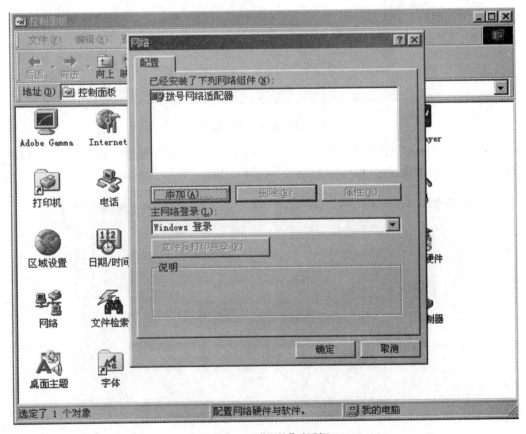

图 6-4-2 "网络"对话框

单击"添加"按钮,如图6-4-3所示,在"协议"一项中选择"Microsoft"下的"TCP/IP",单击"确定"即可。

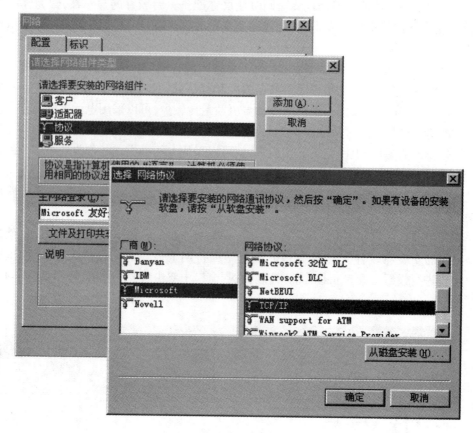

图 6-4-3　添加 TCP/IP 协议

下面选择"TCP/IP"的"属性",根据你的 ISP 商提供给你的网络地址进行"IP 地址"、"DNS 配置"和"网关"的设置,如图6-4-4、图6-4-5、图6-4-6所示。

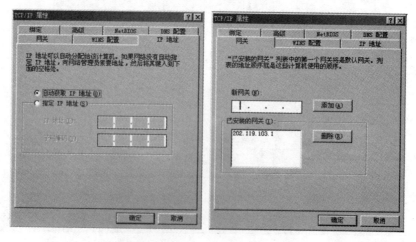

图 6-4-4　IP 地址的设置　　　　　图 6-4-5　网关的设置

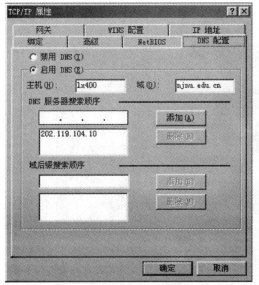
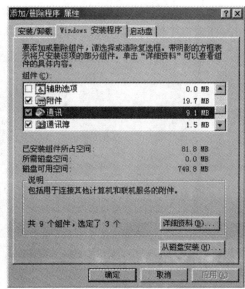

图 6-4-6　DNS 配置的设置　　　　　图 6-4-7　添加 Windows 组件

接下来安装拨号网络,它是 Windows 提供的通信拨号工具,可以让计算机通过 Modem 与因特网连接。在控制面板中双击"添加/删除程序",弹出如图 6-4-7 的对话框。在"Windows 安装程序"下选择"通讯",单击"详细资料"按钮,弹出如图 6-4-8 的对话框,选中"拨号网络"项,按"确定"后返回"添加/删除程序"的对话框,再按"确定"后开始安装所需的文件。

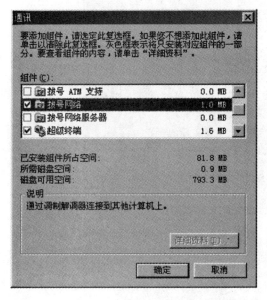

图 6-4-8　选中"拨号网络"项　　　　　图 6-4-9　打开"拨号网络"

安装完毕后,在"我的电脑"中打开"拨号网络",如图 6-4-9 所示。双击"建立新连接"图标,在如图 6-4-10 的窗口中输入连接的名称,选择 Modem 的类型。单击"设置"按钮,根据你的 ISP 提供的系统要求进行设备属性的设置,如图 6-4-11 所示。然后单击"下一步",如图 6-4-12,在窗口中输入 ISP 提供的电话号码,完成新连接的建立。

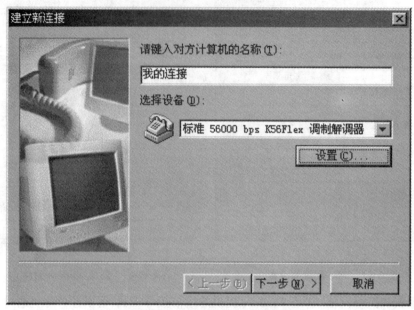

图 6-4-10 "建立新连接"的窗口

图 6-4-11 设置设备的属性

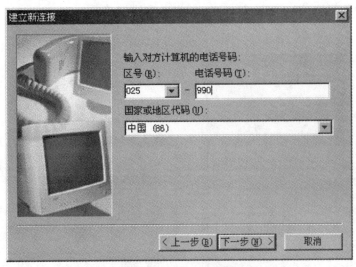

图 6-4-12　输入电话号码

新连接建立后在"拨号网络"的窗口中出现"我的连接"图标。如图 6-4-13，在"我的连接"图标上按鼠标右键，选择"属性"项，在如图 6-4-14、图 6-4-15 的对话框中按你的 ISP 要求设置拨号的方式、服务器类型、TCP/IP 协议的参数等属性信息。最后就可以双击"我的连接"图标，进行拨号和网络登录，如图 6-4-16 所示。

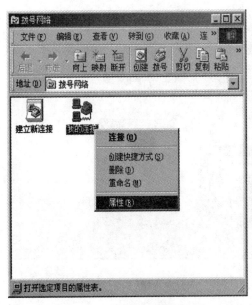

图 6-4-13　"拨号网络"的窗口

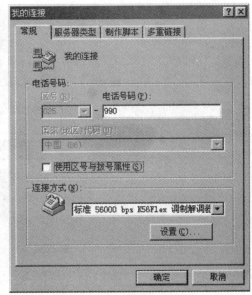

图 6-4-14　设置"我的连接"的属性

下面看一下局域网方式上网的安装方法。通过专线上网时，用户一般先连接到局域网（如校园网），局域网的服务器再与因特网相连。因此只要先连接到局域网上，就可以连接到因特网。首先要安装网卡（网络适配器）及其驱动程序，如图 6-4-17 所示。然后安装 TCP/IP 协议，设置协议的参数，这与拨号方式的安装基本相似。如果连接的局域网是用 Novell Netware 作为网络操作系统,那还需要安装 IPX/SPX 兼容协议。

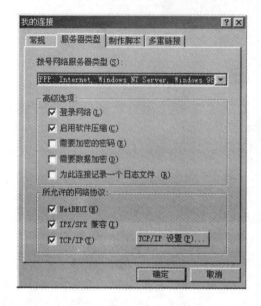
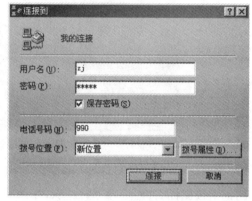

图 6-4-15　设置"我的连接"的属性　　　　图 6-4-16　拨号连接的对话框

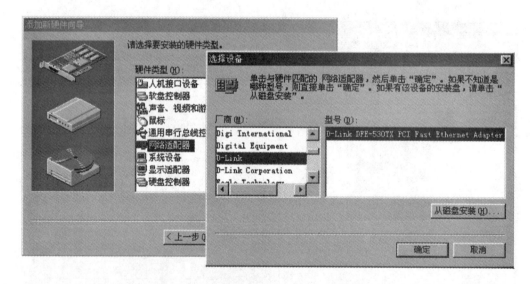

图 6-4-17　安装网卡(网络适配器)的驱动程序

下面进行网络属性的设置,包括"Microsoft 网络客户"和"网络标识"的属性等,如图 6-4-18、图 6-4-19 所示。最后单击"确定"按钮,完成网络的安装和属性设置。

由于采用专线方式连入因特网,局域网上的计算机始终处在在线状态。当登录到局域网后即可连入因特网,访问所需的资源。

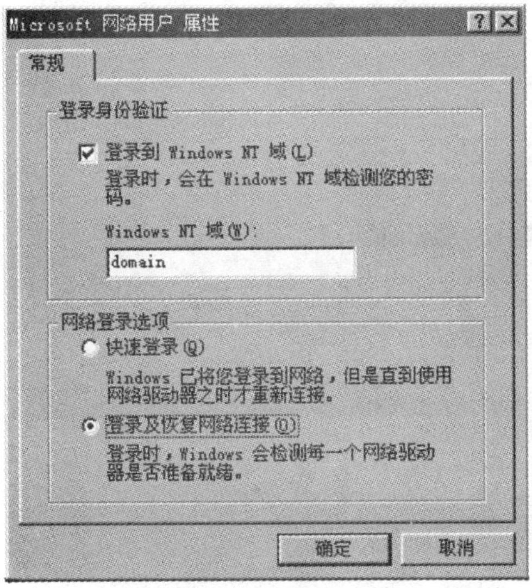

图 6-4-18 "Microsoft 网络客户属性"的设置 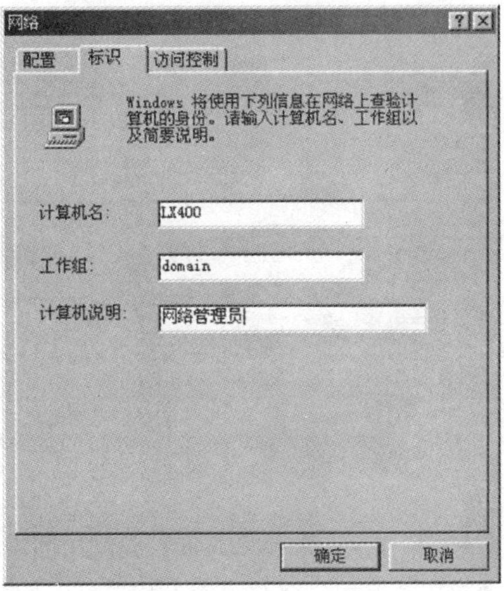   图 6-4-19 网络标识的设置

二、IE 5 的使用

终于上网了,怎么查看信息呢？我们必须利用浏览器软件来查看 WWW 上的各种信息,浏览器就好像我们在网上冲浪的冲浪板一样。目前使用最广泛浏览器软件是 Microsoft 公司的 Internet Explorer(简称 IE,图 6-4-20)和 Netscape 公司的 Netscape Communicator(图 6-4-21)。

图 6-4-20　Internet Explorer 5 的初始界面

163

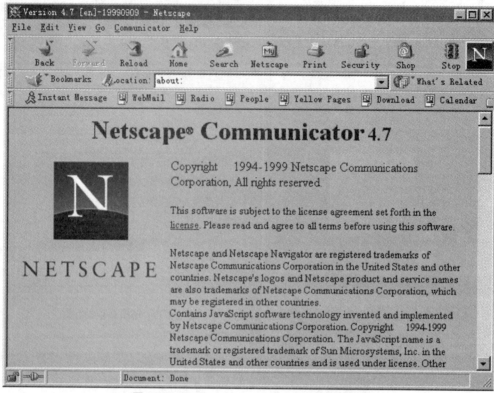

图 6-4-21　Netscape Communicator 4.7 的初始界面

下面以 Windows 98 第二版中的 IE 5 为例,来介绍浏览器的使用和网上信息的查看方法。

首先启动 IE 5,屏幕上出现如图 6-4-22 所示的窗口。

IE 5 浏览器的窗口由以下几部分组成：

标题栏：当访问某个网站时,当前页面的标题就会显示在标题栏上。

菜单栏：包括"文件"、"编辑"、"查看"、"收藏"、"工具"和"帮助"六个菜单。

工具栏：由一些常用工具按钮组成,用来控制网页的浏览、存储、打印、编辑等,还可以处理电子邮件的收发工作。

地址栏：在这里输入要访问的网站的地址。

链接栏：一些常用的网站地址以按钮的形式出现在这里,便于用户快速地进入所需的网站。这里的地址可以由用户自己添加或删除。

状态栏：显示了浏览器的当前状态,如网站的连接情况、信息的传输状况等。有些网站还利用状态栏显示一些自己设定的信息。

网页窗口：网站的页面都被显示在这里。

访问因特网上的网站时,必须知道它的位置,这个位置在 WWW 中用地址来表示,称为 URL（Uniform Resource Locator）。要访问某个网站时,在地址栏中先输入"http://"（表示使用 HTTP 协议）,然后输入网站的域名或 IP 地址（如图 6-4-23 所示）,最后按回车键即开始连接该网站。在 IE 5 中,"http://"可以省略不写,在按回车键后 IE 5 会自动补上。

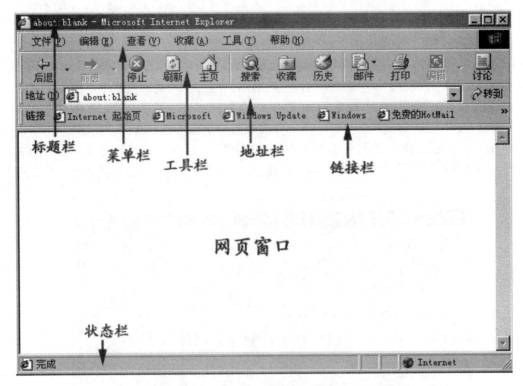

图 6-4-22　IE 5 浏览器的窗口

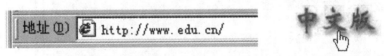

图 6-4-23　在地址栏中输入网址　　　图 6-4-24　鼠标指针指向超链接

网站连接成功后,第一个出现的网页叫做主页(homepage),它是在 WWW 上信息查询的起始信息页。网页之间的连接和跳转是由超链接实现的。当鼠标指针移到网页上的某些文字、图形上时,箭头变成手形(如图 6-4-24 所示),这就表示这里有一个超链接。单击超链接,就可以进入其他相关网页或另一个网站。

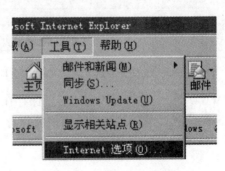

图 6-4-25　IE 标志　　　　　　　图 6-4-26　选择"Internet 选项…"

当网页打开时,浏览器右上角的 IE 标志开始旋转(如图 6-4-25 所示),表示网页正在传送到本地计算机上。网页传送完毕后,状态栏上会出现"完成"二字,网页被显示在窗口中,

IE标志也静止下来。如果在网页传输过程中需要中止传送,可以按工具栏上的"停止"按钮,结束网页信息的下载。而当网页信息显示不完全时,则可以按"刷新"按钮,要求远程服务器重新传送网页。在浏览网页的过程中,如果要回到刚才看过的页面,可以按"后退"按钮;再按"前进"按钮,则回到新打开的页面。当浏览了多个页面后,需要回到起始的页面时,可以按下"主页"按钮,避免了多次按"后退"的麻烦。"主页"的页面位置可以由用户自己定义,方法是选择"工具"菜单中的"Internet 选项..."(如图 6-4-26 所示),弹出如图 6-4-27 所示的对话框。在"常规"标签的"主页"一项中更改所需的主页地址。其中,"使用当前页"按钮可将当前正在浏览的网页地址作为主页地址;"使用默认页"按钮将微软公司网站的中文起始页作为浏览器的主页;按"使用空白页"按钮,则在每次打开 IE 浏览器时显示一个空白窗口。

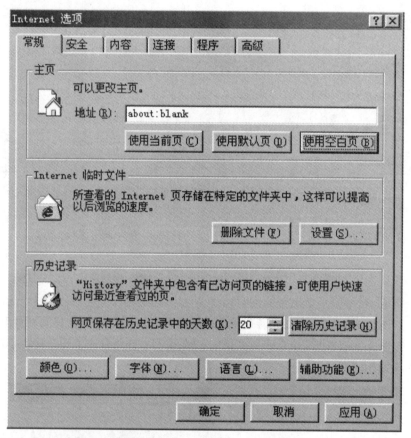

图 6-4-27 "Internet 选项..."对话框

在浏览 WWW 时,需要将感兴趣的信息保存在自己的磁盘上,以便今后作为资料查阅。IE 5 为我们提供了网页保存的功能。当需要保存某个页面时,在"文件"菜单中选择"另存为..."项,弹出如图 6-4-28 的对话框。

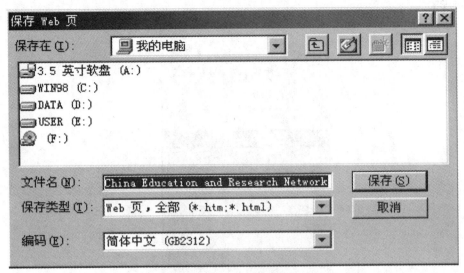

图 6-4-28 保存 Web 页的对话框

在"保存类型"的下拉列表框中(如图 6-4-29 所示),可以根据需要选择保存的结果。"Web 页,全部"是指保存页面上包括文字、图形、图像、动画在内的所有内容,图形、图像、动画将被自动保存在与 Web 页同名的子目录内;"Web 电子邮件档案"是指将当前页面保存为包含图形等在内的电子邮件文件;"Web 页,仅 HTML"是指仅保存当前网页的 HTML 格式文件,图形等将不被保存;"文本文件"是指仅将当前页面上的文字保存在文本文件中。

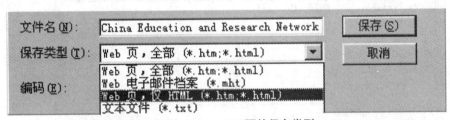

图 6-4-29 Web 页的保存类型

此外,还可以只保存网页上的一部分文字。用鼠标在需要保存的文字上拖动,将其选中,再按鼠标右键,选择"复制"项,如图 6-4-30 所示。然后打开"记事本"或"Word"等文字处理软件,将文字粘贴到新文件中并保存。

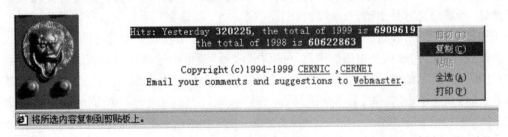

图 6-4-30 复制所选择的文字

也可以单独保存所需要的图片或动画,只要在图片或动画上按鼠标右键,选择菜单项"图片另存为..."(如图 6-4-31),弹出保存图片的对话框(如图 6-4-32),选择文件名和保存类

167

型后即可保存。

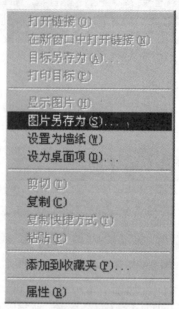

图6-4-31 选择菜单项"图片另存为..."

图6-4-32 "保存图片"的对话框

  我们在浏览网页时,有些网站是自己比较喜爱的,会经常访问它们,而每次都要输入繁琐的地址,既难记又容易出错。IE 5为我们提供了一个"收藏夹",可以把自己喜爱的网站的页面添加到收藏夹中,以后再要访问这些网站时,可以直接在收藏夹中选择网页,即可进入相应的站点。如要向收藏夹中添加网页,可以在"收藏"菜单中选择"添加到收藏夹..."项,弹出如图6-4-33所示的对话框。输入名称并选择该页面类别的文件夹后,按"确定"即可。使用收藏夹时,只需单击"收藏"菜单或工具栏上的"收藏"按钮,从中选择所需的网站名称即可。

  由于目前的网络速度较慢,访问一些包含图片、动画、声音较多的网页时,为了加快浏览速度,可以使这些多媒体信息不被下载。单击"工具"菜单的"Internet 选项...",弹出如图6-4-27的对话框,选择"高级"标签,找到"多媒体"这一组选项,如图6-4-34所示。清除这些复

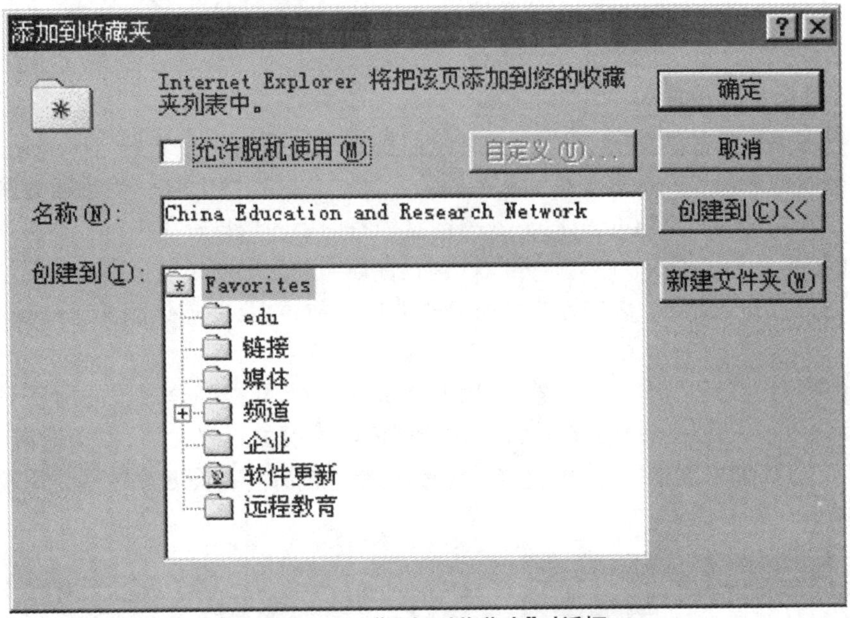

图 6-4-33 “添加到收藏夹”对话框

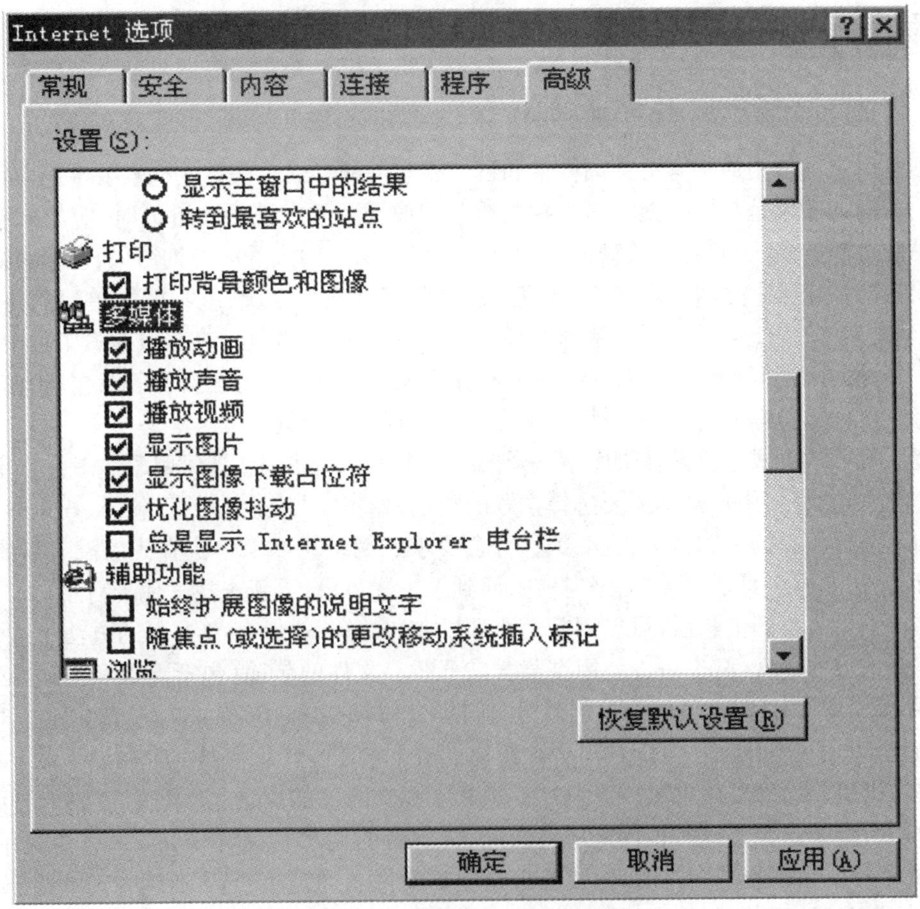

图 6-4-34 设置 Internet 高级选项

选框的选项,单击"确定"按钮后,浏览的网页将只显示文字信息,大大加快了网页传输和显示的速度。

三、信息的检索和获取

因特网上的信息浩如烟海,如果单纯地依靠漫游式的网页浏览来获取所需信息是困难的。有什么方法能快速准确地查找到所需的资源呢?在因特网上有一类特殊的网站,叫做搜索引擎。它们就像图书馆的目录索引一样,将因特网上的信息资源进行分类整理,建立分类目录,如新闻、文学、艺术、计算机与互联网、教育等类别。用户在连接到这些网站后,可以通过一定的规则进行检索,很快地找到所需资源的存放位置,并连接到相应的网站进行浏览、下载。

目前因特网上有着众多搜索引擎,为用户提供从查询、导航到全方位的信息服务,如著名的 Yahoo、Info seek、Excite、Alta Vista 等。随着国内因特网的迅速发展,中文搜索引擎也很快被开发和推广,如中文雅虎、搜狐、悠游、网易、网络指南针等。图 6-4-35 是使用较广、有一定影响的搜索引擎的标志。

图 6-4-35　各大著名搜索引擎

搜索引擎的使用通常有关键词检索和逐层检索两种形式。关键词检索要求用户输入关键词。关键词一般是与要检索的内容相关的单词或词组。在选择关键词时,应尽量选择与主题精确匹配的词,否则会因关键词的涉及范围过广而返回大量的查询结果,以至使找到真正需要的网站变得十分困难。例如,要查询江苏的基础教育情况,就不能简单地只使用"教育"一个关键词,应使用"江苏"、"基础教育"多个关键词同时查询。在多数搜索工具中,都提供了多关键词的逻辑查询,一般包括:与所有关键词匹配;与任一关键词匹配;在所有返回结果中必须出现某关键词;在所有返回结果中不能出现某关键词。

逐层检索的方式好比是在书库中一个书架一个书架地找书。搜索引擎一般会在主页上列出一级主题类目,用户根据需要选择主题的类别,如新闻与媒体、教育、科学、娱乐等,然后逐层向下选择相关的主题目录,直至到达符合要求的网站。如果一次查找后没有需要的网站,可以按浏览器工具栏上的"后退"按钮,回到上一层目录,重新查找其他子目录。

在检索到需要的信息后,可以用前面介绍的 IE 5 提供的保存 Web 页的方法下载信息。如果需要下载的是文件,也可以使用浏览器来下载。文件的传输(包括上载和下载)必须用 FTP 协议来实现。目前流行的浏览器软件,包括 IE 和 Netscape Communicator 都内置了对 FTP 协议的支持,用户可以在浏览器窗口中顺利地完成下载工作。如果从 FTP 网站下载文件,用户需要在浏览器的地址栏中填入"ftp://",再填写 FTP 网站的网址,就可以连接并访问远地的 FTP 服务器了。当然这种访问是匿名访问,访问者的用户名是 Anonymous,口令是用户的 E-mail 帐号。当下载某文件时,只要单击相应的文件名的链接,选择保存文件的位置和文件名,就可以开始下载了,如图 6-4-36、图 6-4-37、图 6-4-38 所示。如果从 WWW 网站下载文件,同样只要单击文件的链接即可下载。

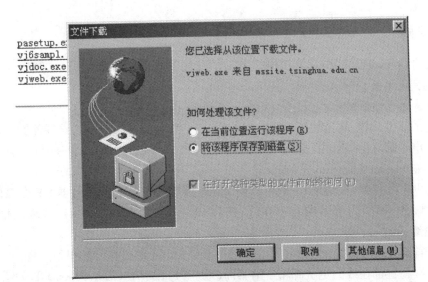

图 6-4-36 单击链接,准备下载

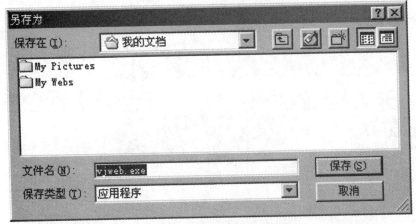

图 6-4-37 保存将下载的文件

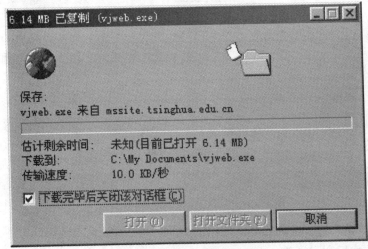

图 6-4-38 下载文件

6.4.4 电子邮件

电子邮件(E-mail)是利用计算机网络的通信功能实现的信件通信,它已经成为网络世界中重要的交流工具,并在逐步取代传统的邮件通信。

一、申请电子邮件帐号

和普通的信件一样,每位使用电子邮件的用户都有自己的邮件地址,这样才能实现通信交流。一个电子邮件的地址由三部分组成,格式为:用户名@电子邮件服务器的地址(@表示"at"),如:webmaster@metc.njnu.edu.cn。

用户的电子邮件帐号(地址)一般可以向 ISP 申请后获得。现在有很多 ISP 也提供免费的电子邮件服务,如国内著名的首都在线(263.net)、广州电信(163.net)、金华电信(188.net)、金陵热线(990.net)等。

下面以首都在线(263.net)为例,简要介绍一下免费电子邮件帐号的申请过程。

首先连接到首都在线的免费邮箱申请页面(地址为 http://freemail.263.net/),如图 6-4-39 所示。

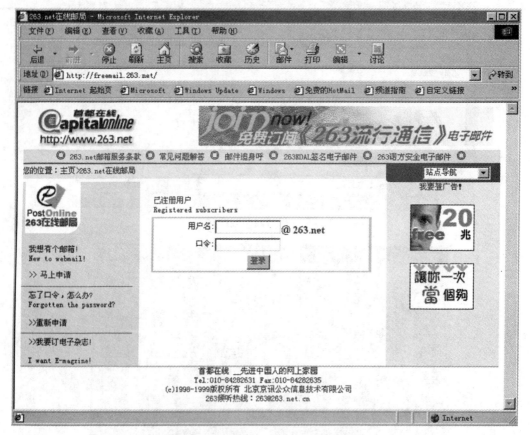

图 6-4-39 "263.net 在线邮局"的主页

单击"马上申请",进入如图 6-4-40 所示的画面。这是 263 在线邮局的服务条款,提供了用户使用该系统的权利和义务。

在阅读完后,如果同意的话就单击"我同意"按钮。然后进入如图 6-4-41 所示的画面,在这里要输入想要申请的用户名,而后单击"完成"按钮。如果你申请的名称不符合要求或者已经有人使用了,系统会提示重新输入用户名,然后会被要求再次确认服务条款,如图6-4-42所示。

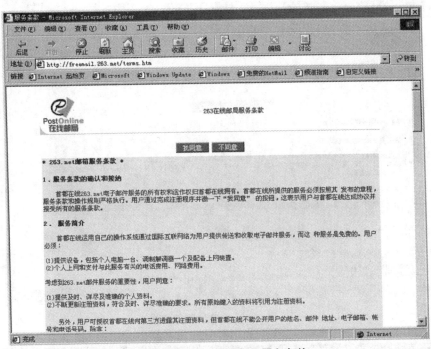

图 6-4-40 263在线邮局服务条款

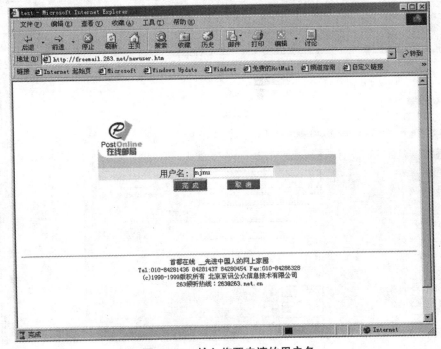

图 6-4-41 输入您要申请的用户名

173

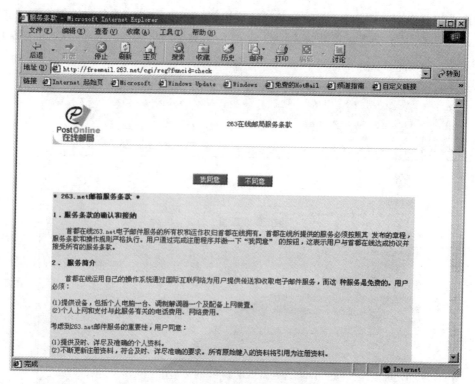

图 6-4-42　再次确认服务条款

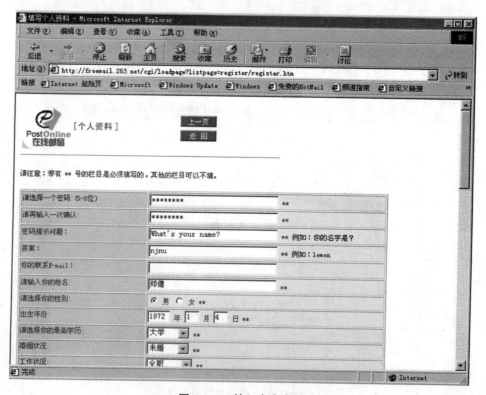

图 6-4-43　输入个人资料

接下来,需要填写用户密码、密码提示问题和一些个人资料,如图 6-4-43 所示。其中标有"＊＊"的栏目是必须填写的。你的出生日期务必填写真实的日期,因为当你忘记密码时,系统允许你重新设置密码,但必须输入你的生日才行,如果是伪造的生日就容易被遗忘。密码提示问题也是在忘记了密码、需要重新设置密码时使用的,所以回答的答案最好是容易记忆的。

填写完资料后,系统要求确认一下,如图 6-4-44 所示。

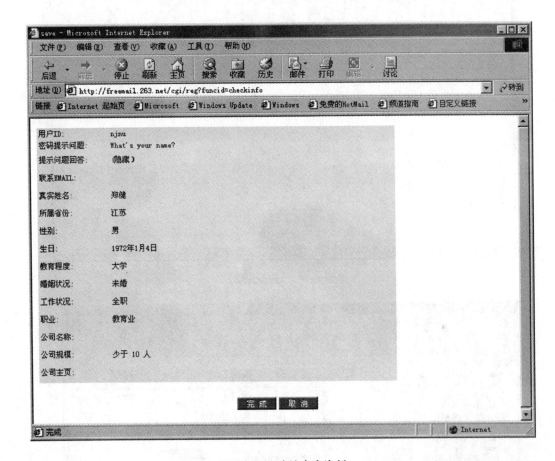

图 6-4-44　确认个人资料

然后按"完成"按钮,系统告诉你已经注册成功(如图 6-4-45),你便拥有了一个永久的电子邮件帐号！按"返回"按钮回到 263 在线邮局的主页。

下面你可以使用新帐号登录自己的邮箱,在"已注册用户"下输入用户名和口令(密码),按"登录"按钮。如图 6-4-46 即为你的电子信箱页面。在这里,你可以收发电子邮件,书写信件,建立自己的通讯簿,对自己的邮箱进行管理。

二、Outlook Express 的使用

使用浏览器来收发信件,必须每次都进入电子信箱页面,不太方便,而且在连接页面时要耗费不少时间,因此我们可以使用专用的 E-mail 通信程序来收发、书写、阅读信件。常用的 E-mail 软件有 Outlook Express、Foxmail、The bat 等。

图 6-4-45 注册成功

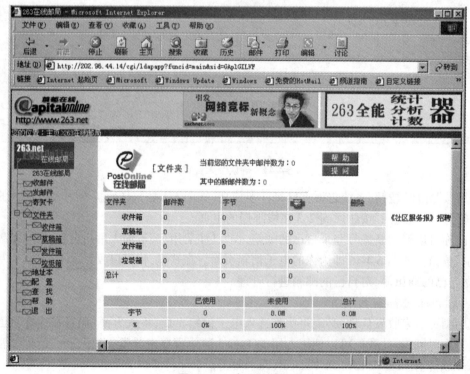

图 6-4-46 电子信箱页面

Outlook Express 是 IE 浏览器的组件之一，在 Windows 98 中内置了 Outlook Express 5，下面简要介绍一下它的使用方法。

首先需要设置你的 E-mail 服务器和帐号。如果是第一次使用 Outlook Express 5，在启动时会自动打开"Internet 连接向导"，如图 6-4-47 所示。或者可以在"工具"菜单中选择"帐号..."项（如图 6-4-48 所示），弹出如图 6-4-49 所示的对话框。选择"添加"按钮中的"邮件..."项，也可以弹出如图 6-4-47 所示的对话框，在这里输入你的姓名。

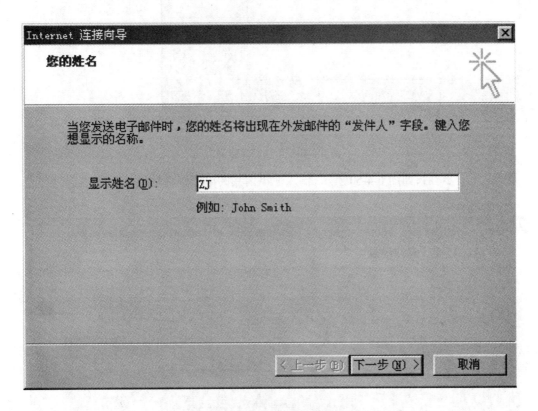

图 6-4-47　Internet 连接向导

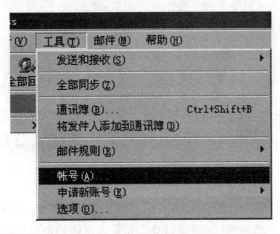

图 6-4-48　选择"工具"菜单中的"帐号..."项

177

图 6-4-49　添加邮件帐号

单击"下一步"后，如图 6-4-50 所示，输入你申请到的电子邮件地址。

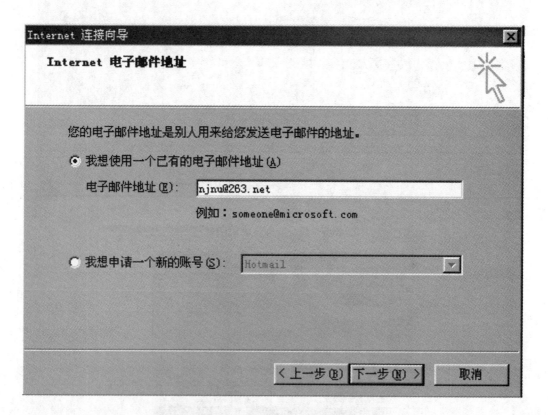

图 6-4-50　输入你的电子邮件地址

单击"下一步"后，如图 6-4-51 所示，输入你的电子邮件服务器的地址。你的邮件服务提供者会告诉你接收和发送邮件的服务器的地址；如果你申请的是免费帐号，请在相应的网站上查看 ISP 提供的相关信息。

178

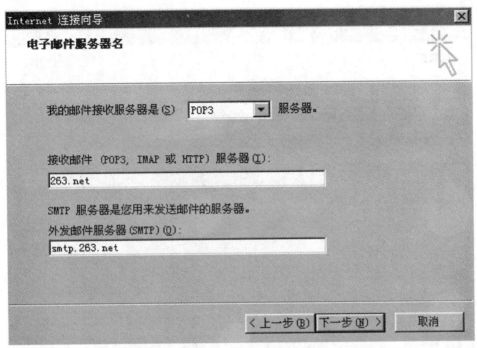

图 6-4-51　输入电子邮件服务器的地址

单击"下一步"后,如图 6-4-52 所示,输入你的帐号名和密码。如果没有选中"记住密码"项,在每次连接邮件服务器时,系统都会询问你的密码。单击"下一步"后即可以完成所有设置,如图 6-4-53 所示。

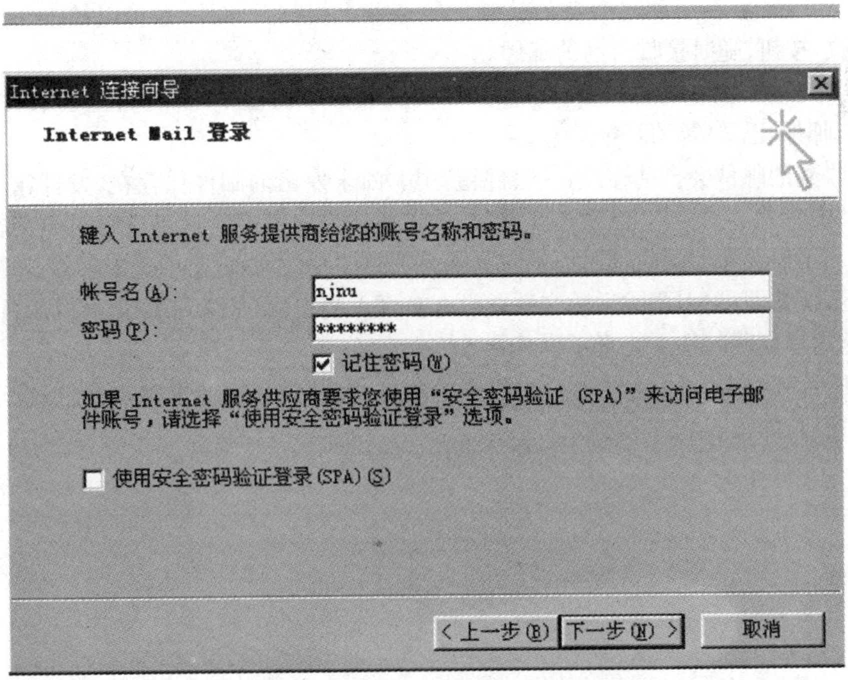

图 6-4-52　输入你的帐号名和密码

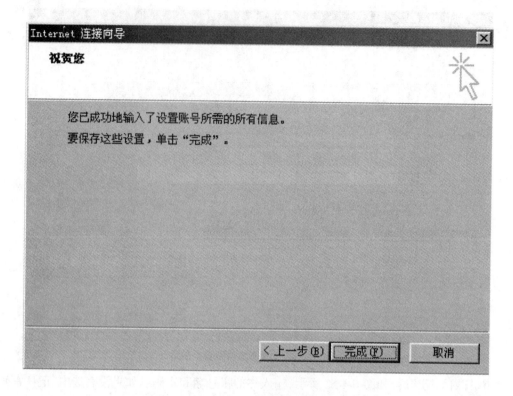

图 6-4-53 完成 E-mail 服务器和帐号的设置

完成各项设置后，你就可以使用 Outlook Express 收发 E-mail 了。

Outlook Express 在启动时会自动从邮件服务器上接收新邮件；也可以单击工具栏上的"发送/接收"按钮，随时接收自己的邮件。

如图 6-4-54 所示，Outlook Express 在文件夹列表窗中设置了五个文件夹：收件箱、发件箱、已发送邮件、已删除邮件和草稿。

所有收到的邮件会自动存放在"收件箱"中。尚未发出的邮件保存在"发件箱"里，等发出后，邮件文本就自动移到"已发送邮件"文件夹中。尚未写完的信可以暂时保存在"草稿"文件夹中。不需要保留的信件可以把它删除，只要在"邮件列表"窗中选中邮件，单击工具栏上的"删除"按钮即可；但删除后的文件并没有被真正删去，而是移到了"已删除邮件"文件夹里，只有从这里删除邮件才能真正将其删去。

我们阅读邮件时，可以单击邮件列表中的邮件，在邮件预览窗里查看；也可以双击邮件打开阅读窗口，如图 6-4-55 所示。

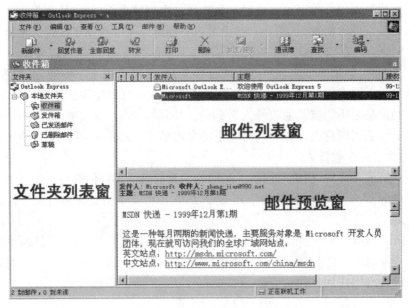

图 6-4-54　Outlook Express 窗口布局

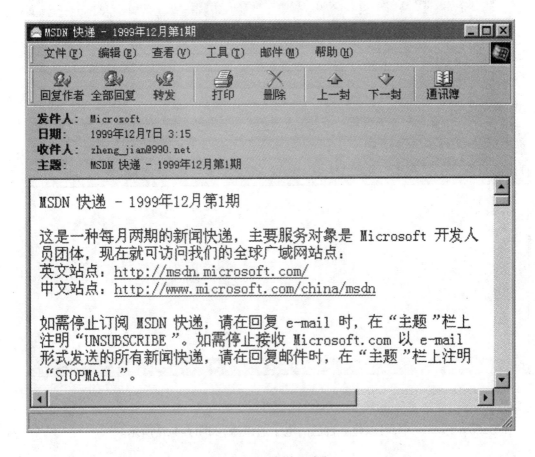

图 6-4-55　邮件阅读窗口

下面再介绍一下邮件的书写。一封 E-mail 通常由邮件头部、邮件体和附件三部分组成。邮件头部就像是信件的信封，从图 6-4-56 中可以看到邮件头部包括了发件人地址、收件人地址、抄送人和密件抄送人的地址、主题几个部分。一封 E－mail 不仅可以发给一个人，还可以同时发给多个人，多个地址之间用分号或逗号隔开，这可以用于下发通知、分发电子杂志等。如果有抄送人和密件抄送人，E－mail 在发给收件人的同时也发到他们的信箱中。其中密件抄送人的信息是不能被其他收件人看到的。主题即该 E－mail 的标题，可以让收件人及时了解 E-mail 的大概意图。作为一封能正确发出的 E－mail，它可以没有抄送人，没有主题，但必须至少有一个收件人。

邮件体就是 E-mail 的"信纸"，包括了邮件的主要信息。邮件体部分可以用纯文本书写，也可以用 HTML（超文本标记语言）的格式书写，加入各种文本格式甚至背景图片，使信件整齐美观。

E-mail 除了"寄信"外，还可以传送文件，就像是邮寄包裹。从"插入"菜单中选择"文件附件"，找到要发送的文件（可以是一个，也可以是多个），附加到 E-mail 中。文件以"附件"的形式和 E-mail 一起发送到收件人信箱。

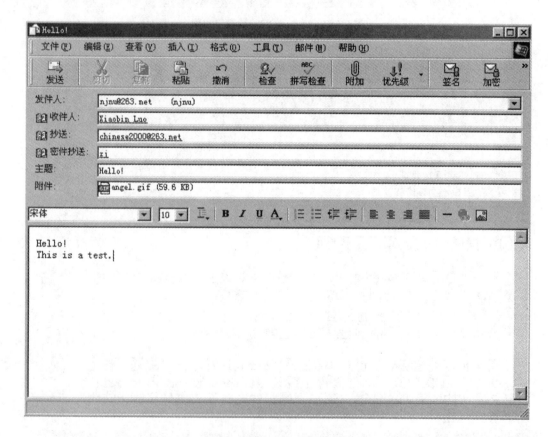

图 6-4-56　一封 E-mail

在 Outlook Express 中，可以建立自己的电子通讯簿，如图 6-4-57 所示。

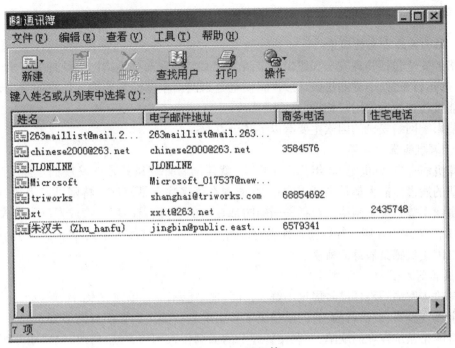

图 6-4-57 通讯簿

这样,就可以帮助我们快速准确地找到联系人,也省去了记忆一大堆地址的麻烦。而且,还可以通过创建包含多个联系人的组,将邮件方便地发送给一组收件人,如图 6-4-58 所示。

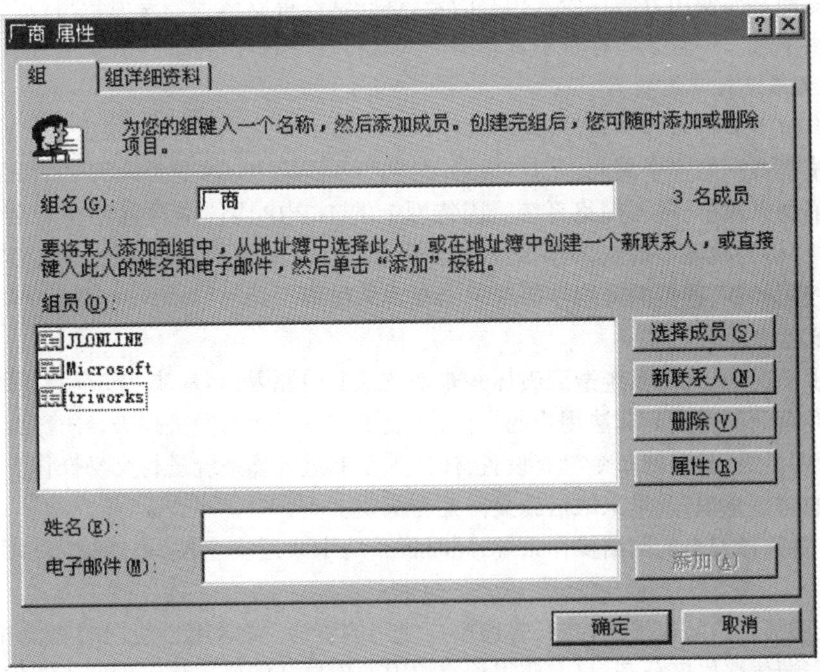

图 6-4-58 创建联系人组

6.4.5 网络安全

一、影响网络安全的因素

网络的安全包括物理安全和逻辑安全两个方面。物理安全是指网络硬件的安全,要求设备完好,运行正常,不受非法破坏。逻辑安全是指网络中存储和传输的信息的安全,要求信息只能被授权使用的用户传输、查看或修改。

目前影响网络安全的因素主要有以下几个方面:

1. 计算机病毒的破坏

计算机病毒自 20 世纪 80 年代产生以来,就伴随着计算机技术的发展而不断更新、演变。早期的病毒传播大都是借助于软磁盘,而现在很多病毒是通过因特网迅速传播的。著名的蠕虫病毒曾感染了网络上包括美国国防部在内的近万台计算机,造成了巨大损失。近年的 CIH 病毒、Melisa 病毒等以及各种宏病毒利用 E-mail、文件的上下载等在因特网上传播,不少网络因主机感染病毒而瘫痪。

2. 黑客的入侵

黑客攻击网络的事件已经屡见不鲜了,并且很多已不再是单纯技术的炫耀或恶作剧,而是为了金钱或军事、政治目的,有的已经成了有组织的行为。黑客们对网络知识十分精通,他们了解网络系统存在的缺陷,并利用管理上的漏洞侵入网络系统,修改、窃取或破坏系统中的数据。随着技术的进步,黑客的手段也越来越高明,已经成为网络安全的重要威胁。

3. 网络分析软件的滥用

网络分析软件用于监视网络的运行状况、查找网络故障、维护系统的正常运行。这些软件能够截获网络中传输的数据,修改数据包,而且使用也不是十分复杂,普通的计算机用户都能很容易地掌握使用方法。令人担心的是,这些软件可以从很多渠道获得,包括不少 FTP 网站都提供下载。一旦某些存在不良企图的人获得这些软件,将给网络安全带来重大隐患。

4. 网络系统自身的缺陷

网络系统上运行着各种软件,这些软件本身可能存在着各种安全隐患。目前流行的许多操作系统都有网络安全漏洞,尤其 Windows NT、Windows 95/98 更是众矢之的,许多黑客都利用其缺陷加以攻击,侵入网络系统。因特网上的 TCP/IP 协议本身也存在安全性问题,没有加密、对身份的验证等措施,为网络入侵者提供了方便。此外,网络上的很多应用软件对访问者的权限控制、通信的安全性等缺乏强有力的保障。

二、防患于未然

在不少情况下,网络系统遭到破坏并非是技术上的原因,而是缺乏安全意识的结果。上海一家证券营业所曾遭到非法用户的入侵,造成了数百万元的经济损失,经查是由于超级用户(网络管理员级用户)的口令没有设置,任何人都能进入该系统进行交易操作。因此,加强网络安全的防范意识,及早采取措施显得尤为重要。

首先,要选择安全的网络操作系统,同时将系统中缺乏安全性、可能被人利用的功能关闭。

其次,加强对访问权限的控制,普通用户使用的资源、特定用户使用的资源和网络管理员使用的资源要严格区分开,只有获得相应权限的用户才能使用该级别的资源信息。

第三,应在局域网和因特网之间安装防火墙。防火墙在网络之间起了过滤的作用,将内部网络保护起来,防止未授权的不安全信息进出内部网络。

第四,对传输的重要数据进行加密。对于加密后的数据,必须使用相应的数字标识或数字签名才能解密为明文。

第五,定期对系统数据进行备份,以便系统在遭到破坏后能及时恢复。

最后,应该在局域网的所有工作站上安装具有即时监控功能的防病毒软件,并要及时更新病毒库。

附:常用因特网资源

一、中国四大ISP

名　称	网　址
CHINANET	http://www.bta.net.cn/
CERNET	http://www.edu.cn/
CSTNET	http://www.cnc.ac.cn/
CHINAGBN	http://www.gb.com.cn/

二、搜索引擎

名　称	网　址
Yahoo!(英文雅虎)	http://www.yahoo.com/
Infoseek	http://www.infoseek.com/
Excite	http://www.excite.com/
Alta Vista	http://altavista.digital.com/
中文雅虎	http://gbchinese.yahoo.com/
搜狐	http://www.sohu.com/
常青藤	http://www.tonghua.com.cn/
悠游	http://www.goyoyo.com/
若比邻	http://www.robot.com.cn/
网络指南针	http://compass.net.edu.cn:8010/
哇塞搜索引擎	http://www.whatsite.com/
广州网易	http://www.yeah.net/

三、政府机构

名　称	网　址
政府上网工程	http://www.gov.cn/
全国政协办公厅	http://www.cppcc.gov.cn/
教育部	http://www.moe.edu.cn/
科学技术部	http://www.most.gov.cn/
信息产业部	http://www.mii.gov.cn/
文化部	http://www.ccnt.gov.cn/

名　称	网　址
外交部	http://www.fmprc.gov.cn/
铁道部	http://www.chinamor.cn.net/
建设部	http://www.cin.gov.cn/
交通部	http://www.moc.gov.cn/
国家经济贸易委员会	http://www.setc.gov.cn/
国家发展计划委员会	http://www.sdpc.gov.cn/
财政部	http://www.mof.gov.cn/
国土资源部	http://www.mlr.gov.cn/
水利部	http://www.mwr.gov.cn/
农业部	http://www.agri.gov.cn/
江苏省信息化工作领导小组办公室	http://www.jsnic.gov.cn/
中国南京网站	http://www.nanjing.gov.cn/
徐州人民政府	http://www.xz.gov.cn/
连云港市人民政府	http://www.lyg.gov.cn/
宿迁人民政府	http://www.sq.jsinfo.net/gov/
盐城市人民政府	http://www.yancheng.gov.cn/
扬州市政府网站	http://www.yangzhou.gov.cn/
江苏省泰州市人民政府	http://www.taizhou.gov.cn/
镇江人民政府	http://www.zhenjiang.gov.cn/
常州人民政府	http://www.changzhou.gov.cn/
无锡人民政府	http://www.wuxi.gov.cn/
中国苏州	http://www.suzhou.gov.cn/
苏州工业园区	http://www.sipac.gov.cn/
张家港市人民政府网站	http://gov.zjg.jsinfo.net/
淮阴县人民政府站点	http://www.huaiyin.js.cn/html/gov/zfzc.htm

四、教育机构

名　称	网　址
清华大学	http://www.tsinghua.edu.cn/
北京大学	http://www.pku.edu.cn/
南京大学	http://www.nju.edu.cn/
浙江大学	http://www.zju.edu.cn/
中国科学技术大学	http://www.ustc.edu.cn/
复旦大学	http://www.fudan.edu.cn/
上海交通大学	http://www.sjtu.edu.cn/
天津大学	http://www.tju.edu.cn/
西安交通大学	http://www.xjtu.edu.cn/
北京航空航天大学	http://www.buaa.edu.cn/
哈尔滨工业大学	http://www.hit.edu.cn/
南开大学	http://www.nankai.edu.cn/
东南大学	http://www.seu.edu.cn/

名　称	网　址
同济大学	http://www.tongji.edu.cn/
华中理工大学	http://www.hust.edu.cn/
四川联合大学	http://www.scuu.edu.cn/
中国人民大学	http://www.ruc.edu.cn/
吉林大学	http://www.jlu.edu.cn/
大连理工大学	http://www.dlut.edu.cn/
武汉大学	http://www.whu.edu.cn/
北京师范大学	http://www.bnu.edu.cn/
南京航空航天大学	http://www.nuaa.edu.cn/
南京理工大学	http://www.njust.edu.cn/
河海大学	http://www.hhu.edu.cn/
南京师范大学	http://www.njnu.edu.cn/
南京邮电学院	http://www.njupt.edu.cn/
苏州大学	http://www.suda.edu.cn/
江苏理工大学	http://www.jsust.edu.cn/
扬州大学	http://www.yzu.edu.cn/
南京师范大学现代教育技术中心	http://metc.njnu.edu.cn/
湖南大学多媒体信息教育学院	http://www.hn.cninfo.net/hndx/default.htm
天津国际学校	http://www.tjtis.edu.cn/
华东师大二附中	http://202.120.80.2/
苏州高中	http://kantaro.sk.tsukuba.ac.jp/Shi/public_html/indexSHS.html
成都四中	http://jims.umd.edu:8088/zpy/personal/No4.html
上海南洋模范高中	http://www.princeton.edu/jiahualu/nanmo
上海延安高中	http://genome.wustl.edu/dept/others/mjlab/frank/yanan.html
北京四中	http://www.bj4hs.bj.edu.cn/
北京景山学校	http://www.bjjs.bj.edu.cn/
清华附中	http://166.111.152.17/
武汉大学附属小学	http://fuxiao.whu.edu.cn/
江苏高校网上远程教育	http://netu.js.edu.cn/
万恒远程教育网	http://www.cyberschool.net.cn/
101远程教育教学网	http://www.chinaedu.com/
联想网校	http://www.school.legend.com.cn/
国讯网校	http://www.chinaschool.net/
国联网校	http://168.160.224.69/
希望网校	http://www.hoho.edu.cn/
希望工程	http://project-hope.cydf.edu.cn/

五、商业机构

名　称	网　址
中国企业网	http://www.ihw.com.cn/industry/

名 称	网 址
全国优秀企业名录	http://www.guoxin.sh.cn/qyml.htm
北京软件行业协会	http://www.bsia.org/
微软公司	http://www.microsoft.com/
联想集团	http://www.legend.com.cn/
海尔集团	http://www.haier.com/
同创公司	http://www.tontru.com/
熊猫电子集团	http://www.panda.nj.js.cn/
金山公司	http://www.kingsoftware.com/
中国一汽	http://www.faw.com.cn/
中国银行	http://www.boc.cn.net/
世界银行	http://www.worldbank.org/
慧聪商情	http://www.hcinfo.com.cn/
珠穆朗玛—网上超市	http://www.8848.net/
AMAZON 网上书店	http://www.amazon.com/
BOOKSHOP 书店	http://www.bookshop.co.uk/

六、新闻媒体

名 称	网 址
新华社	http://www.xinhua.org/
人民日报	http://www.peopledaily.com.cn/
光明日报	http://www.gmdaily.com.cn/
中国青年报	http://www.cyd.com.cn/
羊城晚报	http://www.ycwb.com.cn/
中国计算机报	http://www.ciw.com.cn/
神州学人	http://www.chisa.edu.cn/
中央电视台	http://www.cctv.com/
江苏电视台	http://www.jstv.com/
凤凰卫视	http://www.phoenixtv.com/
中央人民广播电台	http://www.cnradio.com/
中国国际广播电台	http://www.cri.cngb.com/
美国有线电视新闻网	http://www.cnn.com/

七、娱乐网站

名 称	网 址
中国音乐第一站	http://www.east.net.cn/music/
银幕空间站	http://www.hotfilm.com.cn/
好莱坞	http://www.hollywood.com/
迪斯尼	http://www.disney.com/
联众网络游戏世界	http://www.globallink.cn.net/
北极星游戏网	http://game.lodesoft.com/
西祠胡同	http://www.xici.net/

名 称	网 址
海阔天空聊天室	http://www.lhinfo.ha.cn/chat3/
碧海银沙聊天室	http://chat.silversand.net/
鹏城聊天室	http://202.96.162.111/
有约聊天室	http://irc.wode.net/

八、免费空间

名 称	网 址
免费信箱	
北京 263	http://freemail.263.net/
广州 163	http://www.163.net/
南京 990	http://freemail.990.net/
金华 188	http://www.188.net/
支点科技 777 邮箱	http://www.777.net.cn/
21CN 免费邮箱	http://www.21cn.com/
润讯寻呼	http://www.cmmail.com/
hotmail	http://www.hotmail.com/
雅虎信箱	http://mail.yahoo.com/
免费主页空间	
自贡在线	http://www.zg169.net/
网易空间	http://www.nease.net/
碧海银沙	http://www.zhanjiang.gd.cn/
网易免费个人主页	http://www.163.com/
瀛海威个性空间	http://www.your.com.cn/
清新小苎	http://xdinfo.cumt.edu.cn/
263 免费空间	http://www.topcool.net/
茂名信息港	http://ftp.maoming.gd.cn/

【复习思考题】

1. 什么是计算机网络？为什么要大力发展计算机网络？
2. 计算机网络如何分类？
3. 什么是校园网？试述校园网在学校教育现代化建设中的意义。
4. 什么是远程教育？试述远程教育在建立终身教育体制中的意义。
5. 何为因特网？因特网是怎样工作的？
6. 因特网能提供哪些常用服务？
7. 怎样在因特网上收发 E-mail？
8. 怎样在因特网上进行信息浏览？
9. 什么是计算机病毒？什么是"黑客"？
10. 如何维护网络安全？

第七章 教学设计

如果有人让你将小学语文第三册的第一单元制作成计算机多媒体课件,你该做些什么准备呢?对于你明天的一堂公开课,你是否想让它变得更加精彩呢?面对同一目的的培训班,不同的组织者可能会有不同的要求。也许给你的培训时间是三个月,也可能是三个星期,甚至只有三天,你准备怎样安排你的培训内容呢?对于这些近在我们身边的问题,如果我们希望它们能够得到圆满的解决,那么,我们就可能会想到进行教学设计的问题。

教学设计(Instructional Design,简称 ID)作为一门实践性很强的应用性学科,是教育技术领域中的一个很重要的分支,它是在 20 世纪 60 年代以来逐渐形成和发展起来的。80 年代中期,我国的教育技术工作者开始把教学设计列入研究范围,目前已经取得了一些可喜的成绩,教学设计已经被引入到课程计划的制定、教学软件的编制与开发以及教学方案的确定等方面。在现代信息社会中,为了推动教学改革,提高教学效果、效率和效益,教学设计是必不可少的。

7.1 教学设计概述

7.1.1 教学设计的概念

1994 年,美国 AECT 对教育技术作了如下定义:"教育技术是关于学习过程与学习资源的设计、开发、利用、管理和评价的理论与实践。"这一定义确定教育技术的研究领域包括学习过程与学习资源的设计、开发、利用、管理和评价等五个方面的理论与实践,由此可见教学设计在教育技术学中的地位和作用。

有人把教学设计看成是连接学习理论、教学理论与教学实践的桥梁科学,这是再形象不过的了。一般认为,教学设计又称"教学系统设计",是指运用系统的方法,分析教学中的问题,从而确定教学目标,建立解决问题的策略方案,试行解决方案,评价试行结果并对方案进行修改的过程。它以学习理论、教学理论和传播理论等作为其理论基础,以系统方法作为其基本方法与技术,以优化教学效果为目的,寻找解决问题的最佳方案。

通俗地说,教学设计也就是对于学与教的资源及过程进行系统规划的一套整体性操作程序。教学设计包括两个方面:一是"教"的设计,一是"学"的设计。前者是对教师而言,即对教师的教的资源及教的过程的设计;后者是针对学生而言,即关于学生在学习知识时可用的资源及学习过程的设计。

教师的"教"是为了学生的"学",但又不同于学生的"学"。随着社会大教育的发展,以及网络教育与终身教育等新的思想观念的出现,教师的主导地位不仅没有削弱,相反还应当有所加强。但这种主导地位与纯粹的课堂教学形式中的教师的主导地位相比,在作用形式上已有所不同。网络教育也好,终身教育也罢,它们都需要有丰富的教育素材。这些素材如何才能朝向有利于学习者利用的方向发展,在很大的程度上将取决于素材的提供者与处理者。

这些提供和处理素材的人员都应当属于未来的"教师"概念范畴。判断这些教师能否适应未来社会需求的最基本的条件就是看他们是否具备良好的教学设计能力。

教师对"教"进行设计的同时,也确定了学生的"学"的基本方法。在"教"中体现"学",学生在学习过程中,有权选择合适的学习资源,能够自由支配自己的学习过程,但这种自由又存在相对性,亦即学生的自由选择权是建立在已有的可供选择的学习资源的基础之上的。教师在进行教学设计时,将自己的"教"的策略完全体现到自己所编撰的教学内容中,并为学生的学习提供了相应的策略限制。

教学设计是一系统计划过程。它运用系统方法研究教学系统中诸要素(如教师、学生、教学内容、教学策略、教学目标、教学媒体等)之间的内在联系,并设计一套具体的操作程序来协调、配置,使各要素有机结合,从而完成教学系统的功能。在系统计划过程中,每一步都有相应的理论与方法作为科学依据,从而使教学设计具有很强的理论性、科学性和操作性。教学设计的结果或称产物是经过验证的能实现预期功能的教学系统,或者是它的各种子系统。

根据教学中问题的范围、大小的不同,一些专家把教学设计划分成了不同的层次。

一是以产品为中心的层次。早期的教学设计是以"产品"为中心的层次开始的。它把教学中需要的媒体、材料、教具等当作产品来进行设计,教学产品的类型、内容和功能常常由教师、学科专家和媒体技术人员共同确定,并共同设计、制作、评价。该层次的设计具有四个前提:一是已经确定需要教学产品去完成特定的教学目标;二是已经确定某些产品需要开发而不是选择或修改现存材料;三是开发的教学产品必须被大量的教育管理者使用,而且希望产品对具有一定特征的学习者产生"复制"的效果;四是非常重视试验和修改。

二是以课堂为中心的层次。课堂教学的设计是最为普通的教学设计工作,它遵循教学大纲和总的教学计划的要求,针对固定的教学设施、教学内容和教学对象来制定方案,以完成教学目标。因此,这种教学设计主要体现的是教育、教学思想与方法的运用,而不是开发新的教学材料(产品)。该层次的重点是选择、改编和采用已有的材料,并选择已有的合适的教学策略。

三是以"系统"为中心的层次。这里指的是比较大的综合的复杂的教学系统。因为按照系统的观点,"产品"、"课堂"也属于教学系统,只不过是范围较小的系统。以"系统"为中心的教学设计,涉及内容很广,是一项难度较大的项目,比如个别化学习系统、学校教学系统、专业教学计划及大纲等。此项工作需由教师、学科专家、行政管理人员甚至包括学生来共同完成。该层次的特征,一是比课堂教学和教学产品要大而复杂,涉及教学计划、教学材料、教师培训计划、管理计划以及教学设备等多方面的因素;二是教学系统开发后有广泛的使用价值;三是需要设计小组来完成;四是以"问题—解决"的思想为导向。

完整意义上的教学设计(广义)不仅包括各种教学策略(教学组织策略、教学内容传递策略和教学资源管理策略)的设计,还包括对分析、设计(狭义)、开发、应用、管理、修改与评价等活动的设计。具体地说,主要包含以下几个方面的内容。

分析。通过分析确定学习者的学习需求情况,根据学习者的特征研究、确定学习任务和学习目标,提出分析报告。

设计。通过对分析报告的描述,形成相应的设计文档。

开发。根据设计阶段确定的有关教学策略对教学资源进行制作与开发,形成符合规划的形式多样的教学软件资源。

应用。这里所说的应用包括试用和正式推广应用两个层次,它是验证教学设计的教学效益的重要阶段,应用之后应当形成使用信息回馈。

修改。根据应用中的主要反馈信息确定对教学设计过程中开发的教学软件资源的修改,使之更加完善。

管理。主要包括对教学系统的维护、对教学产品的管理等方面的内容。

评价。包括诊断性、形成性、总结性评价和可行性、维护性等系统评价。

7.1.2 教学设计与传统教学计划的比较

教学设计与传统的教学计划之间既有共性,也存在许多差异。我们在学习教学设计时,如果头脑中已经有了传统教学计划的基本知识,那么就可以取长补短,对照分析,运用传统的教学计划思想来为教学设计服务。

这里,我们侧重于比较它们两者之间的差异。实际上,如果我们真正地把握了这些差异,它们之间的共同点也就不言而喻了。为了比较的方便起见,我们用"TP"表示传统的教学计划,用"ID"表示教学设计。两者之间的差异主要表现在以下几个方面。

一、教学目的的明确性

在教学目的的明确性方面,TP 与 ID 对于教师和学生是不完全一样的。TP 强调的是对教学过程的研究,且偏重于教,教师是教学的主体;而 ID 更加强调对学生学习的研究,对学习过程与学习资源的研究,从而促进学生知识的合理建构。

TP 与 ID 在教学目的的明确性方面的差别如表 7-1-1:

表 7-1-1　TP 与 ID 在教学目的明确性方面的差别

	TP	ID
学生	不明确	明确
教师	依靠直感判断	以帮助每个学生的学习为目的,着眼于激发、促进、辅助学生的学习。

二、教学目的的确定依据

TP 主要依据传统的课程设置,并按照教科书的内容,以内部参照为标准来确定教学目的;而 ID 则主要通过对学习的需要进行估价,并通过对任务的分析,以外部参照为标准来确定教学目的。

三、教学目标

TP 根据对整个内容的总括性的结论描述,或者通过教师自己的行为陈述(包括言语的、动作的、态度的等方面)来确定教学目标,它对所有的学生都是一样的。而 ID 则主要是通过对需要的估价和对任务的分析,根据学生的行为陈述(包括言语的、动作的、态度的、心智的、认知策略的等方面)来确定教学目标,教师在制定教学目标时考虑到了每个学生的起始能力方面的差异。

四、学生的起始能力

TP:知道学生存在起始能力方面的差异,但在教学中回避这种差异;ID:了解学生在起始能力方面存在差异,在进行学习资源的分配与选择时,根据学生的不同情况采取有针对性的教学。

五、对学生所期望的成就

一般地说,TP 对学生所期望的成就是以正态分布的形式存在的;而对于 ID 而言,它要求学生学完之后,应当达到统一的高水平。

六、评分和升级

对于 TP,由于教师事先就以正态分布的形式来规划他的教学结果,因而学生学习成绩好、中、差俱全也是符合他们的预料的。正因为学生中存在差异,因此有的学生可能不能升级。对于 ID 就不一样了,由于教师在教学中采取了有针对性的教学,学生可以获得统一的高分,因而也就能够全部升入高一级的年级继续学习。

这里值得说明的是,并不是说按照 ID 的做法就能保证每一个学生一定能够升级。教师采取有针对性的教学,也要求学生必须按照教师的设计方案来学习;如果学生不能保质保量地完成教师教学规划与设计方案的各项要求指标,那么这种教学效果当然是不会令人满意的。

七、教学实施中的细节调整

对于 TP,教师的教学工作必须按照传统的教案来实施,教师一般是不作临时调整的。如果教师在教学活动中未能按原计划顺利执行各项程序,则会被视为违反或脱离了教学计划。

在 ID 中,教师在执行教学设计方案时,可以按照学生的学习状况与教学中的信息反馈,合理地调节自己的教学内容,因人因时因地而教。而教师在教学中的适当的调节,一般被视作有教学针对性和适应性。

八、测验的目的

一般地说,教师在教学工作结束后,都会采取测验的方式来评价教学的效果。在 TP 中,测验是为了给学生划分等级,评出好差。在 ID 中,教师通过测验当然也可以看出学生的好差,评价学生学习的结果,但测验的更主要的目的则是为教师调整教学内容寻找一定的依据。

除了上述的几项之外,TP 与 ID 在学习时间的分配、教与学的主体定位、对学生未能掌握的学习内容的解释、课程的编制、教学的媒体与材料、教学序列的安排、教学策略的制定、教学效果的评价、教学材料的修正等方面也存在一定程度的差异,在这里就不详细论述了。

7.1.3 教学设计的理论基础

教学就是教师的教和学生的学组成的一种双边活动,是一种特殊的信息传播活动。教学设计的任务就是优化这种双边活动,因此,它必须应用许多理论作为决策的依据。传播理论、学习理论、教学理论、视听理论、系统科学理论共同构成了教学设计的理论基础。在众多的理论流派中,我们只对行为主义的学习理论、认知主义的学习理论以及正在兴起的建构主义理论倾向作简要介绍。

一、行为主义学习理论

美国行为主义心理学派的重要代表人物斯金纳(B.F.Skinner)对行为主义学习理论作了深入研究。斯金纳认为,行为是人类生活的一个基本方面,通过对行为的研究,可以获得对各种环境刺激的功能进行分析的方法,从而可以决定和预测有机体(包括人和动物)的行为。

斯金纳在用白鼠和鸽子作为被试进行研究后认为,有机体并不一定需要接受明显的刺激才能形成反应。他把有机体由于刺激而被动引发的反应称为"应答性反应",有机体自身主动发出的反应称为"操作性反应"。操作性反应可以用来解释基于操作性行为的学习,如人们读书或写字的行为。为了促进操作性行为的发生,必须有步骤地给予一定的条件作用,这是一种"强化类的条件作用"。强化包括正强化和负强化两种类型,正强化可以理解为有机体希望增加的刺激,负强化则是有机体力图避开的刺激。增加正强化物或减少负强化物都能促进有机体行为反应的概率的增加。

在研究中,斯金纳创立了操作性条件反射学说和强化理论,并且总结了一系列的教学原则,如小步调教学原则、强化学习原则、及时反馈原则等,在此基础上进一步形成了程序教学理论。20世纪50年代后期,斯金纳倡导了程序教学运动,他自己设计了教学机器,并在实践中贯彻程序教学的思想。

程序教学作为组织和提供信息的一种特殊方法,是在操作中将预先安排的教材分成许多小的单元,并按照严格的逻辑顺序编制程序,将教学信息转换成一系列的问题与答案,从而引导学生一步一步地达到预期的目标。

在早期的有关教学课件的设计中,基本上都贯彻了斯金纳的程序教学理论。按照这一理论,在学习过程中,当给予学习者一定的教学信息——刺激后,学习者可能会产生许多种反应(包括应答性反应和操作性反应)。在这些反应中,只有与教学信息相关的反应才是操作性反应。在学习者作出了操作性反应后,要及时给予强化,如给予表扬或提示,从而促进学习者在教学信息与自身反应之间形成联结,完成对教学信息的学习。有人将这一观点称为"刺激—反应—强化"理论,或简称为"S-R-S"。

斯金纳提出了直线式程序教学的模式。他首先把教学内容分成一组连续的小单元,在学生进入一个新的单元学习前,必须先回答一些关于前一个单元的问题。如果回答错了,程序或者向学生提供一些暗示,或者直接告知正确答案。只有经历了这一关,且学生真正了解了与前一单元相关的问题的正确答案后,才可能进入新的学习单元。

按照行为主义程序教学理论,在教学设计过程中,必须注重对教学信息的程序安排,各步调之间的距离不能太大,设计中还应围绕教学内容安排一定的提示过程或解决问题的方式,并能对学习者可能出现的各种反应作出适当的评价,从而设计出最有效的教学模型,并建立高效的运行环境。

在行为主义学习理论看来,心理学的主题应当是行为而不是心理事件或意识过程。他们认为心理事件是隐私的,带有主观性,因而不能满足科学标准客观性的要求。只有通过对行为的分析才能使研究变得客观公正。心理学本身就是"关于行为的科学"。在对学习者施加了一定的刺激后,就可以预言其反应;在知道了学习者所作的某种反应之后,我们也应能预言其所接受的刺激。学习者的行为反应与环境有关,行为的改变应根据"刺激—反应"情况来研究,而无需考虑学习者的内在过程和状态的存在。

行为主义学习理论对教学设计的形成起到了不可言喻的作用,但它的某些思想却与人们的日常经验存在很大差异。按照这一理论基础设计的教学设计课件,忽视了人们的认识过程和主观能动作用。学生在接受教学设计课件的学习时,起先的热情可能会很高;但当他们在被动机械地学习了一段时间后,就会因其单调的格式而产生厌学情绪。因此说,仅仅依靠行为主义学习理论框架设计的课件具有很大的局限性。正因为如此,人们又开始去寻找别的学习理论来为教学设计服务。

二、认知主义学习理论

由于行为主义学习理论在研究中忽视了学习主体人的意识问题,过分强调了行为,把人的所有思维都看作是由"刺激—反应"间的联结形成的,就引起了认知主义理论学派的不满,从而导致了认知主义学习理论的完善与发展。

早期的认知学习理论是格式塔心理学,其主要代表人物有韦特墨(Mas Werthrimer)以及他的学生兼助手苛勒(Wafang Kohler)和考夫卡(Kurt Koffka)。它的一个重要观点是"人们的思维是一种整体性的、有意义的知觉",他们认为学习就是"知觉的重组",一个人学到什么知识,直接取决于他是如何知觉问题情境的。当一个新的信息呈现在学生面前时,如果学生不能看到它与其原有的知识之间有何关系,抑或不能察觉信息本身之间的联系,那么学生对新知识内容的知觉就处于无组织的、混沌的模糊状态。只有当学生将其转变成了一种有意义的、有结构的状态,即完成了知觉的重组,才是真正完成了对新的知识的学习。

格式塔心理学还在"顿悟"上作了重要的研究。所谓顿悟,是指人们在突然间形成的解决问题的方法。顿悟是通过重新组织或重新构建有关事物的形式而实现的。行为主义学习理论的代表人物桑代克(E.L.Thorndike)曾经提出过试误说的学习理论。格式塔心理学认为,试误所进行的逐渐学习的过程,可以被理解为一系列的顿悟的组合。按照这一观点,学习的核心应该是把握事物的本质,而不应进行大量的与问题不相干的随机盲动的行动,这样可以把学习所获得的新的知识迁移到新的问题情境中去。同时,在学习中也可以避免学生去机械地记忆所学内容。格式塔心理学认为,人类的所有学习都是有意义的,如果人们能够通过顿悟学习而获得新的知识,那么这种新的知识会在人们的头脑中长时记忆,永远不被遗忘。

分析格式塔的学习理论的形成过程及其理论本身我们可以看出,虽然它还存在许多不完善的地方,但对整个心理学的发展还是起到了一定的作用,尤其是为20世纪60年代发展起来的认知心理学奠定了基础。

心理学界普遍认为,认知主义学习理论的真正形成是以美国心理学家奈塞尔(U.Neisser)1967年发表的《认知心理学》为标志的。人的认知过程是认知主义理论的主要研究对象,其研究目标是要说明和解释人在完成认知活动时是如何进行信息加工的,包括信息的获取、存储、加工和转换等方面。

认知主义学习理论学派认为,是学习个体本身作用于环境,人的大脑的活动过程可以转化为具体的信息加工过程。生活在世界上的人既然要生存,必然要与所处的环境进行信息交换,人作为认知主体相互之间也会不断交换信息。人实际上处于信息当中,人总是以信息的寻求者、传递者甚至信息的形成者的身份出现。人们的认知过程实际上就是一个信息加工过程。人们在对信息进行处理时,也像通讯中的编码与解码一样,必须根据自身的需要进行转换和加工。

随着计算机技术的发展,以西蒙(H.A.Simon)为代表的一些学者开始研究运用计算机模拟的方法来模拟人类的问题解决的过程,也就是借助计算机及计算机语言来描述人类信息加工的过程。他们认为计算机硬件类似于人的生理活动过程(包括中枢神经系统、神经元、脑的活动),运用计算机语言可以模拟人对信息的初级加工过程,而通过编写计算机程序则可以模拟人类的思维活动。

西蒙与纽厄尔(Newell)设计了一个被称为"逻辑理论家"的程序,此程序可以用来证明形式逻辑中的各种定理,成功地模拟了人类的思维过程。后来他们又设计了一个被称为"一般问题解决者"的程序,这个程序中大量运用了人类解决问题时所运用的策略,使得涉及面更为广泛。这些都为教学设计的发展提供了很好的借鉴作用。

认知主义学习理论在形成之初就与行为主义从不同的角度来探讨学习。在他们看来,环境的刺激是否受到注意或被加工,主要取决于学习者的内部的心理结构。个体在以各种方式进行学习的过程中,总是在不断地修正自己的内部结构。认知主义学习理论促进了教学设计在对计算机辅助教学领域的研究中向智能化教学系统方向的转化。通过对人类的思维过程和特征的研究,可以建立起人类认知思维活动的模型,使得计算机在一定程度上完成教学专家的工作。

三、建构主义理论倾向

教学设计是从20世纪50年代末期以行为主义学习理论为基础发展起来的。进入80年代后,认知主义学习理论发展起来并在教学设计领域中占了上风。这两种理论之间虽然存在着冲突,但有一个共同点,即都以客观主义认识论为基础。知识是不依赖于人脑而独立存在的具体实体,只有在知识完全"迁移"到人的"大脑内部",并进入人的内心活动世界时,人们才能获得对知识的真正理解。

进入90年代以后,客观主义认识论又遭到建构主义认识论的挑战。建构主义也越来越为人们所重视。

建构主义这一名称本身并不是什么新鲜事物,但真正将其与教学设计结合起来却是近几年来的事。建构主义认为,实在(reality)无非是人们的心中之物,是学习者自己构造了实在或至少是按照他的经验解释实在。建构主义的基本观点包括以下几个方面。

1. 学习是一种建构的过程

学习者在学习新的知识单元时,不是依靠教师的传授才获得知识,而是通过个体对知识单元的经验解释从而将知识转变成了自己的内部表述,知识的获得是学习个体与外部环境交互作用的结果,人们对事物的理解与其先前的经验有关,因而对知识的正误的判断是相对的而不是绝对的。学习者在形成自己对知识的内部表述时,不断对其进行修改和完善,以形成新的表述,因而这一内部表述是一个开放的体系,如图7-1-1所示。

图7-1-1反映了知识的建构过程。学习者在对知识单元进行学习时,实际上是形成了一个个的知识体,每一个知识体就是一个小的结构,一个新的知识单元的学习是建立在原有的知识结构的基础之上的。每一个知识结构包括两个基本要素,即知识单元和链。链就是一个开放的等待完善的连接体,它保证了新的知识单元的追加。只有当学习者真正掌握了所学的内容之后才能形成可靠的知识结构,也只有可靠的知识结构才是追加新知识单元的基础。当然,这些知识结构并不一定是线性的,随着学习者的认知发展阶段的变

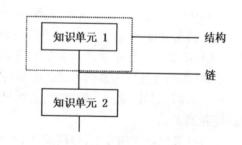

图7-1-1　知识的建构

化,它应当朝着多分支的方向发展。也就是说,可以同时有着许多的链在等待新的知识单元的追加。

2. 学习是一种活动的过程

学习过程并非是一种机械的接受过程,在知识的传播过程中,学习者是一个极活跃的因素。教师作为知识的传递者,不仅肩负着"传"的使命,还肩负着调动学习者积极性的使命。对于学习者的许多开放着的知识结构链,教师要能让其中最适合追加新的知识单元的链活动起来,这样才能确保新的知识单元被建构到原有的知识结构中,形成一个新的开放的结构。

学习的发展是依靠人的经验为基础的。由于每一个学习者对现实世界都有自己的经验解释,因而不同的学习者对知识的理解可能会不完全一样,从而导致了有的学习者在学习中所获得的信息与真实世界完全相背。但经过长时间的重新建构之后,有可能又会形成与真实世界相一致的知识。

学习过程作为一个活动的过程还表现在学习者解决问题技能的发展上。学习者的技能的发展主要是由于他们已经分享了许许多多的复杂的知识观念,这些知识观念不断完善着他们的内部的知识表述,使学习者积累了极其丰富的经验;这些新的经验又有利于他们形成对世界的更准确的解释,从而使其技能得到进一步的加强和发展。

3. 学习必须处于丰富的境态中

学习发生的最佳境态不应是简单抽象的。相反,只有在真实世界的境态中才能使学习变得更为有效。学习的目的不仅是要让学生懂得某些知识,而且要让学生能真正运用所学的知识去解决现实世界中的问题。

在一些真实世界境态中,学习者的知识结构怎样发挥作用,学习者如何运用自身的知识结构进行思维,是衡量学习是否成功的关键。如果学生在学校教学中对知识记得很"熟",却不能用它来解决现实生活中的某些具体问题,这种学习应该说是不成功的。

建构主义学习理论的提出,已经引起了广大电化教育工作者的关注和重视。它作为伴随着"第二代电化教育"的发展而产生的新一代教与学的理论,无疑会对教学设计产生重大影响。但是,这一理论毕竟不是在我国的教育背景中产生的。因此,我们在应用其为教学设计服务时,就必须结合我国的具体实际,开展有针对性的研究和应用。

结合目前的研究实际,建构主义理论对于教学设计的影响可以从以下几个方面来把握:

第一、强调教师的主导地位与学生的主体地位。在研究建构主义学习理论的过程中,出现了只注重对学生的地位的考虑,而忽视教师的地位的现象,这是不符合我国的教育实际的。在实际应用中,我们不应当回避对教师的地位的分析。在课堂教学形式中,教师的主导地位表现得十分明显,在星网传播与网络传播等新型的教学模式中,教师的地位通过对素材的搜集和整理而得到体现。如果没有教师的工作,所有的学生的学习都将处于盲目的状态下,甚至到了一定的时候,人们将无法寻找到适合自己需要的新的内容。

第二、强调知识的意义建构。获取知识的途径很多。几千年的教育史表明,教师讲学生听的形式不失为一种有效的教学方法。但是,在这种以讲授为主要表现形式的传统教学模式中,学生的积极性和创造性受到了很大的制约,他们只有知识的被动接受权,而没有自我发现知识的必要,因此在学习过程中可以不必动太多的脑筋。这种学习方法,虽然同样有助于学生掌握知识,却不利于学生去发现知识,更不利于学生创造知识。如果在教学过程中能够充分考虑学生的具体特点,由教师来引导学生去实现对知识的有意义的建构,不仅有助于知识的"接收",而且有助于知识的"接受",通过接受而达到巩固和记忆。

第三、强调丰富的学习境态的创设。知识的意义建构并不可能在真空中产生,它应当以丰富的学习境态作为载体。学习境态是指学习赖以发生的外部环境,它既可以由教师通过精心的构建来获得,也可以直接来源于现实世界,由学生在实际的环境或模拟的环境中去实现知识的意义建构。

第四、强调学习者之间的协作和会话。学习者处于一定的境态中,可能会构建出众多的知识形式。但作为一种学习境态而言,它总有一定的普遍适用的规则,而这些规则完全靠学习者自己独立地去完整建构是很困难的。这时,学习者之间通过适当的协作与会话就可以很好地解决这方面的问题。当然,这当中依然需要有教师的直接的或间接的提示和引导。不过,教师的暗示与引导应当逐渐减少才有助于学生自己实现对知识的意义建构。

分析建构理论对教学设计的影响并不困难,但要把这一理论真正贯彻到教学设计的实践中去就不是一件十分容易的事了。运用建构理论指导教学设计可以从以下几个方面入手:首先,教师先建构好一个可供学生学习的环境,即通过精心准备引导学生围绕某一问题展开学习;其次,由学生通过相互交流来分析某一主题,此时没有必要限制学生的思维,也不必给予太多的提示,完全可以由学生自己来分析这一问题,学生可以通过相互提问来达到对该问题的理解;第三,教师适时引导,保证主题的统一,但却不应当通过太明显的暗示来限制学生的思维,应为学生提供自由的思维空间;第四,总结性的结论最好由学生自己去完成,教师只需要作适当提示,以保证使学生真正领会知识内容。

实践证明,建构理论的运用确实有助于改善学生的学习效果,对于那些由学生自己构建的知识,用学生自己的话说,就好像是他们自己发现了这一结论,因而他们觉得至少在短期内是不会遗忘的。

7.2 教学设计的前期分析

对于进行教学设计活动的教育工作者而言,首先必须做的事情就是进行前期分析。前期分析主要包括学习需要分析、学习内容分析、学习对象分析和学习环境分析等四个方面的分析。

7.2.1 需要分析

一、需要分析的实质

所谓"需要",是指对学生的期望值与学生的实际状况之间的差异。譬如,随着现代计算机技术的飞速发展,学生可能会发现自己所掌握的计算机知识远远不能满足计算机事业的现实发展状况,因而就形成了一种"需要"。这种需要就是学习者在发现了自己的实际状况与社会对他的期望水平之间的差距之后才形成的。

这里所说的需要分析,其实质就是看该设计是否符合学生的需要。通俗地讲,学习需要分析就是要分析教学设计的必要性如何。譬如对于CAI课件的设计,在动手设计之前,我们不妨先问一问自己:"为什么要设计这个课件?""不设计这个课件对教学有无影响?"

对学习进行需要分析,是分析学习者的需要,而不是教师的需要,更不是指具体的教学方法与手段的需要。如果偏颇地理解学习需要的含义,就有可能导致盲目追求高新科技的倾向,从而忽视对传统的教学教法的发展。

二、需要分析的过程

前面我们已经说过,需要是指对学生的期望值与学生的实际状况之间的差异。那么,分析需要的任务就是要找出这种差异,并根据这种差异确定具体的教学资源开发策略。因此说,需要分析是整个教学设计过程的起始点。

学习需要的分析可以按如下过程进行。

1. 期望值的确定

期望值是指要求学生应该能做到的或必须具备的水平。譬如,目前普遍推行的计算机等级考试中规定本科毕业生的计算机水平必须达到国家二级,这一规定就是对学生的期望值。对于一个课件来说,它所要完成的工作就是要为期望值的实现服务。因此,期望值的确定应该是整个需要分析的起点,它实际上反映了教学的目标。

2. 学生实际状况的确定

学习者的实际状况是其水平的现实反映。仍以计算机等级考试为例,如果目标是学生应具备二级水平,而通过测试发现学习者仅达一级水平,这时就形成了与期望水平之间的差异,从而形成了学习需要。确定学习者的实际状况的方法很多,可以用练习、问答、测验、实验操作、问题解决等方式了解或测定。

3. 差距确定

差距反映了真实水平与理想水平之间的不平衡。差距的存在说明了原来的教学方法存在一定的问题,有必要改变教学的某些方面以消除这种不平衡。教学设计者关心的首要问题应该是差距的存在,因为差距本身反映了需要。

4. 必要性的确定

必要性反映了是否需要设计和开发教学资源。在我们发现了对学习者的期望值与他们实际状况之间存在差距之后,应该分析这种差距产生的原因。一旦明确了原因,就可以明确其必要性。

7.2.2 内容分析

如果说前面的需要分析是为了确定教学设计的必要性,那么,学习内容的分析是为了分析该内容适合用什么教学策略来表现。

教学内容分析是对教学目标规定的期望水平以及如何将学习者的实际水平转化为这一期望水平所需要的各项知识内容的详细剖析过程。没有教学内容,就无法消除差异。

一、内容分析的实质

内容分析包含两个方面的含义:一方面是"教什么"的问题;另一方面是"怎么教"。"教什么"主要是用来确定教学的范围和深度;"怎么教"是用来确定如何把教学中的知识内容传递给学生,教学中应该采用何种策略。

对于不同的教学内容,应当采取不同的教学策略。譬如我们在设计 CAI 课件时既要能体现"怎样教",同时也应能体现"如何学",因为学生在运用 CAI 课件学习时,往往要通过自己的理解来接受知识。一旦教学课件设计中的"教"的方法被学生"学"到了,则这种教法就是成功的。教学方法多种多样,我们能否把每一个教学内容都用 CAI 课件来表现呢?从目前来看似乎还不能完全肯定。我们应根据教学内容的具体信息特征,并结合各种教学媒体的特征,以确定具体的教学方法,而不应一味求大。

二、内容分析的过程

1. 分析"教什么"("学什么")

在前面的分析中已经说过,产生学习需要的原因是对学生的期望值与学生的实际状况之间存在差距。我们的教学就是应该消除这种差距。学生的实际状况即是学习新的知识的起点,教学的目标就是要改变这一起点水平以向期望水平转变,这就涉及一个"教什么"的问题,或者说学生应"学什么"。

通过对学习需要的分析,我们已经形成了总的教学目标。为了实现这一总的教学目标,应该向学习者传输哪些知识单元,知识单元中有哪些具体的知识结构,教学设计者在进行教学设计之前应认真考虑,以便学生明确要学习哪些内容。

假如我们计划通过多媒体教学课件来表现教学内容,"教什么"就是为了让人们清楚课件所要解决的问题。一个课件如果不知道自己所肩负的任务,就谈不上是一个成功的教学课件,至多也只能称之为"演示课件"。"教什么"的问题涉及学科的知识体系或从事某项具体工作所要求掌握的基本技能结构。在教学设计过程中,"教什么"的问题应由教师与教材编写者等人负责把关,而不能仅由软件创作人员去决定。

2. 分析"怎么教"("怎么学")

在确定了教学知识单元后,如何将这些内容传递给学生,哪些问题先教、哪些后教,各知识单元之间的相互关联程度如何,这些都涉及"怎么教"的问题。

随着教学目标的确定,教学任务也变得十分具体,但这些任务并不能仅仅局限于"教"上,同时还应考虑到"学"的问题。在知识的传递过程中,由于学生的学习离不开教学设计者"怎么教"的思想,因而,在对"怎么教"的分析中不能忽视对"怎么学"的分析。脱离了"学"的"教",只能是空洞的和不切实际的。

3. 分析适合性

"怎么教"体现的是教学方法问题,教学方法的实现可以运用多种具体的教学策略,但这些教学策略必须紧紧围绕教学目标这个中心,并根据教学目标的具体内容来确定。

在现代教育技术领域中,教学的策略与媒体的选择范围很广泛,我们应该结合多种媒体的特点,作全面认真的分析,找出合适的教学媒体来为教学内容的传递服务。对于光学投影媒体、电声媒体、电视媒体和CAI来说,各自都有着独特的教学功效,没有哪一种媒体是万能的教学工具,如果一个教学内容不适合于用CAI课件来表现,那么即使教学设计人员已经为此付出了巨大的代价,也可能劳而无功。

7.2.3 对象分析

一、对学习者一般特征的分析

学习者一般特征指的是对学习者学习有关学科内容产生影响的心智和社会特点。它们与具体的学科内容无直接联系,却影响着教学设计者对学习内容的选择和组织,影响教学方法、教学媒体和教学组织形式的选择和应用。比如说,教学对象的阅读能力较差,可以考虑多使用视听资料;如果教学对象中不同的人对所学内容实际经验不同,则可以在教学内容的呈示中使用录像、电影等手段先为学习者提供一种共同的经验基础以便于以后的讨论和自学,或者可以考虑采用个别化教学方式。一般地,了解学习者一般特征的主要方法有观察、采访、填写学生情况调查表等。在特殊情况下,也可以查阅学习者的人事档案。

学习者的一般特征可从以下几个方面来讨论。

1. 认知发展阶段特征

心理学家皮亚杰认为,儿童从出生到成年的认知发展不是一个数量不断增加的简单累积过程,而是伴随同化性的认知结构的不断再构,使认知发展形成几个按不变顺序相继出现的时期或阶段。他认为逻辑思维是智慧的最高表现,因而从逻辑学中引进"运算"的概念作为划分智慧发展阶段的依据,这里的运算并不是形式逻辑中的逻辑演算,而是指心理运算,即能在心理上进行的、内化了的动作。经过一系列的研究,他将从婴儿到青春期的认知发展分为感知运动、前运算、具体运算和形式运算等四个阶段。

(1) 感知运动阶段(0~2岁)

这一阶段儿童的认知发展主要是感觉和动作的分化。婴儿阶段后期,感觉与动作才渐渐分化,表现为具有调适作用,思维开始萌芽。

(2) 前运算阶段(2~7岁)

此阶段儿童的各种感知运动图式开始内化为表象或形象图式,特别是语言的出现和发展使儿童日益频繁地使用表象符号来代替外界事物,但他们的语词或其他符号还不能代表抽象的概念,思维仍受具体直觉表象的束缚,难以从知觉中解放出来。他们的思维特征有单维思维、不可逆思维、自我中心、反映静止的知觉状态、不合逻辑的推理等。

(3) 具体运算阶段(7~11岁)

此阶段儿童的认知结构中已经具有了抽象概念,因而能够进行逻辑推理。这个阶段的标志是守恒观念的形成。所谓守恒是指儿童认识到客体在外形或表面发生了变化,但其特有的属性不变。此阶段儿童的思维需要实际经验支持,需借助具体事物和形象的支持来进行逻辑推理。一般地,这个阶段的儿童的思维主要有如下特征:多维思维、可逆思维、反映事物的转化过程、进行具体逻辑推理等。

(4) 形式运算阶段(11~15岁)

随着儿童认知发展从具体逐渐向抽象过渡,日益趋于认知成熟的儿童逐渐摆脱具体的实际经验的支持,能够理解并使用相互关联的抽象概念。其思维特征表现为假设—演绎思维、抽象思维和系统思维等。另外,学习者的认知发展阶段与教学之间存在着密切的关系。

2. 在校学生智能、情感发展等方面的特征

(1) 小学生发展的特征

小学生思维具有明显的从具体形象到抽象逻辑思维的过渡性。低年级学生的思维有明显的表象支持,同时又具有抽象概括的成分。小学高年级时,学生逐步学会独立进行逻辑论证,同时要注意提供直接和感性的经验。一般小学生的智能由具体形象到抽象逻辑过渡的"关键年龄"为四年级(10~11岁)。

小学生在情感方面的自我意识等发展较快,学习动机倾向于兴趣型,情绪发展的主要矛盾是勤奋与自卑的矛盾,情感比较薄弱,抗诱惑力差,教师要注意辅导和引导。

(2) 中学生发展的一般特征

智能方面,学生思维能力得到较快发展,此时的逻辑思维处于优势地位,通常表现为:通过假设进行思维,思维具有目的性、预计性,思维趋于形式化。此时思维活动中的自我意识

和监控能力明显化,思维具有创造性。

情感方面,自我意识更为明确,同一性、勤奋感是情感发展的主要方面,他们开始重视社会道德规范,意志行为日益增多,抗诱惑性能日益增强。到了高中阶段,独立性、自立性是情感发展的主要特征,学生的意志行为愈来愈多,他们追求真理、正义、善良和美好的东西。

(3) 大学生发展的一般特征

在智能方面,大学生思维具有高度的抽象性和理论性,并由抽象逻辑思维逐渐向辩证逻辑思维发展,思维具有组织性、目的性、深刻性和批判性,独立性加强,注意力稳定和集中。

在情感方面,大学生有明确的价值观念,社会参与意识很强,学习动机倾向于信念性,自我控制也正建立在趋向稳定的人格基础上。

二、学习者认知差异与教学设计

认知方式,又称认知风格,是个体在知觉思维、记忆和解决问题等认知活动中加工和组织信息时所显示出来的独特而稳定的风格。由于智力是个体先天禀赋和后天环境相互作用的结果,个体智力的发展也存在明显差异。

认知差异对学生学习的影响不仅在程度上不同,而且起作用的方式也不同。认知方式没有优劣好坏之分,只是表现了学生对信息加工方式的某种偏爱,从而影响学生的学习方式,具体表现在:

首先,学生对所用感觉通道的偏好。有的学生习惯于听觉学习,有的习惯于视觉学习,有的则更喜欢通过触摸或各种感觉的结合来学习。

其次,学生对学习环境的偏好。有的学生爱在宁静的环境中学习,有的则喜欢在有背景音乐的环境中学习。

第三,对学习内容组织程度的偏好。有的学生喜欢别人向他们提供结构严密的教学,有的学生则讨厌"菜单式"的指导,喜爱自由自在的学习,较易适应结构不严密的教学。

第四,对学科选择的偏好。有的学生倾向于选择数学、自然科学和工程学,有的学生则倾向于选择人文科学、社会科学和教育学科。

智力是影响学习的一个重要因素。近一个世纪以来,人们一致公认,在传统教学条件下智力是学习成绩的一个可靠的预测指标。同时,教学方法越是要求学生对信息作复杂的加工,则智力与学习总量的相关程度越高。换句话说,倘若改进教学方法,使教学对学生的认知加工要求降低,则智力与学习总量之间的相关下降。智力并不影响学习的发生,它主要影响学习的速度、数量、巩固程度和学习的迁移。

据此,我们在进行教学设计时,必须根据学生认知差异的特点与作用,不断改革教学,努力因材施教。首先,创设适应学生认知差异的教学组织形式;其次,应采用适应认知差异的教学方式,努力使教学方式个别化;最后,运用适应认知差异的教学手段,比如斯金纳等人提出的程序教学,以及后来又发展起来的计算机辅助教学等。

7.2.4 环境分析

环境是指进行教学设计所涉及的资源条件。资源条件所涉及的范围很广,如经费、设备、人员、时间、组织机构等。对环境进行分析,实质上就是要考虑资源条件是否具备。这些资源条件实际上又可以分为人力、物力和财力三个方面。环境分析的目的是为了确定设计的可能性如何。

一、人力分析

在整个教学设计的过程中,人力资源是最重要的。人力资源的含义较为广泛,主要包括:有哪些人参与设计,设计者的设计能力如何,设计者对时间有何需要等。

一项成功的教学设计工作,一般不可能由个别人员去单独承担,而应由一个集体共同负责,各司其职,各尽其能。在这个集体中,必须有一个强有力的组织者,他负责协调各个人员之间的关系,领导整个设计工作,安排好工作的进程;还应有教师与教材编制者,教师应该具备很丰富的教学经验,对教学内容的安排有着十分明确的认识,他与教材编制者可以共同确定教学的目标、任务、知识、结构;再者就是软件创作人员,他们必须熟悉软件开发的具体环节。

有多少人参与设计,其能力状况如何,将会决定教学设计的进度。如果本来时间就十分紧迫,而设计人员又不熟悉开发过程,那么,即使也在要求的时间内完成了教学设计工作,但它的效果是可想而知的。

二、物力分析

进行教学设计,有时还需要一系列的设备,需要运用大量的资料。譬如我们在确定编制CAI课件之前,应分析学校是否具有相应的教学资源,包括计算机及其配置情况如何、具有何种开发平台、开发好了课件在教学中能否应用、电力供应状况如何等等。物力分析包括两层含义:一是有没有设计的条件,"巧妇难为无米之炊",没有设备,你的想法再好也是徒劳;二是有没有教学条件,辛辛苦苦忙碌了几个月,等课件设计完成之后,才发现无法进行演示,那么设计的课件再好,也只能是白费心机。

三、财力分析

教学设计是与现代教育技术联系在一起的,而进行现代化的教学活动有时需要有大量的经费作保证。CAI是一项对经费要求十分高的现代化教育工程。其产出与投入的关系十分明显,而且追加经费的程度也较为可观,其费用与时间的关系和传统教学形式相比,可用图7-2-1来表示:

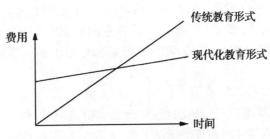

图7-2-1 经费投入与时间推移的关系

从图7-2-1我们可以看出,在一个相当长的时间内,现代化的教育形式的经费投入都要远远高于传统的教育形式,而且它的起始投入经费量很高,不像传统教育那样慢慢消耗经费,因而对教学单位提出了经费的要求。经费的缺乏,同样会制约现代化的教育形式的推广和使用。

7.3 设计

对于一定的教学内容,在经过了前期分析并明确了对其设计的必要性之后,我们就可以进入具体的设计阶段。我们这里所说的设计是从狭义的意义上来理解的,即用来指导教学软件资源开发的一套具体规划的确定,它为开发制定了具体蓝图。

设计包括以下四个方面的工作。

7.3.1 目标分解

设计阶段的任务实际上是设计一定的教学活动。教学活动的目的就是要实现一定的教学目标,脱离教学目标的教学活动是无意义的。因此说,设计必须紧紧围绕教学目标来进行。

教学目标是教学设计人员对学生应该达到的期望水平或最终行为的明确规定,它为教学软件资源的开发人员指明了方向,也为学生在使用该资源进行学习确定了航向,因此说在设计过程中教学目标具有导航的作用。如某一设计活动中的教学目标不明确,不仅设计人员没有了依据,而且学生学习起来也会含混不清,事倍功半。

美国心理学家布鲁姆(B.S.Bloom)等人从 1948 年开始就在从事教育目标分类的工作,布鲁姆认为,一部完整的教育目标分类学,应该包括学生学习的三个基本领域,即认知领域、情感领域和动作技能领域。

一、认知领域

认知领域包括有关信息、知识的回忆和再认,以及智力技能和认知策略的形成。认知目标是多种多样的,按智力特性的复杂程度可以分为六个不同的层次:(1) 知识(Knowledge):指记忆、回忆或重复以前呈现过的信息的能力;(2) 理解(Comprehension):用自己的语言来解释或说明所获得的信息的能力;(3) 应用(Application):应用信息、概念、原理或定律等来解决新的问题的能力;(4) 分析(Analysis):将复杂的知识进行分解,并能找出各个独立的部分之间的关系的能力;(5) 综合(Synthesis):将孤立的知识单元进行综合,形成新的整体或新的模式的能力;(6) 评价(Evaluation):在已有知识和已给出的标准的基础上,进行判断和鉴定的能力。

二、情感领域

情感领域包括兴趣、态度、思想、鉴赏能力和价值观等,可分为五个不同的层次:(1) 注意:将注意力集中到某件事或某个活动上来,并做好接受的准备。例如,当教师讲解某一原理时,学生认真地听讲。(2) 反应:积极参与某种活动,并以某种方式作出响应。例如,学生在学完原理后,就原理提出问题。(3) 价值判断:自发地表现出对某种活动的兴趣和关注。例如,学生在课外寻找与所学原理相关的辅助读物。(4) 组织化:在碰到不止一个价值的情况时,乐意地对这些价值进行编排,寻找它们之间的相互关系,并决定接受某种占优势的价值。例如,当某种与原理有关的节目活动在被确定准备举行后,学生会放弃一些他们感兴趣的其他必须在同一时刻进行的活动,而参加这一与原理有关的活动。(5) 价值或价值复合体的个性化:根据内在化的价值,采取某一行为,而且始终如一,并将这些行为转化为他的个人品质。例如,学生在连续多年参加了与某一原理相关的兴趣小组的活动后,就会不遗余力地为在这一兴趣小组中有所作为而专心致志地工作,直至完全爱上这一活动。

三、动作技能领域

动作技能领域包括肌肉或运动的技能。按照肌肉与神经所要求的动作协调程度,动作技能领域可分为四个不同的层次:(1) 模仿:重复已展现过的行为;(2) 操作:独立地完成一些操作;(3) 精确:精确地完成某些操作;(4) 联接:将各种动作有效和谐地联接起来。

对于教学设计工作而言,还需要对教学目标进行具体的细化,用一个个具体的子目标来分解总的教学目标。一个课程目标可能包含许多单元目标,而每个单元目标又可能分解为许多章节目标,章节目标下还可能包含许多子目标。在所有类型的目标中,课程目标作为总目标,是我们要实现的一个最终目标,它是在各个单元目标都完成之后才能实现的。同样,各个单元目标也是在各个具体的章节目标实现之后才能实现的。有时,我们还会发现这样的情况,即一个单元目标又是另一个单元目标的基础,一个章节目标是另一个章节目标的基础。

各个学习目标之间的关系可能是并列的,也可能是从属的。对于并列关系的目标,其先后顺序可以按各人的习惯或经验安排;而对于从属关系的目标,其次级目标是前一级目标的基础。只有具备了次级目标中的各项要求,才能完成前一级目标所规定的任务。

有时,一个总的目标可能包含几个课程目标。这时,各个课程目标之间的关系十分复杂。譬如,一个专业的培养目标是通过许多具体的课程目标来实现的。各门课程的地位也不一样,有的是专业课程,而有的是基础课程。只有在完成了基础课程的目标后才能实现专业课程目标的传递;也只有在所有的课程目标全部实现之后,专业的总的培养目标才算达到了。

7.3.2 确定设计的结构

设计的结构反映了以总目标为蓝本而设定的具体教学任务,是整个教学设计的一个框架。正如一张导游图一样,只要我们明确了具体结构,在教学中就不会迷失方向。

应该设计哪些内容,将直接关系到设计的总体质量。如果设计者对整体教学的任务不是十分明确,事先没有一个具体的结构规划,就有可能导致整个设计残缺不全,不能准确全面地反映具体的教学目标。但这并不就意味着所有的设计就不再需要完善了;相反,每一个成功的设计案例应该是开放的,就如同人的认知结构一样。

在设计过程中,各内容相互之间的结构关系很多。如果从不同的角度来观察,可能会有不同的结论。譬如说,如果设计历史学的结构,我们往往按照时间的先后顺序来排列。对于地理学,则可能按照地理位置的不同排列。对于有不同难度层次的内容,往往按从简单到复杂的顺序来排列。而有的内容,则既可以按时间顺序排列,也可以按照地理位置顺序的不同来排列,还可按难度层次的不同来排列。

设计的结构可能会随设计者的风格的不同而有所区别,但不管是何种结构关系,都必须紧紧围绕教学目标而开展。脱离了教学目标,结构再完善,也不可能体现很好的教学效果。

7.3.3 教学策略的确定

我们仍以 CAI 的设计为例,假设通过前期分析我们已经得出了需要进行 CAI 课件设计的结论,那么,在明确了教学目标和确定了课程的任务结构之后,如何组织具体的教学过程呢？学生该怎样利用CAI课件来进行学习呢？这些都涉及一个教学策略问题。

教学的策略包含多个方面的含义，包括具体的媒体选择、教学方法、课件的具体模式等方面。

这里的媒体选择，既包括传统的教学媒体，也包括现代化的教学媒体。对于现代化的教学媒体而言，则需要考虑具体的媒体形式；而对于某一种媒体形式而言，则是指具体的媒体特性。如对于CAI而言，就是指静态图像、图形、声音、动态图像、动画、音乐效果等多种媒体特性，是全部选择运用呢，还是部分运用呢？这要由具体的教学需要来决定。如果没有侧重点或主次不分，都将减弱教学效果。

教学方法是人们教学中的经验总结。人们在长期的教育过程中，积累了许多丰富的经验，这些经验对促进教育事业的发展有着重要的作用。我们在进行设计的过程中，应该有目的有计划地运用一些传统的教学经验。当然，没有一个经验是一成不变的，而且许多教学方法会因人而异。俗语说，教有教法，各有各法。如果我们一成不变地搬用一些现成的教学方法，不加变通，其效果也不会十分明显。

再以CAI课件为例，课件的具体模式是什么样的，不仅与教学的具体内容有关，也与教师的教学风格相关。课件的模式很多，如个别指导型、操练与练习型、模拟型、问题解决型、对话型等，这些具体模式有着不同的功能和特点，设计时可根据各自的具体功能进行设计。

四、脚本编写

设计的目的是为了指导开发人员去进行教学软件资源的编制。开发人员在软件制作上虽有很高的造诣，却不一定了解设计的具体方式。因而，设计人员必须交给制作人员一套脚本，以确保其制作时有据可依，如同电影创作中分镜头稿本一样。

脚本对教学资源的开发有着很重要的影响。有效的脚本可以很好地指导开发，因而有必要对设计的内容进行精心的安排与组织，并通过脚本来反映。脚本是设计与开发之间的桥梁，为开发提供依据。因而，脚本的编写是一项很艰巨的工作。

首先，脚本的编写本身就是一种创造性的劳动，它是对整个设计过程的完善与发展。由于它为开发提供了指南，因而我们不能随心所欲，而是要花大力气认真做好创作工作，这样才能保证系统的有效性。如果在脚本中没有明确的设计思路和信息的布局规划，制作人员就会感到无能为力，不能很好地反映设计者的意图。

其次，脚本的编写必须准确反映教学信息和教学目标。脚本实际上就是教与学的活动的书面表达，因而，把它转换成相应的教学软件形式后，其内容方式就与教学形式相一致。但是，必须强调，教学设计决不能是传统教学形式的简单的翻版，我们设计的目的是因为我们看到了通过设计所体现的优越性，这一优越性并不是体现在某些媒体本身的价格或性能上，而是体现在传授知识内容的独特功效上。

脚本的编写是为开发人员服务的，因而它应告诉开发者如何去制作课件，给出具体的制作要求，包括界面的布局、色彩的配备以及各个知识点之间的连接等等。

一个完整的脚本应包括画面安排、解说词的创作、音乐或音响效果的合成、画面的时间长度、人机交互方式、动画的形式与要求等多个方面。

与结构相类似，脚本也不是一成不变的。由于它的设计者本身不一定精通某些软件的处理方式，因而可能会提出一些超过媒体功能之外的要求。此时，它的指导意义可能会变得苍白无力，但这并不影响整个规划。当然，一个好的脚本编写人员首先应该是一个熟练的媒体操作人员,如果我们对媒体的性能十分清楚,编写出的脚本就可能更贴近实际,符合需要。

关于脚本的具体写作方法,相信每一个人都会有自己的独到的见解。不过,无论怎么写,都不能脱离教学的总体目标。同样,脚本本身也不是可以一锤定音的,它还需要在不断的斟酌和修改中趋于完善。

7.4 教学的结构形式

7.4.1 教学组织形式

根据教学的主观和客观条件,从时间、空间、人员组合等方面考虑安排的教学活动的方式就是教学组织形式。

教学组织形式归纳起来可以分为三类。第一类是目前学校教育中最通用的一般的集体授课形式;第二类是由学生自己通过阅读教科书、观看或聆听音像教材、作笔记等获得教学信息,称为个别化学习;第三类是通过讨论、问答、交流等,在师生之间、学生与学生之间分享教学信息,称为小组相互作用。

一、集体授课

集体授课是把学生按年龄和知识水平分别编成固定的班级,即同一个教学班学生的年龄和程度大致相同,并且人数固定,还把教学内容以及实现这种内容的教学手段、教学方法、展开的教学活动,按学科和学年分成许多小的部分,这些内容和教学活动,就叫"课"。每一"课"被规定在统一而固定的单位时间内进行。

集体授课形式的优点是:

(1) 在教学对象的范围上,它可以大规模地向全体学生进行教学,使学生共同进步。

(2) 在教学活动组织上,它把教学内容及活动加以有计划的安排,特别是通过课的体系,分工合作,保证学习活动循序渐进,使学生获得系统的科学知识。

(3) 在学生的全面发展方面,它不仅能全面地保证学生获得各方面的知识,同时也能保证对学生进行经常的思想政治影响和师生之间、学生与学生之间的感情交流。

集体授课的缺点是:

(1) 学生的主体地位或独立性将受到一定限制,教学活动多数由教师直接做主。

(2) 实践性不强,学生动手机会少。

(3) 探索性不强,学生的创造性不易发挥,主要接受现成的知识成果。

(4) 难以照顾学生的个别差异,强调尽量"齐步走"。

(5) 不能保证真正的智力卫生要求,往往将某些完整的教学内容和教学活动人为分割,不符合人的认知规律。

目前发展的趋势是减少教师花费在集体授课上的时间,更多地安排个别学习和小组间的相互作用,使学生能积极、主动地参与到教学过程中来。

二、个别化学习

当代学习理论赋予这一学习形式以强有力的支持:学习是一种内部操作,必须由学生自己来完成,当学生按自己的进度学习,积极主动地完成课题并体验到成功的快乐时,就能获得最大的学习成果。认知领域和动作技能领域的大多数层次的学习目标,如学习事实信息,掌握概念和原理,应用信息、概念和原理,形成动作技能和培养解决问题的能力等,都可以通过这种形式达到。

这种形式的优点是利于学生主动性积极性的发挥,可以充分体现学生的主体地位。

这种形式的缺点是不利于教师与学生、学生与学生之间的情感交流,也不适合所有学科和所有学生使用,且长期使用单一的方法学习,学生可能会感到单调无味。同时,学生的毅力和耐心、学习积极性也直接影响到学习效果。

三、小组相互作用

这种形式给予教师和学生面对面地接触和相互了解的机会,现代教学论越来越重视教学中的这种人际交互作用,认为它是实现各类教学目标,培养健全人格,促使个体社会化的有效途径。

这种形式的优点是:

(1) 有利于情感领域的学习目标的实现,如形成态度、培养鉴赏力、形成合作精神和良好的人际关系等。

(2) 有利于提高学生组织和表达自己见解的能力。

(3) 有利于教师全面了解教学过程各阶段的成效和缺陷,能从学生方面获得改进教学的意见。

这种形式的缺点是:

(1) 不易控制教学进度。

(2) 容易陷入长篇讲课的俗套,不利于师生的相互作用。

(3) 有可能造成无意义的闲谈。

(4) 组织工作和学生的学习准备至关重要,稍有疏忽就会影响学习效果。

需要注意的是,这三种教学组织形式之间没有十分明确的界限,如正规的班级讲演可以结合提问、讨论,个别化学习中可以补充辅助性的小组相互作用等。总之,采用什么教学组织形式要适时、适地、适人,要视内容而定。

7.4.2 教学结构流程图

许多教师都想能更多地欣赏其他教师的教学案例,并希望能从中获得一些有益的教学经验,尤其是运用现代化的教学媒体进行教学的例子。但他们却经常会陷入这样的烦恼中:看完一篇教案之后,对该教案中所体现的教师、媒体、学习内容与学生等诸要素之间的关系却不是很清楚。也许就是这个原因,不少教师慢慢就习惯于运用教学结构流程图来规划自己的教学过程了。

在教学结构流程图中,常用的一些图形及其意义图7-4-1所示:

要完整地描述课堂教学结构流程图,你必须事先在头脑中建构整个教学内容的知识体系结构图,使自己对教学有一个总体的设计思路。这一思路必须考虑学习对象的心理特征和认知规律,确保所安排的教学内容符合学习者的学习需要;同时,还要考虑所设计内容的可操作性,保证每一步设想都能实现;再一个方面就是要求所构建出来的知识体系图能够完整地表现整个教学内容,具有系统性和逻辑性。

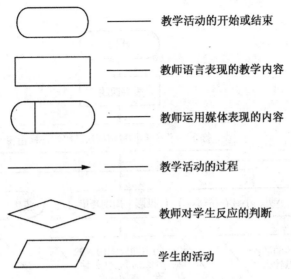

图 7-4-1　教学结构流程图常用图形及意义

流程图的基本描述方法如图 7-4-2 所示：

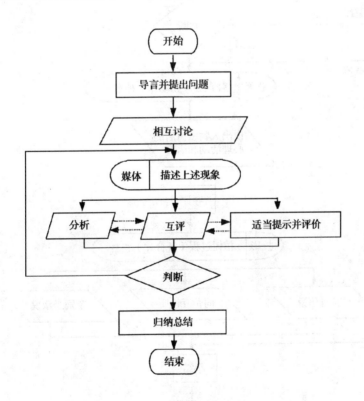

图 7-4-2　流程图基本描述方法

例，对看图说话作文《植树》的教学设计如图 7-4-3。

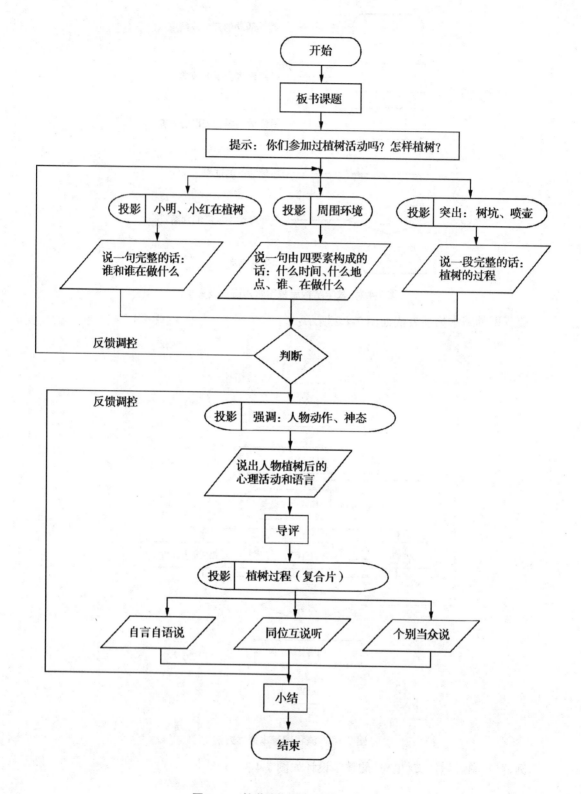

图 7-4-3 **教学结构流程图举例:《植树》**

点评：

(1) 看图说话课需要学生仔细观察，展开丰富的联想，积极开动脑筋，在教师的引导下创造性地把看到的、想到的有意义的内容用恰当的语言文字表达出来。本课教师在分析了学习者——小学生的注意力容易转移的特点后，将画面的内容分为三组投影片，突出了重点，便于学生观察细节、展开想象。最后又将整个画面内容用复合投影的方式展现出来，让学生把三组投影片的内容有机地联成一个整体，有条理地把三幅图画的内容说成一段前后连贯的话。投影的使用便于教师的讲解。

(2) 教师善于调动学生的积极性，充分发挥学生的主体作用。教师在观察完一幅图画后就引导学生就画面内容进行说话练习，及时地帮助学生修正练习中不准确的地方，进一步引导学生观察、想象，使学生的思维不断清晰，语言表达力不断提高，还可使学生在说话练习中培养热爱劳动的优良品质。及时的反馈和调整有利于课堂教学的优化。

7.5 教学评价

教学评价是指以教学目标为依据，制定科学的标准，运用科学的方法和手段，对教学活动的过程及其结果进行测定、衡量，并给予价值判断。教学评价的最终目的是评定学习者通过学习是否达到了预期的目标，并通过信息反馈，发现教学中存在的问题，为今后的教学活动提供参考。

7.5.1 教学评价的类型

一、相对评价

相对评价是在被评价对象群体中建立基准，然后把每一对象逐一与基准进行比较，来判别每个成员的相对优劣。

为相对评价而进行的测验一般称作常模参照测验。其成绩主要表明学生学业的相对等级。其缺点是基准不稳定，会随着群体的不同而发生变化，因而易使评价标准偏离教学目标。

二、绝对评价

绝对评价是将评价基准建立在被评价对象的群体之外，然后把每一成员的某种指标逐一与基准对照，来确定其优劣。教学评价的标准一般来自教学大纲及据此制定的评判细则。

为绝对评价而进行的测验一般称作标准参照测验。绝对评价的优点是评价标准比较客观，可以使被评价对象看到自己与客观标准之间的差距，以便不断向目标靠近。

三、自身评价

自身评价的基准既不在被评价对象的群体内部，也不在群体之外。这种评价是对被评价对象个体的过去和现在相比较，或者是对他的若干侧面进行比较。例如，某学生上学年的物理成绩是 60 分，本学年的成绩是 80 分，说明他的物理进步了；若该生的化学成绩两学年都在 90 分以上，说明他的化学相对于物理来说要学得好一些。

自身评价的优点是尊重个性特点，照顾学生个别差异，通过对个体内部各侧面的比较，判断其学习的现状和趋势。由于评价没有公认的客观标准，难以判定被评对象的实际水平，因此，在实践中一般把自身评价与相对评价结合使用。

四、诊断性评价

诊断性评价是在课程开始以前的评价。这种评价的目的在于了解学生教学前的知识、技能、心向的准备情况，也就是所说的"摸底"。据诊断结果对学生进行"定位"，确定教学起点，进行教学设计。诊断性评价一般是采用问卷调查、摸底测验的方法，使教师能设计出满足不同起点水平的教学方案，从而有利于学生的学习。

五、形成性评价

这种评价是在教学活动的过程中，为了使活动效果更好而不断进行的评价。它能使评价人及时了解各阶段学习情况、存在的问题，及时修改和调整教学计划，采取必要的弥补措施，或者结合个别学生的实际情况安排学习。

教学设计活动中进行的评价主要是形成性评价，即对教学方案的评价一般都是在方案进行过程中展开的，目的是为修改方案提供有说服力的资料和数据。

六、总结性评价

总结性评价是在教学活动结束时为把握最终结果而进行的评价，如学期末或学年末的考试、考查，其目的在于检查学生通过学期或学年的学习达到了怎样的程度。该评价注重的是教与学的结果，借以对学生评定等级、全面鉴定，以及对整个教学方案的有效性作出评定。

七、定性评价和定量评价

根据评价方法的不同，可将评价划分为定性评价和定量评价。定性评价是运用分析和综合、比较和分类、归纳和演绎等逻辑分析的方法，对数据资料进行思维加工，从而对评价作"质"的分析，其结果是一种描述性材料，数量化水平较低或根本没有数量化。而定量评价是从量的角度，运用统计分析、多元分析等数学方法，从复杂纷乱的评价数据中总结出规律性结论。在实际工作中，要把定性评价与定量评价结合起来，不能片面强调一方面而忽视另一方面。

7.5.2 教学评价的方法

一、评价指标体系

这里主要介绍课堂教学评价和教学材料评价的评价指标。

1. 课堂教学评价指标

（1）与教师有关的指标。一般是从教学能力、课堂控制能力、教学行为、教学技能等四个方面来确定指标。

（2）与学生因素有关的指标。一般从三个方面考虑：从面部表情上分析学生对讲课的适应性；从课堂提问中分析学生对知识的理解程度；从课堂秩序中分析学生对学习注意或投入的程度。

（3）与目标因素有关的指标。一般分为知识、技能、情感三个方面。知识方面，理科包括知道、理解、掌握三个层次，文科包括理解、能力两个层次。其中文科中的理解又包含叙述和说明两个层次；能力则包含观察能力、资料活用能力、思维能力三个层次。技能方面主要指理科，包括懂得、学会、熟练三个层次。情感方面，突出表现在对学习内容的态度上，一般分为接受、反应、追求三个层次。

（4）与教材因素有关的指标。一般是从教材体系与学生水平相适应的程度来考虑，如知识体系是否完整，是否有助于培养学生的逻辑思维能力，选材是否根据学生兴趣和学科特点等。

(5) 与教学方法和管理因素有关的指标。在教学方法上主要考虑能否保持学生的注意和兴趣,能否促进学生的理解和记忆等。在管理方面,要考虑学生是否有学习的需求,学生是否愿意在老师的指导下学习,课堂秩序是否稳定等。

2. 教学材料评价指标

这里主要指音像材料(含计算机课件)。其评价指标主要是"五性"标准,即教育性、科学性、技术性、艺术性、经济性。

二、形成性评价

教学设计的成果评价主要是形成性评价,它包含以下几方面的内容:

1. 制定评价计划

制定成果评价计划是重要的基础性工作,它包括:

(1) 收集资料。主要是学生的学习成绩和教学过程的情况。

(2) 确定评价标准。包括建立指标体系、配以权重系数,并对指标作定性描述或定量赋值。

(3) 选择被试人员。即选择较少学生作为实验样本,样本学生应有代表性,各种水平和能力的都要有。对于重要的教学设计项目,在条件许可的情况下应扩大样本人数。

(4) 阐明试用成果的背景条件。即适用成果在什么背景下进行,其过程如何展开,其间应提供什么条件,将受什么限制等。

2. 选择评价方法

在教学设计成果的形成性评价中,主要使用测验、调查和观察三种评价方法。其中测验适宜于收集认识目标的学习成绩资料,调查适宜于收集情感目标的学习成绩资料,观察适宜于收集动作技能目标的学习成绩资料。

3. 试行设计成果

首先应向被试者说明设计成果的有关情况,然后试行教学,同时组织部分评价人员观察教学。待教学试行结束,可用问卷的形式收集资料和意见。整个试行过程都要注意资料的积累。

4. 归纳和分析资料

归纳资料可制成图表,与教师、专家、学生共同分析资料,最后将资料结果综合、再分析,并在此基础上酝酿、修改设计成果的方案。

三、编制评价工具

教学设计成果的形成性评价主要使用测验题、观察表和调查表三种工具。

1. 测验题

测验题是最重要的教学评价手段,就其工具性质而言,形式上可分为供答题和选答题两大类及若干亚类。

(1) 供答题。要求学生用词语、算式和阐述对规定的题目提供正确答案,如填充题、计算题、作文等。

(2) 选答题。要求学生在题目附带的答案中挑选正确的答案,如是非选择、多项选择、配对、组合等。

在编制测验题时应遵循下列原则:题目的含义要单一明确;题目的词句应通俗易懂;题

目的表述应简明扼要;题目的语法、标点应规范;题目不应提供正确答案的线索。

2. 观察表

观察是一种即时收集资料信息的方法。评价人员亲临教学现场,通过观察了解教学设计方案实施的情况和问题,这样收集来的资料比较真实、可靠。

为了形成观察资料,一般都采用观察表,这样会使观察目的明确,提高观察质量。观察表有两种形式:一种是检核观察表,它是一种两维矩阵表格,其中一维为观察事项,如注意听讲回答问题、相互讨论等;另一维为观察对象样本或时间等。这种观察可以有针对性地去收集行为表现资料,是一种简洁便利的观察方法。另一种是轶事观察表,它的特点是随意记录观察对象的活动。为了保证观察的效果,应事先设计好观察表。如需要,可以利用现代音像媒体将教学现场摄录下来,事后再通过放录像进行观察,或者用此核对现场观察记录,从而提高评价资料的可靠性。

3. 调查表

调查表是通过事先有所准备的问题请有关人员进行口述或笔答,从中了解情况,获得所需资料。有问卷填列和面谈填列等形式。

【复习思考题】

1. 什么是教学设计?为什么要进行教学设计?
2. 教学设计与传统的教学计划有何异同?
3. 与教学设计相关的理论基础有哪些?
4. 试分析认知主义学习理论及建构主义理论对 CAI 课件设计的指导意义。
5. 教学设计需要进行哪些前期分析工作?为什么?
6. 教学设计的基本过程如何?
7. 参照教材中"对看图说话作文《植树》"的教学设计,试选一教学内容进行教学设计(教学结构流程图)。
8. 为什么要进行教学评价?如何进行教学评价?

第八章 现代化教学环境建设

教育现代化工程的实施,教育技术现代化是突破口;教育技术现代化的实施,现代化教学环境的建设是突破口。教学环境的现代化是一个动态的概念,它与教育技术相关的科学技术发展水平相联系,与人们的教育思想、教育观念、认识习惯相联系,与地区教育技术发展的基础相联系。当前,所谓现代化教学环境,主要包括多媒体教室、语言学习系统、演播室、录音室、电子阅览室、校园电视台、计算机机房、计算机网络、校园网、远程教学系统等。

由于与计算机相关的现代化教育教学环境在前面有关章节中均有详细的说明,本章仅就其他的现代化环境再作一些简要的介绍。

8.1 多媒体教室的设计

现代教育技术的发展使得人们不得不重新思考教室的设计问题。根据媒体的数量的不同和对功能的要求的不同,多媒体教室的形式也多种多样。

8.1.1 中小型简易电化教室的设计

对于小型简易电化教室来说,可以采用图 8-1-1 所示的设计方式。

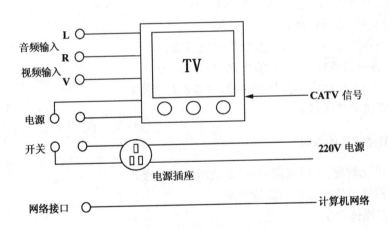

图 8-1-1 中小型简易电化教室设计

这种教室可以实现以下教学功能:
(1) 收看中央和地方台电视节目及学校电视直播;
(2) 提供音、视频设备输入接口,自带音、视频设备可实现课堂插播功能;
(3) 提供银幕和电源插座,可以使用投影片和幻灯片资料;
(4) 提供计算机网络接口。

8.2.2 大中型简易电化教室的设计

对于大中型简易电化教室来说,可以采用图 8-2-2 所示的设计方式。

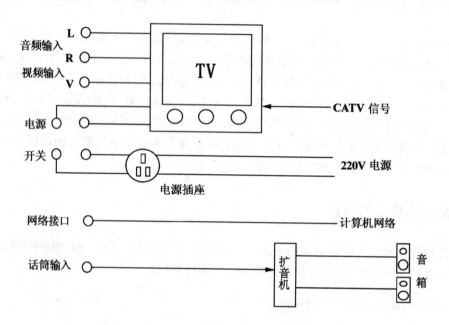

图 8-1-2 大中型简易电化教室设计

大中型简易电化教室可以实现以下教学功能:
(1) 无线(或有线)话筒扩音;
(2) 收看中央和地方台电视节目及学校电视直播;
(3) 提供音、视频设备输入接口,能实现课堂插播功能;
(4) 提供银幕和电源插座,可以使用投影片和幻灯片资料;
(5) 提供计算机网络接口。

8.3.3 多功能电化教室的设计

对于多功能电化教室,可以采用图 8-1-3 所示的设计形式。
多功能电化教室可以实现以下教学功能:
(1) 计算机多媒体教学;
(2) 实物、胶片和文稿演示;
(3) 播放录像或 CD、VCD 碟片;
(4) 无线(或有线)话筒扩音;
(5) 收看中央和地方台电视节目及学校电视直播;
(6) 自备手提电脑可以从控制面板 VGA 输入口接入系统;
(7) 提供音、视频设备输入接口,能实现课堂插播功能;
(8) 提供计算机网络接口。

图 8-1-3 所描述的多功能电化教室,实质上就是多媒体教室。也有一些专家依照此教室的功能,设计成了图 8-1-4 所示的方式。该多媒体教室的主要功能有:

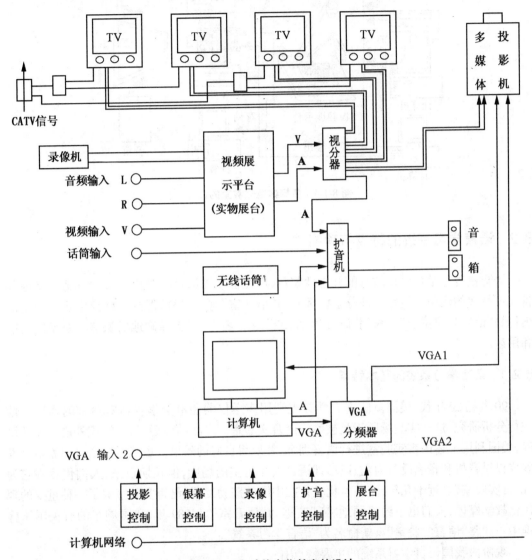

图 8-1-3 多功能电化教室的设计

(1) 用来投影计算机的数字信号,进行计算机多媒体教学、培训或演示;
(2) 用来投影视频电视信号,播放录像带、VCD 或者 DVD 等的视听内容;
(3) 用来投影实物或印刷资料,进行现场讲解;
(4) 在较大的教室或是会议室里,通过扩音系统进行宣讲。

为了实现这些功能,可以采用图 8-1-4 所示的方式。

在设计多媒体电化教室的过程中,我们应当根据学校的教学条件和具体想要实现的教学功能进行合理的布局,而不应当一味追求先进和领先。只有按照教学的实际需要,在力所能及的情况下进行选配,才能用得富有成效。

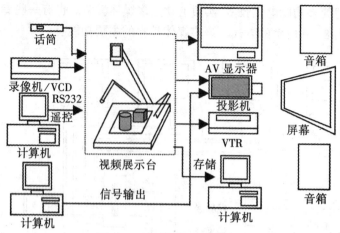

图 8-1-4　多媒体电化教室的设计

8.2　语言学习系统的特点与功能

语音室曾是学校电化教育的标志性装备,现在仍然在语言教学中发挥着其他设备或装备无可替代的作用。虽然大部分学校都使用"语音室"这一名称,但国家标准中正式规定的名称是"语言学习系统"。采用"语言学习系统"这一名称,能更准确地反映这一系统的功能和用途。

8.2.1　语言学习系统的基本特点

20世纪20年代,美国夏威夷大学首先利用声学仪器和电子学仪器对声音的物理特性进行分析研究,这一实验场所于是被称为语言实验室。二战结束后,为了军用外语人才的培养,美国利用上述语言实验室进行语言训练,并取得良好的效果。虽然后来语言实验室已发展成以录音机和音响设备为主、以培训语言人才为主的场所,但长期以来,人们仍然称它为"语言实验室"。近十几年,随着电化教育在中国的蓬勃发展,语言实验室成了一种重要的现代化教学媒体,人们也不约而同地将其改称为"语音室"。1989年,我国颁布的有关国家标准中正式将"语言实验室"重新命名为"语言学习系统"。

现阶段我国语言学习系统的主要特点有:

首先,该系统主要用于课堂集体教学。教学内容仍然是语言学习(包括外语学习和汉语普通话训练);

其次,绝大多数语言学习系统为相对性能最好的 AAC 型系统,并与光学投影仪、电视、录象等其他教学媒体组合使用,从而进一步提高了语言教学效果;

最后,CAI(计算机辅助教学)技术日益普及后,与语言学习系统相结合,形成了一些新的教学媒体形式,如 AATV 系统、Hiclass 系统等。语言学习系统与计算机的结合有可能逐步发展成主流方向。

8.2.2　AAC 型语言学习系统的功能

在第三章曾介绍过语言学习系统的分类,并介绍过其中最常用的 AAC 型语言学习系统的原理框图。AAC型语言学习系统的基本功能包括:组织教学功能、课程编辑功能、呼叫功能、对话功能、监听功能、遥控功能,以及学生座位的录音机操作功能等。

作为资料,这里抄录若干AAC型产品的性能,供使用单位参考:

一、部分语言学习系统性能指标

表8-2-1列出了部分语言学习系统性能的比较。

表8-2-1 部分语言学习系统性能指标

		索尼 LLC—5510	松下 WE—7600	天马 S—600	华东师大教仪厂 AAC—802	上海普陀教具 AAC—5
教师主控台	频响(Hz)	100~10k	100~10k	40~15k	50~16k	125~10k
	失真度(%)	–	3	–	1	3
	串音(dB)	–	45	–	50	40
	信噪比(dB)	42	45	–	60	40
学生跟读机	频响(Hz)	50~10k	63~8k	50~12.5k	100~10k	125~6.3k
	失真度(%)	2.5	2	0.25	2	5
	信噪比(dB)	42	40	48	50	32
	抖晃率(%)	0.1	0.15	0.3	0.3	0.3

二、部分语言学习系统教学功能比较

表8-2-2列出了部发语言学习系统教学功能的比较。

表8-2-2 部分语言学习系统教学功能比较

功能	厂家及型号	索尼 LLC5510	松下 WE7600	AKAI	华东师大 YJ-JSG	华东师大 AAC-802	普陀教具 AAC-5	挪威天宝 S-600
微处理器		Z-80	Z-80	6800	6502	Z-80	Z-80	6502
微机系统		专用	无	专用	通用	无	无	无
播出节目数		4	2	4	2	4	2	4
控制方式	手控	压控	光笔	轻触	轻触	轻触/触摸	轻触	轻触
	计算机控制	西文提示	西文提示	西文提示	中文声画	无	无	无
显示		有	有	有	有	无	无	无
报到		有	有	有	有	无	无	无
分析功能		有	无	有	有	无	无	无
信息打印		有	无	无	有	无	无	无
编辑功能		有	无	无	有	无	无	无
教师监视		有	有	有	有	无	无	无
学生监视		无	无	无	有	无	无	无
选择监听		有	有	有	有	有	无	有
选择对讲		有	有	有	有	有	有	有
监录声道		4	2	不详	4	4	2	4
选组教学		有	有	有	有	有	无	有
示范交流		无	无	有	有	无	无	无
自动反复放音		有	有	有	有	无	无	有
自由组合		有	无	有	有	无	无	无
高速录音		4	4	4	2	2	无	4
遥控录音		有	有	有	有	无	无	有
扩音转播		有	有	有	有	有	有	有

8.3 演播室与录音室设计

在现代化教学环境中,演播室和录音室的使用频度是非常高的。演播室常被用来进行教学电视片制作、教育教学专题节目直播或录播以及与校园文化相关的综艺节目直播或录播等;而录音室则主要用来进行语音教学节目的制作、CAI 课件的配音以及文艺节目的录音制作(如卡拉 OK 带的制作)等。

虽然,许多学校都在进行教学电视节目和录音节目的制作,但往往借用普通教室(或稍加改造)作为工作场所。这样做可能是出于条件限制,也可能是出于不太重视,但其结果当然会对节目质量产生很大影响。

尽可能地设计好演播室和录音室,无疑是重要和必要的。

8.3.1 演播室的设计

一、演播室的特点与基本要求

学校用演播室作为教学电视节目制作的固定场所,按其规模可分为小型(小于 100 平方米)、中型(100 平方米~250 平方米)、大型(大于 250 平方米)。对于较大的演播室,根据需要可适当地再划分为两个甚至更多的区,每一个区里又都要包含演播(表演)及机位等区域。

演播室对室环境有非常严格的要求:能够抗噪声、抗振动和抗电磁干扰。

演播室对室内声场和室内音质有极高的要求,正规的演播室其室内声学特性都要经过专门的设计。

演播室对室内灯光,尤其是对演播时的光强、色温、角度、聚焦、调节等工作用光要求十分苛刻,正规演播室都应有完善的灯光及光控系统。

由于演播室的空间是密闭的,又有很多人员活动,加之强力灯光会放出很多热量,因此,演播室必须有良好的空调系统。

此外,出于安全的需要,演播室还应有可靠的消防系统和顺畅的人员疏散通道。

二、演播室的空间设计

演播室空间设计包括平面设计和高空设计。

为了克服矩形房间可能产生的声学缺陷,演播室平面形状可适当设计为梯形、扇形等;如是长方体形的房间,则长、宽、高比例可设计为非简单比例状态,推荐比例为 2.62:1.62:1,或者 2.4:1.5:1。

演播室天幕的高度设计有多种方法,其标准测定法为:距表演区 4 米~6 米处用标准镜平摄,则视场的上界即为天幕高。

有些演播室出于灯光调控、空间设备维护及天幕更换的方便,因地制宜地设计有天桥。

演播室的地面设计是很重要的,基本要求是:平整、光滑、防振、减噪性好,并且不易吸附灰尘。为此,常选用企口木地板、水磨石地板以及水泥涂漆地板等。

三、演播室的声学设计

关于演播室声学设计所涉及的一些问题,请参阅本教材第三章室内声学基本原理部分的内容,这里不再赘述。

四、演播室的灯光设计

演播室灯光设计的基本要求是：光源有恒定的色温，通常为3 200K～3 500K；有足够的照度，必要时全视场照度应均匀，演播区照度一般为 300 勒～20 000 勒；装灯容量一般为每平方米 0.5kW；照明电源电压稳定。

常用光源有碘钨灯、溴钨灯、三基色荧光灯、普通荧光灯以及镝灯、铟灯等。

常用的灯具有各种结构的聚光灯和各种结构的散光灯。

灯具的布置方式常有移动式（通过灯架导轨移动）和固定式（如满天星式）两大类。前者用灯少，但调节操作较麻烦；后者用灯量较多，但使用时操作较为方便。

五、演播室的空调设计

由于演播室是一个表演场所，室内存在着大量的高温热源，工作时的静噪要求特别高，因此演播室的空调设计是一个难度很大的课题。演播室空调设计主要包括冷负荷设计、气流组织和消声设计。

演播室空调设计的主要标准为：

(1) 温湿要求。夏天：温度 24℃～26℃，相对湿度 50%；冬天：温度 20℃，相对湿度 50%。

(2) 室内允许本底噪声曲线 NC15～NC20。

(3) 室内允许风速。工作区：小于 0.5 m/s；其他区：小于 1.5 m/s；送风口：小于 2.5m/s。

(4) 防尘。进入房间的气流要经过初效和中效过滤二级进化。

(5) 防火及安全。应符合国家相应标准。

8.3.2 演播控制室的设计

图 8-3-1 为中小学校常见的小型演播室的平面结构。

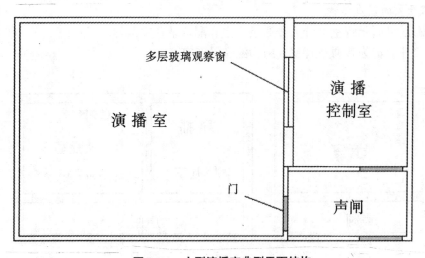

图 8-3-1 小型演播室典型平面结构

一、演播控制室的建筑设计

演播控制室是对演播室内现场演播进行导控的场所。控制室内有录像机、监视器、编辑机、特技机、字幕机、调音台以及与演播室之间的对讲系统等设备。有些单位将光控设备也放在这里。

由于控制室内仪器设备较多,因此,控制室要有足够的大小,还要为工作人员提供充分的操作活动空间。

为了便于控制室对演播室的视觉控制,又要保证控制室的工作噪声不至对演播室造成干扰,控制室与演播室之间要安装观察窗。观察窗由2~3层玻璃构成,一般情况下,窗宽应大于1.8米,窗高为0.9米~1.1米,窗底离地面约0.9米。

控制室内要进行吸声处理。

外界、控制室、演播室之间应构建一个声闸,所有门均需设计成隔声门。

二、演播控制室的空调设计

控制室的空调要求没有演播室那样严格(其中温湿标准可参照演播室),但控制室空调应是独立的系统,以满足控制室空调连续使用的要求。因为,演播室不工作时即可将空调关闭,而控制室却不然。

三、演播控制室的其他设计

控制室的照明照度应为100勒~150勒。

控制室的仪器设备用电必须与演播室的灯光用电不在同一条母线上,以减少灯光对设备的干扰。

控制室的仪器设备用电必须有单独的电源稳压装置,音视频信号线必须和照明线严格分开,仪器设备还需有良好的接地,严防电磁干扰。

8.3.3 录音室的设计

学校用录音室是用来制作音频教育、教学节目的场所。具体用途有:(1)制作教学磁带(如语言学习系统用的教材);(2)为教学电视片进行后期配音;(3)制作语言、音乐、音响素材;(4)为CAI课件配音;(5)学生活动用的文艺节目制作等。

一、录音室的基本结构

根据用途不同,录音室可分为普通录音室和配音录音室两种。

图8-3-2中,(a)为普通录音室,(b)为配音录音室。

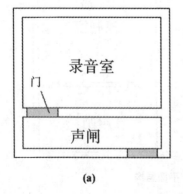
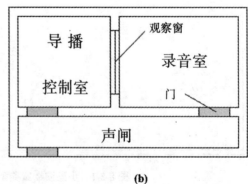

图8-3-2 两种录音室结构

两种录音室在结构上有一个共同点,即都有一个声闸,可见噪声控制在录音室中的重要性。按照标准,录音室的室内本底噪声要比演播室低5dB左右,因此录音室应有更有效的隔声措施。

(a) 为普通录音室,主要用于一般录音、配音,整个录音过程也由录音人员自己进行控制。(b) 为配音录音室,除一般性录音、配音外,还可用来进行教育教学电视的对口形配音,影视播放和录音过程的控制均由导播控制室人员操作。控制室与录音室之间通过观察窗进行视觉联系,通过有线或无线进行声音联系。

二、录音室的几何形体

录音室无需像演播室那样大,一种可供参考的公式为:

$$V = (2N + 35) \text{立方米} \qquad S = V/3 \text{平方米}$$

式中,N为录音室工作人数,V为录音室体积,S为录音室面积。例,设工作人员为5人,则经过计算,$V = 45$立方米,S为15平方米。

此外,录音室的长、宽、高也不可取简单比例,以可减少室的声学缺陷。

三、录音室的最佳混响时间

因为录音室是以语言录音为主的,因此对语言清晰度的追求成为主要目标。而要提高语言清晰度,混响时间就不能过长。一般来说,对于20平方米左右的录音室混响时间以0.2秒~0.4秒为宜。

四、录音室的空调设计

相对而言,录音室的空调设计难度没有演播室那样大。这是因为录音室很小,室内也没有大量的热源,所需的冷负荷也就很小。录音室的温湿标准和演播室基本相同。

但是,由于录音室对噪声的要求特别高,因此最好采用集中空调的方法,而且录音室与空调机房的距离也要尽可能远些;集中空调向录音室送风与回风的速度均应小于2.0m/s,送风口和回风口还应设计、安装消声器。空调系统的安装也应尽量注意振动和固体传声的影响。

五、录音室的照明供电与联络

录音室照明光源以白炽灯为宜(不宜采用日光灯,以防止电磁干扰);照度为150勒~200勒。

声闸入口处应设置"正在录音"的信号灯,防止人为的敲门声产生严重干扰。

室内仪器设备用电应与调光设备的电路系统分开,防止调光所产生的电磁干扰。

录音室与导播控制室间应建立有效的联络方法,如灯光信号联络、对讲联络和手语联络等。

8.4 电子阅览室

8.4.1 电子阅览室的设计

一、电子阅览室的功能

电子阅览室是综合了数据库技术、网络技术、多媒体技术、音视频采编技术等,为读者提供音像资料、多媒体素材、多媒体软件以及因特网服务的系统。

目前,中小学的电子阅览室主要面向师生提供教学用录音带、录像带、VCD以及计算机多媒体教学软件等的借阅使用,有条件的学校还提供电子邮件、因特网浏览等服务,这使得电子阅览室使声像教学资料、交互教学软件以及因特网上丰富的教育资源得到了充分利用和共享。在安装了校园网的学校,电子阅览室将成为网络资源的主要提供点之一;在未安装校园网的学校,电子阅览室不仅是资料借阅处,还是网络服务的提供者,让师生通过电子阅览室充分享受因特网给人们带来的便利。

二、电子阅览室的规划

要建设一个电子阅览室,首先要根据学校的目前状况和长远目标进行合理规划,再行添置所需的软硬件。

现代电子阅览室是以计算机网络为核心的系统。规划电子阅览室时,需要考虑与校园网的关系。如果学校已经建设了校园网,电子阅览室就应该连接到校园网上,实现与校园网内用户的资源共享,并通过校园网接入因特网(如图 8-4-1 所示)。如果学校尚未建设校园网,电子阅览室则可以通过自身的局域网直接接入因特网(如图 8-4-2 所示)。

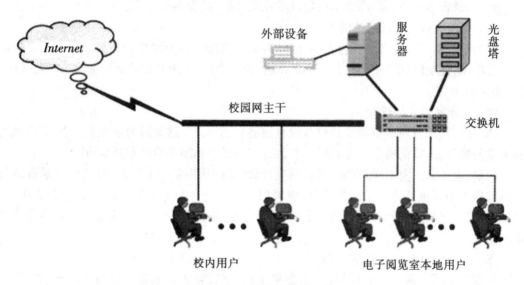

图 8-4-1　有校园网时的拓扑图

然后,根据已有的电子资料类别和今后将购进的资料类别以及学校师生的规模,选择所需的设备及数量。通常,电子阅览室的用户设备包括录音机、录像机、VCD 机、电视机和多媒体计算机等。如果场地允许,还可以添置小型幻灯机和投影仪,以便观看幻灯片和投影片。当然,在阅览室内必须配备耳机,有条件的学校可以将各个用户机位分隔开,以免用户间相互干扰。电子阅览室的管理设备主要包括录音带编辑设备、录像带编辑设备、服务器、光盘塔、磁带机、磁盘阵列、打印机、扫描仪、光盘刻录机、管理员工作站以及其他网络设备等,这些设备主要用于电子资料的采集、整理、复制、存储、计算机化管理以及提供网络资源的共享和因特网服务等。

对于以网络为核心的现代电子阅览室,软件系统是构建电子阅览室的框架。通常,电子阅览室采用客户机/服务器(Client/Server)或浏览器/服务器(Browser/Server)模式,电子阅览室的资料、管理数据都存储在服务器中,用户通过客户端程序或浏览器查询所需的资料。服务器所进行的工作对用户来说是透明的。换言之,用户只要在计算机屏幕上点击鼠标,就能得到所需的文字、声音、图像等信息。

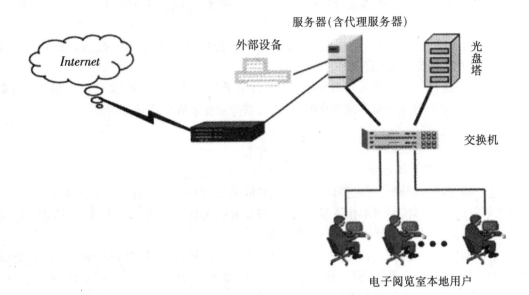

图 8-4-2 无校园网时的拓扑图

一个电子阅览室系统的客户端从功能上可分为电子资料查询、光盘全文检索、多媒体素材浏览、光盘浏览、多媒体软件播放以及因特网服务等模块。

电子资料查询是指用户对电子阅览室内的所有资料,包括幻灯片、投影片、录音带、录像带、CD、VCD 等常规媒体的电子读物和多媒体光盘等资料的查询。用户能从查询结果知道该资料的总副本数、借阅情况、当前位置等信息,并据此迅速找到所需资料。

光盘全文检索提供了光盘数据的查询服务。读者可以通过关键词等查询光盘上的电子期刊、报纸、论文等资料,快速、准确地获取所需的内容。

多媒体素材浏览提供了各学科的多媒体资料,有文字、表格、图形、图像、声音、动画、视频等。读者可以查找、打印、存储所需的多媒体素材,尤其对于教师,可以方便地利用它制作多媒体教案,免去了搜集教学素材的麻烦。

光盘浏览主要指用户在本机上观看、浏览光盘塔中的光盘内容。光盘塔是带有几个到十几个光盘驱动器的设备,能同时为多个用户浏览多张光盘提供共享服务。此外,还有带有几十个甚至更多光驱的光盘库,可以同时提供更多光盘的浏览服务。

多媒体软件播放主要是多媒体图书、教学软件的使用。这些软件在服务器上运行,用户在本机上通过客户端程序使用它们,进行交互操作。

因特网服务主要包括因特网浏览和电子邮件服务。

电子阅览室系统的管理端是为客户端服务的,主要包括电子资料管理、光盘全文检索管理、多媒体素材管理、因特网管理和电子资料采编以及系统维护等功能。

电子资料管理、光盘全文检索管理和多媒体素材管理主要是完成资料的入库编目和检索、借阅工作。

因特网管理主要是针对网络费用和浏览网站的管理。由于因特网上的资源形形色色,有必要在服务器管理端设置过滤功能,限制用户访问网站的范围,对内容不健康的网站进行屏蔽。电子资料采编主要提供普通录音带、录像带、CD、VCD 等的媒体采集转换功能。经过采集后得到的数字化多媒体素材可以编入多媒体素材库,或制成多媒体读物等供查阅、观看。

系统维护功能用于对整个电子阅览室软件系统的数据安全和维护,包括数据的定期自动备份、数据的恢复、系统重建等。

此外,有条件的学校还可以为教师专门开设电子备课室,提供多媒体计算机和必要的软硬件设备,充分利用电子阅览室丰富的资源,为教师制作多媒体课件提供便利。

8.4.2 电子阅览室的管理

一、电子阅览室的维护

电子阅览室的管理人员主要负责电子资料的采编、整理、借阅及网络系统维护等工作。因此,对管理人员不仅要求工作认真负责,还需要有图书资料的采编知识,同时具备一定的计算机和网络知识,能熟练操作多种媒体设备。

电子阅览室的管理人员应在技术人员的指导下,熟悉各种硬件设备的使用方法和简单故障的维修;能独立地熟练操作阅览室的管理软件和客户端程序,并对常用多媒体工具有初步了解,能进行一般的多媒体素材的数字化工作。

电子阅览室的正常运行必须依靠相应的规章制度,包括对管理人员和读者的制度。作为管理人员,除了熟悉整套系统外,还要定期对所有设备和软件进行检查,出现问题的要及时进行处理,以免影响阅览室的正常使用。而读者也应该积极配合管理人员,在使用时要尽量爱护设备,遵守阅览室的各项规定。对于读者自带的光盘和软盘,应该限制使用,以免计算机病毒或其他非法程序破坏系统。

二、电子阅览室的软件建设

电子阅览室的核心是软件。这里的软件是指各种电子资料、多媒体素材、多媒体软件、光盘资料以及网络信息等。电子阅览室本身的定位就应该是教育教学资源的提供者,进行资源的开发建设是电子阅览室管理人员的一项重要任务。

软件建设主要包括以下几个方面:

1. 资料的收集

资料的收集是软件建设的基础。资料收集工作是繁琐的,需要在文字、图片、声音、视频等多种媒体中进行筛选。因此,好的管理人员既是有心人,也是耐心的人。此外,对于网络信息也要做好整理工作。网上信息浩如烟海,做好信息的导航和筛选是因特网服务的重要内容。

2. 资料的编目

收集到的资料应及时编目,建立索引,以便用户得到最新的资源。编目后的资料除保留好原始介质外,还要复制多份拷贝,以便存档和读者借阅。

3. 书籍的电子化

书籍的电子化有利于书籍的保存,节省存放的空间,借阅也不受副本数量的限制。书籍的电子化通常使用扫描仪将文字输入计算机,再用专用的文字识别软件(OCR 软件)将扫描后的图片中的文字识别出来,或利用专门的工具软件将扫描后的内容转换为特定的电子书籍文件。

4．传统媒体资料的数字化

这主要是将图片、幻灯片、投影片、录音带、录像带等进行数字化处理,并存储到计算机的磁盘中或制作成光盘保存。图片、幻灯片和投影片主要通过扫描仪进行图像的数字化处理。需要注意的是,对于幻灯片和投影片的扫描必须在扫描仪上配备透射器。录音带的数字化处理可以通过计算机声卡的线路输入接口,将声音信号录制到计算机中。录像带的视频信号则可以通过视频捕捉卡将信号输入计算机,并利用视频压缩卡进行压缩,得到 MPEG 文件。

5．多媒体素材的集成

多媒体素材入库后,只是按类别存放,相互间并没有有机的联系。为了使教师能方便地使用教育教学资源,可以将基于某一知识点的素材加以组合,集成为一体,构造教学单元库。

8.5 校园电视台设计

8.5.1 教育电视制作系统设计

一个完整的校园电视台承担教育电视节目的播放、新闻及其他教育节目的制作两大功能,因此也就包含教育电视制作和教育电视播放两大基本系统。教育电视系统主要由演播室制作系统和后期制作系统构成,有时后期制作设备也直接放置在演播控制室内。

一、演播室制作系统

学校的演播室除了拍摄一些校园新闻以外,还可设计制作各种类型的教育电视节目,特别是讲授型、示范型电视教材,制作成本相对较低,易于在演播室拍摄和制作。演播室制作系统中应该包括视频制作系统和音频制作系统两个基本成分。在设计演播室时主要有以下两个方面:

1．演播厅

演播厅是教育电视节目表演和制作的场所,它是开放型的空间,可以容纳摄像机、话筒、灯光、布景和道具等主要制作设备和设施,操作人员可在此工作,演员、教师可在此表演和讲授,如图 8-5-1 所示。

（1）演播厅表演区

表演区地面一定要平整,以便摄像机自由平稳地移动。地面也要求坚硬,能够承受重型设备、布景和道具在上面随意移动。大多数演播厅的地板都是水泥的,上面铺设油毡、硬塑料或地毯等。表演区背景可以悬挂天幕,打上各种颜色的灯光,产生不同的效果。有时,天幕后还悬挂蓝色幕布,用于电视图像作抠像处理,增加电视图像的表现层次,在讲授型节目中使用效果良好。

一般教育用或新闻广播用小型演播厅面积为 50 平方米~80 平方米,净高 5 米左右;中型教育用演播厅面积为 80 平方米~120 平方米,净高 6 米左右;进行文艺演出用的演播厅一般要求面积在 350 平方米以上,净高 7 米左右,有时还可以更大些。

（2）声音处理

演播厅顶棚与墙壁通常使用吸声材料和隔音材料建造,在混响时间和频率特性等方面能满足特殊要求。一般教育用或新闻广播用中小型演播厅的混响时间 T＝0.4 秒~0.6 秒,大型教育用演播厅混响时间 T＝0.6秒～0.7秒,文艺用演播厅的混响时间则长一些。通过吸音处理,可以减少噪声的干扰,天幕也可起到吸音效果。

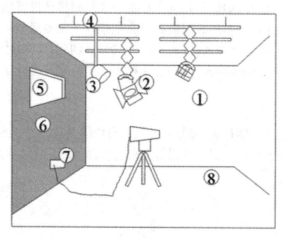

① 天幕
② 泛光灯
③ 聚光灯
④ 吊架
⑤ 观察窗
⑥ 吸音壁
⑦ 配线盘
⑧ 表演区

图 8-5-1　演播厅

录音话筒可以悬挂在拍摄现场上方,教师、演员也可直接使用无线话筒。话筒要求选择频率范围宽、质量好的,以保证录制不同性质的节目时都可以获得较理想的音响效果。

(3) 照明设备

为了对拍摄主体进行适当的照明和光线造型处理,演播厅内要求布置各种灯具,即光源,常用的有聚光灯和泛光灯两大系列。

聚光灯是演播厅内的主要照明灯具,它属于点状光源,其前透镜的作用是把光聚成束状。演播厅内多用菲涅耳透镜,得到的光线较为柔和,照度均匀。这种灯的照射范围可以调节,便于控制其大小和形状,投影清晰,光影质量好,也易于遮挡处理,便于在电视节目制作中完成主要的造型任务。

泛光灯是一种大面积的照明灯具,其特点是照度均匀,范围广,被摄物体不产生明显的阴影。多用于作顶光、面光、辅光和天幕光照明。

在演播厅里还有摄像机、监视器、对讲系统和其他设备,如教师用提示装置等。在设计时,还应考虑墙壁上的电源插座、摄像机的连接电缆插口等。

2. 控制室

控制室是演播室系统的重要组成部分,是协调制作活动的地方。它对演播室内的摄像机、灯光等进行控制,是节目制作的指挥台,通过观察窗可以观看演播厅内的工作情况,也可以通过对讲话筒向演播室内的工作人员发出指令。演播厅里摄像机摄取的画面和话筒拾取的声音通过电缆传送到这里。图 8-5-2 是常见演播控制室的平面布置。

(1) 监视器

在控制室内,每一台摄像机都有一台预检监视器,其他录像机、特技效果设备等也都有各自的预检监视器。还有一台颜色预检监视器,在画面录制或播出前为导演和技术人员显示画面。中间一般设置一台总监视器,用于对视频输出信号的监看。

(2) 摄像机控制器

摄像机控制器是与摄像机分开的设备,内部装有包括图像重合、色彩平衡、对比、亮度等各种视频控制器,这些控制器能使操作人员在节目拍摄过程中调节摄像机的画面。

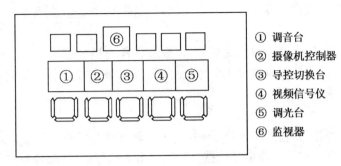

① 调音台
② 摄像机控制器
③ 导控切换台
④ 视频信号仪
⑤ 调光台
⑥ 监视器

图 8-5-2　演播控制室

摄像机控制器主要完成两大功能:其一,对演播厅摄像机进行控制,如黑白平衡、光圈、增益等的调整,行相位、色载波相位的调整以及内部通话功能;其二,对摄像器件输出的信号进行一系列的补偿和校正,以输出彩色效果很好的全电视信号到视频切换台。

(3) 导控切换台

导控切换台由导演控制,其关键设备是视频特技切换台,有时还有特技效果发生器。在演播室制作教学节目时,需要对从摄像机、录像机、字幕机和其他电视信号发生设备输出的多种视频信号进行切换,完成画面过渡和组接;同时也需要对各种视频信号源进行特技处理,利用多种特技方法把多个画面制作成一个层次丰富的画面,这些工作都要由视频特技切换台来完成。它通常采用电子特技的方法,对图像信号进行混合、键控、切换等处理,使电视制作和播出产生丰富的艺术效果。

节目摄制过程中,导演与摄像师的联系是通过内部通话系统进行的。摄像师的对讲耳机插入摄像机的对讲插孔,通过电缆经摄像机控制器与特技切换台的对讲插座相连,进而与导演的对讲耳机相通,进行通讯联络。

(4) 调音台

与视频系统相对应,音响系统也是演播室制作的重要组成部分。音响系统是通过设置在演播厅内的多个话筒将语言、音乐、效果等收集起来,再通过调音台合成后,输送到录像机,与图像一起记录到磁带上。

调音台是传送、处理以及分配音频信号到所要的监听通道和录音输出通道的音频控制设备。输入调音台的信号除话筒外,还有录音机、电唱机等。经过调音台,各种音频信号的电压及其比例可以得到控制和调整,输出满足要求的音频合成信号。

(5) 视频信号仪

演播室录制的教学节目在技术上是有一定要求的,特别是将来用于播出的节目,其视频信号必须达到一定的标准。在控制室一般用示波器等视频测试仪,以保证视频信号的电平、彩色相位等准确。

(6) 调光台

演播厅内的照明设备除了部分在演播厅内直接调整外,一些较高档的设备其亮度控制等操作需由专门的设备进行,所以在控制室还布置调光台,用于对照明设备的控制和调节。

二、后期制作室

电视教材的表达形式各不相同,其制作过程也略有差别。即使是在演播室内录制的讲授型电视教材,有时也需要进行后期的剪辑和修改,如加字幕或配上合适的音乐等。所以,在一些大中型的校园电视台还专门设置后期制作室,主要有编辑室、配音室等。

1. 编辑室

除了极少数节目可以在演播室内完成外,多数节目都要经过编辑加工。外景拍摄的素材和收集来的素材也需要经过挑选编辑后才能使用。编辑室的主要设备是我们前面介绍的编辑系统,这里不再赘述。

2. 配音室

教育电视节目中的声音包括四种:现场声、解说、音乐和效果声。现场声是在外景地或演播室现场拾取的,音乐和效果声多是根据节目需要事先选好的,在配音室主要完成解说的录制。配音室一般有调音台、录音卡座、CD机、VCD等声音处理和录制、播放设备。

配音室要求进行建声处理,须没有杂音干扰,使解说员录制的声音清晰。

8.5.2 教育电视播放系统设计

电视的播放包括开路和闭路两种,前者采用无线(天线和电波)传送的方式,后者采用有线传送的方式。校园电视台的教育电视播放系统一般是闭路电视系统,简称闭路电视。有时,其信号源的接收部分也包含开路部分,即卫星电视接收系统。

闭路电视播放系统是把各种信号源通过有线传送的方式,送入调制系统,由系统处理后送入干线,然后信号沿电缆继续传送,最终进入教室或会议室等终端。

一、系统的一般构成

教育电视播放系统主要由信号源、信号调制系统、传输网络和终端等几大部分组成,如图8-5-3所示。

1. 节目播放控制室

在校园电视台,节目播放控制室主要负责接收和播放信号源,并对信号进行调制处理,外部输入和即将输出的信号通过设置在控制室电视墙中的监视器监看。

(1) 信号源

校园电视台的教学用信号源很多,有学校教育电视制作系统(如演播室的摄像机、控制室的录像机和影碟机等)的自办节目,也有卫星电视接收站的转录节目,如从各电视台录制的教育电视课程,还有字幕机和多媒体计算机等。

由于信号源获取的途径不同,输出的质量也存在差异。所以,对于不同规模、功能的系统,必须合理选择各种信号源,在经济条件许可的情况下,应尽可能选择指标较高的设备。

(2) 信号调制系统

对来自于信号源的各路信号进行必要的处理和控制,并输出高质量的信号给干线传输网络。信号调制系统是整个节目播放系统的核心,所使用的设备必须具有较高的技术指标,以保证整个系统的播出质量。信号调制系统的主要设备有:调制器、混合器、频道放大器,有些系统还有频道变换器、制式转换器、宽带放大器、天线放大器等。有时为了保证整个系统的传输信号具有较高的质量和稳定性,还设有导频信号发生器,以提供干线放大器的自动电压控制(ALC)和自动斜频控制(ASC)所需要的导频信号。

(3) 电视墙

由多台监视器构成,可以分别对各路信号源进行监看,也能监看输出到干线传输网络的信号类别和质量,其数量主要按照输入信号源和输出信号的数量确定。

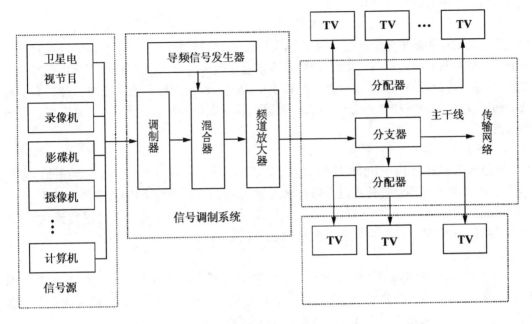

图 8-5-3　教育电视播放系统的一般构成

2．传输网络

传输网络的任务是把经过调制处理过的高质量信号送到用户分配系统。若是双向传输系统,还需把上行信号反馈至信号源控制系统。传输网络的主要器件有:分支器、分配器和各种放大器,有些系统还有斜率均衡器、电源供给器、电源插入器等。

如果教育电视播放系统分布范围不是很大,传输网络的器件和电缆对整个系统质量指标的影响不是很大;对于分布范围较广的大中型系统,干线长,传输网络对整个系统质量指标的影响也较大,所以要求传输器件的损耗小。干线、分支器、分配器等都要使用阻抗为 75Ω 的同轴电缆。

3．终端

终端即接收传输网络送来信号的用户,它由电视机和用户分配接收器件构成。校园电视台以电视机作为教室终端显示器,教研室、实验室、办公室和会议室等也配备终端电视接收机。用户分配器件有:线路延长放大器、分配放大器、分支器、分配器、用户终端、机上变换器等,对于双向系统还有调制器、解调器、数据终端等设备。

二、系统主要设备

作为一个复杂的传输系统,所使用的各种设备和器件的性能与作用各不相同。

1．调制器

调制器的作用是把输入的视频信号调制成为某一电视频道的射频信号,以利用于一根电缆传送多个电视节目。每个调制器都有两个输入端,一个输入图像信号,另一个输入伴音信号。经过对某一高频载波的调制后,将图像及声音一起构成一个电视频道的射频信号,以便于普通电视接收机接收。调制器多用于录像机、影碟机等自备节目信号源。因为录像机虽然也有射频电视信号输出,但其频道往往不符合闭路电视教学系统的频率分配,所以在校园电视台最好把录像机输出的视频信号和音频信号送到预置频道的调制器中,并把得到的特定频道的电视信号传送出去。

2．混合器

混合器的作用是把多个射频电视信号混合成一路信号,并经一组电缆向传输网络传送。它的输入信号具有单信道的选择性,以免各个信号互相串扰,故混合器应用了多组带通滤波电路,然后用适当的匹配关系混合到一组输出电缆上。常见的混合器有三路、五路,当用普通电视机接收时,只需选择三路或五路之一即可,这样既可减少使用电缆,又可提高信号的传送质量。

3．频道放大器

频道放大器是为了增强射频信号向远处终端传送节目而设计和安装的。在闭路电视教学系统中,如果直接用电缆传送混合器输出的节目信号,会减弱电视信号,降低图像质量,严重的杂波甚至可能导致图像不稳定。所以在系统中要求对这种弱电视信号进行预放大,然后再送到传输网络中,这种放大电路单元称为频道放大器。

4．分支器

分支器的作用是把电缆中的电视信号按需要分配到终端的各个方面,安放在传输电缆串行位置上,从电路中耦合出一小部分功率送到用户的插座上。考虑到用户可能有多个接头的需要,所以分支器又有二分支及三分支和四分支等。

5．分配器

分配器的作用与分支器相同,它由阻抗变压器和隔离分配变压器组成,是电缆传输分配网络中的重要部件。它既能分配电缆传播中的电波,又能实现电视信号的功率分配。

三、智能双向教学系统构成

传统的教育电视播放系统都是单向的,节目的播出和选择要由控制室专职人员负责,给电视媒体等现代教育媒体进入教学、进入课堂带来了一定的困难。随着科学技术的进步,特别是数字技术在教育中的广泛应用,教育电视的播放也出现了多媒体智能双向控制系统。

多媒体智能双向控制系统采用多媒体控制技术,它可使多种教学信息根据教学需要在校园内灵活、方便、高效地传输,可使各教室和总控室连成一体,实现教学资料、教学设备最大限度的共享和集中管理。如图8-5-4所示。

这种系统的实质是在单向传输系统的基础上,加入双向控制主机,每个终端使用终端控制器,有的还内置对讲电话。我们仅简要介绍系统中的两种主要设备。

1．多媒体智能双向控制主机

多媒体智能双向控制主机是智能双向教学系统的核心设备,它包含主控多媒体计算机、主控电话,并连结着各教室或实验室的双向控制器和所有节目源播出设备。用户在教室利用遥控器控制媒体播放设备,使发送的音像资料通过教室的电视机播放出来,达到辅助教学的目的。

大多数多媒体主控计算机上安装有控制软件,用户可以直接操作,将使用的媒体播放设备和作息时间排好课程表。智能双向控制主机一般安装在控制室,各教室终端可以通过专线电话与控制室取得联系,从而保证系统的正常运行。

2．双向控制器

双向控制器是智能双向教学系统的终端控制设备,安装在每一个终端教室或实验室,连结着控制室的多媒体智能双向控制主机。用户在教室内通过无线遥控设备或遥控键盘完成对控制室内多种媒体信号源的选择和操作,实时地播放和利用各种教学资料。有些双向控制器中直接安装有对讲电话,可供用户与控制室系统管理人员联系。

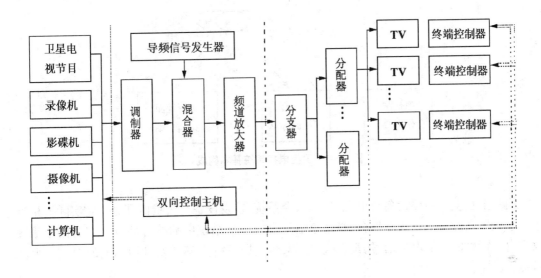

图 8-5-4　智能双向教学系统的构成

目前市场上还出现了一些较为先进的视频点播系统,其基本原理也大致相同,主要在控制室安装光盘塔或光盘影像/服务器,用作信号源,任课教师可在教室随意选择、增减教学信息,达到高度智能化。

8.5.3　卫星电视教育系统设计

卫星电视教育系统是通过地球赤道上空的同步卫星将教育电视节目向其信号覆盖区域转发,在其信号覆盖的地区,通过地面卫星接收站就可收看广播电视教育节目。

在没有卫星之前,地球上广播电视信号的传输主要是通过每隔一段距离建立的微波中继站,这样做不仅大大增加了广播电视传输的成本,也为一些隔着山川与海洋之间的地区传播电视信号带来困难。1957 年,苏联发射了第一颗人造卫星,为远距离通信和教育开辟了新的天地。从理论上讲,赤道上空只要有三颗人造地球卫星,就可以接收到任何一个角落里发射和传送的信息,整个地球也被誉为"地球村"。

一、卫星电视系统的构成

卫星电视系统主要由上行地面站、同步通信卫星、下行地面接收站组成,如图 8-5-5 所示。

1. 上行地面站

上行地面站主要包括节目调制发送设备、监测设备、遥测设备及发送天线,它的主要任务是把从电视中心送来的广播电视信号加以处理,并经过调制、上变频和高功率放大,然后通过定向天线向卫星发送上行微波信号。同时也接收由卫星下行转发的微弱微波信号,以监测卫星转播节目质量的情况。

遥控监测设备的主要任务是测量卫星的各种工程参数和环境参数,测控卫星的姿态和轨道位置,卫星实施各种功能状态的切换,为天线的调整提供依据。必要时给卫星以一定的指令进行遥控,改变卫星的姿态等。遥控监测是保证整个卫星电视系统正常工作的重要部分。

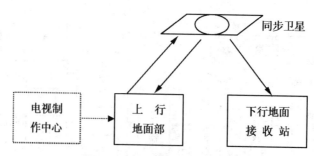

图 8-5-5　卫星电视系统基本构成

2．同步卫星

同步卫星上的主要设备有电源、遥测指令系统、转发设备与天线四部分。它实际上相当于一座设置在赤道上空的转播台,是整个卫星电视广播系统中的核心部分。它的任务是接收来自上行站的广播电视信号,经放大、变频,然后以下行频率转发到地球上的卫星电视信号覆盖区域。

为了实现广播电视信号的正常转发,要求卫星保持精确的姿态和轨道位置。卫星相对地球是静止的,以便地面卫星接收站方便地接收信号。

3．下行地面接收站

地面接收站将卫星发送的下行电视信号,通过定向抛物面天线接收,再将接收到的信号由当地的开路电视传播系统或有线电视系统传输到观众和学习者的电视接收机上。

二、卫星电视接收系统的设计

地面卫星电视接收系统由室外部分的卫星接收天线、高频头和室内部分的卫星电视接收机、录像机、监视器或电视机等组成,如图8-5-6所示。

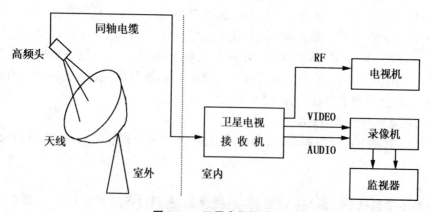

图 8-5-6　卫星电视接收系统的构成

由于卫星电视信号与地面广播电视信号相比具有频率高、信号弱的特点,且采用频率调制方式,而地面广播电视用调幅调制方式,所以普通电视机不能直接接收卫星电视信号。

1. 卫星接收天线

接收天线是卫星电视接收系统的前端设备,它实质上是一个电磁波收集器,将反射面内收集到的由卫星向地面辐射的非常微弱的电磁波聚集并转换成高频电流,然后传送给后续电路进行处理。

卫星接收天线通常有两个作用:

(1) 能量转换。把自由空间的电磁波转换为被引导的电磁信号(高频电流)传送给接收机。

(2) 定向作用。卫星接收天线接收电磁波具有一定的方向性,即对所需方向电磁波接收能力最强,并避开其他方向的干扰波。

2. 高频头

高频头又称低噪声下变频器,属于卫星电视接收系统的室外部分,具有两个方面的作用。

(1) 采用低噪声宽频带放大器放大微波信号。由于卫星接收天线接收到的信号很弱,必须先经放大,高频头是采用砷化镓金属场效应管组成的放大器,它的噪声系统很低、增益较高,有利于提高接收系统的信噪比。

(2) 进行下变频。将天线接收到的高频信号通过变频器变换为第一中频,以避免因信号频率太高造成的馈线损耗过大及高频辐射严重。

3. 卫星电视接收机

卫星电视接收机一般安装于室内,校园电视台基本安装于教育电视播放系统的控制室内,以便于节目的输出。它的主要作用如下。

(1) 选台调频。从高频头输出的宽频带第一中频信号,通过变容二级管调谐选择接收频道,然后从中频调制信号中解调出图像信号和第二伴音信号。

(2) 图像信号处理。对解调后的视频信号进行加重、去扩散、放大等处理,还原为标准的全电视信号输出。

(3) 伴音信号处理。从第二伴音信号中频信号中解调出音频信号,再经加重、放大等处理后输出。

卫星电视接收机主要由变频调谐部分、解调部分、图像信号处理部分、伴音信号处理部分和其他附属功能电路组成,如图 8-5-7 所示。

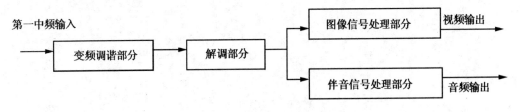

图 8-5-7 卫星电视接收机基本构成

(1) 变频调谐部分。将高频头输出的第一中频下变频为第二中频,并进行卫星电视频道的选择。

(2) 解调部分。从第二中频信号中解调出全电视基带信号。

(3) 图像信号处理部分。从复合基带信号中选出图像信号、滤除伴音信号,并经适当放大处理恢复成标准的图像视频信号输出。

(4) 伴音信号处理部分。从第二伴音中频中检波出音频信号,经加重和放大,输出标准的伴音音频信号。

除以上几部分外,卫星电视接收机一般还包括以下几部分电路。

(1) 稳压电源。为接收机和高频头提供工作电压。

(2) 微处理器(CPU)。实现接收面板的遥控操作,实现工作状态的屏幕显示。

(3) 射频调制器。将图像/伴音信号调制在某一频道上输出。

校园电视台的设计是一项系统工程,除上面提及的设备的基本构成外,系统安装和调试过程中,仪器设备之间的匹配和融合也是不可忽视的,它将直接影响教育电视节目的制作和播出两大环节。

【复习思考题】

1. 对照本章内容,联系你所在学校的现代化教学环境实际,加深对有关内容的理解。
2. 试分析教材所涉及的各种现代化教学环境各有何特殊要求?
3. 条件允许时,可以在你所在的学校进行某种现代化教学环境设计。

附：《现代教育技术》考试大纲

《现代教育技术》(高荣林主编,苏州大学出版社出版)为教育学相关专业专升本考试教材。

考虑到现代教育技术急剧变化、发展的趋势,以及教育、教学领域对现代教育技术的强烈渴求,在编写本教材时在内容上尽量体现其时代特性;同时,也考虑到非教育技术专业的考生在教育技术专业方面,尤其是在计算机和网络技术方面的实际基础,可能与实际要求相差较大,但又难以在短期内提到一个较高的水平。因此,本考试大纲较客观地提出对教材《现代教育技术》的学习目标,就教材内容中必须掌握和一般掌握、重点和非重点进一步提出了较为详细、具体的学习要求。

为了便于学习和复习,还针对不同章节内容和不同的学习要求,在各章末尾出了若干道复习思考题。

在考试方法方面,本大纲也作了一般说明。

一、课程教学目标和要求

1. 通过对中外教育技术(电化教育)发展简史的学习,认识现代教育技术的发展是现代科技发展的必然,现代教育技术的发展必将促进教育现代化的发展进程;明确学校教育技术现代化建设的主要任务。
2. 准确理解教育技术的概念和 AECT 定义,并能联系教育工作实际加以阐述。
3. 了解教育教学中常用光学媒体、电声媒体和电视媒体的一般工作原理,掌握它们在教育教学活动中的应用方法。
4. 了解 CAI 的基本概念、CAI 课件设计与制作的基本方法。
5. 较为熟练地掌握 PowerPoint、几何画板或 Authorware 等三种多媒体编著工具中的一种工具的使用方法,并能用以进行简单课件的制作。
6. 基本了解教学设计的原理和方法,并能联系实际进行简单的教学设计。
7. 初步了解学校现代化教学环境建设的内容和设计要求。

二、各章学习的具体要求

● **第一章 教育技术发展简史**

【本章重点】
1. 戴尔经验之塔及其学术价值。
2. 中国电化教育的发展历程。

3. 现代教育的基本特征以及当前学校教育技术现代化建设的基本任务。

● 第二章 教育技术与教育技术学的概念和含义
【本章重点】
1. 我国关于电化教育的基本含义。
2. 关于教育技术的 AECT(1994)定义及其内涵。
3. 教育技术学的主要研究内容。

● 第三章 常规教育媒体技术
  本章是整个教材的重点之一,因为以光学媒体、电声媒体和电视媒体为代表的所谓常规教育技术媒体,目前仍然是基础教育(甚至包括高等教育)教学活动中使用频度最高、使用学校最多的教育媒体。

  但是,随着数码技术的发展,数码相机、多媒体投影机、视频演示仪以及 CD、VCD、数码摄像机等成为新一代的光学媒体、电声媒体和电视媒体。这些是否仍然称为常规教育媒体尚无定论。为了同计算机及网络媒体相区别,我们不妨将本章所涉及的媒体均称为音像媒体。

【本章重点】
1. 幻灯机与投影器的基本工作原理、使用方法及维护。
2. 应用幻灯、投影媒体进行教学的主要教学方法。
3. 教育电声系统的分类。
4. 传声器和扬声器的基本工作原理、性能特性和使用方法。
5. 扬声器(音箱)与扩音机(功放)的正确配接方法。
6. 电视媒体系统的基本构成。
7. 电视教材的设计原理和设计方法。
8. 电视教材的基本制作过程。

● 第四章 计算机辅助教学基础
  本章与下一章(常用 CAI 课件开发工具)是整个教材的又一重点,这是因为 CAI(计算机辅助教学)技术和网络技术是现代教育技术的代表性或核心性的技术,正处在广泛开展、深入发展的阶段。无论是高等教育、基础教育、职业教育、成人教育、特种教育、幼儿教育还是社会教育,几乎一切教育领域都已经或正应用着 CAI 技术。

【本章重点】
1. CAI 课件的分类、设计与制作方法。
2. CAI 课件的评价方法。

● 第五章 常用 CAI 课件开发工具
【本章重点】
1. PowerPoint 编著工具的基本操作使用。
2. 几何画板编著工具的基本操作使用。

3. Authorware 编著工具的基本操作使用。

以上三个重点中,要求能熟悉其中两种工具的使用,并对其中的一种工具达到较为熟练的程度,能用它进行一般多媒体课件的编著。

● **第六章 网络与网络教学基础**

计算机网络、校园网、基于计算机网络的远程教学以及因特网等,都是现代教育技术中的核心技术,这一部分内容也在教材中占据了较大篇幅,无疑是非常重要的。但是,由于网络部分所涉及的知识面比较宽,难度也较大,不可能在本章中完全将其讲解清楚。

【本章重点】
1. 计算机网络的基本概念、分类、基本结构。
2. 校园网的基本结构和基本功能。
3. 因特网的基本概念和基本操作。

● **第七章 教学设计**

本章是本教材的又一重点。

【本章重点】
1. 教学设计的概念。
2. 教学设计的前期分析。
3. 教学设计的过程。
4. 教学评价的概念和教学评价的方法。

● **第八章 现代化教学环境建设**

本章不作为重点。并不是本章内容不重要,而是因为现代化环境建设要涉及众多的硬件和软件技术,涉及设备的规格、型号、性能、性价比等许多具体问题,比较复杂。虽然本章不作为学习重点,但具有很好的资料价值。

【本章重点】
1. 各常用现代化教育教学环境的基本结构。
2. 各常用现代化教育教学环境的教学功能和要求。

三、学习与复习要求

1. 学习与复习均应抓住重点。
2. 对现代教育技术所涉及的众多知识点应强调对概念的理解,注意概念与概念间的联系。
3. 要突出理论联系实际,特别要联系自己所在学校的实际及自己工作的实际,善于运用现代教育技术的原理解决实际问题。
4. 某些重要的、相连贯的知识点仍然需要记忆(在理解的基础上进行记忆)。

四、关于考试的说明

1. 考试形式为笔试。
2. 客观概念题约占 60%;联系实际的主观题约占 25%;计算题(限教材中涉及的计算内容)约占 15%。
3. 教材中涉及的三种多媒体编著工具,考试时可以选答(三种工具可根据自己的具体情况选择其中之一)。

后 记

　　遵循邓小平关于"教育要面向现代化,面向世界,面向未来"的战略指导方针,更好地贯彻、落实《教育法》和《中国教育改革发展纲要》,1999年初,国务院批转了教育部制订的《面向21世纪教育振兴行动纲领》。

　　《行动纲领》为实现行动计划目标提出了六大工程,它们无一例外地需要现代教育技术的支撑。尤其是六大工程之一的"现代远程教育工程",更直接地提出了网络教育、卫星电视教育以及教育软件开发等具有现代高科技特征的教育技术现代化课题。

　　本教材正是基于上述背景进行编写的。

　　本教材的主要内容和特点有:(1)较全面地介绍了教育技术学所涉及的领域,包括学科的形成与发展、研究内容,以及当前学校教育技术现代化建设的基本任务;(2)重点突出了计算机与网络基础知识及其在教育教学中的应用;(3)系统而又简要地介绍了教学设计理论、方法和评价。教学设计在学校教育技术现代化建设中,显然是十分重要的,却常常被忽视,本教材予以适当强调是必要的。

　　《现代教育技术》的学习对象最好具有一定的教学实践经验,具有计算机技术方面的初步基础。在进行计算机及网络相关章节学习时可适当参阅有关的专门教材或参考书。

　　该教材写作分工为:高荣林,第一章、第三章的3、4节、第四章、第五章的1、2节、第八章的2、3节;沈书生,第二章、第三章的1、2节、第七章、第八章的第1节;郑健,第五章的3、4节、第六章、第八章的第4节;张晓锋,第三章的5、6节、第八章的第5节。全书由高荣林统稿。

　　教材编写过程中,得到江苏省教委师教处、南京师范大学教务处以及南京师大新闻与传播学院电教系、现代教育技术中心等单位的有关领导和有关老师的悉心指导,在此一并表示感谢。

作者
2000年1月